信访的
分类治理研究

Research on
Classification Governance of
Letters and Visits

陈柏峰 • 著

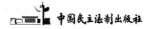 中国民主法制出版社

图书在版编目（CIP）数据

信访的分类治理研究 / 陈柏峰著 . —北京：中国
民主法制出版社，2024.4
ISBN 978-7-5162-3574-4

Ⅰ . ①信… Ⅱ . ①陈… Ⅲ . ①信访工作—管理—研究
—中国 Ⅳ . ①D632.8

中国国家版本馆 CIP 数据核字（2024）第 065015 号

图书出品人 / 刘海涛
责任编辑 / 庞贺鑫

书名 / 信访的分类治理研究
作者 / 陈柏峰　著

出版·发行 / 中国民主法制出版社
地址 / 北京市丰台区右安门外玉林里 7 号（100069）
电话 /（010）63292534　63057714（营销中心）　63055259（总编室）
传真 /（010）63055259
http: //www.npcpub.com
E-mail: mzfz@npcpub.com
经销 / 新华书店
开本 / 16 开　710 毫米 ×1000 毫米
印张 / 18.75
字数 / 293 千字
版本 / 2025 年 1 月第 1 版　2025 年 1 月第 1 次印刷
印刷 / 北京天宇万达印刷有限公司

书号 / ISBN 978-7-5162-3574-4
定价 / 88.00 元

目　录

第一章 信访研究的维权与治权范式

一、上访研究的维权抗争范式

学界对农民上访的研究大多基于农民权利意识不断增长这一判断而展开，并形成了农民上访研究的维权范式。维权范式的内涵主要包括两个方面，一是在国家与社会这一二元对立框架里，政府权力尤其是县乡政府的权力过大侵害了农民的权利；二是改革开放以来农民权利意识逐步兴起，现代权利观念开始深入人心，从而促成了农民维权行动的发生。根据这一解释模式，农民上访是农民维护自身权利的一种形式，并且将维权的矛头直接指向了县乡基层政府。

中国农民维权作为一个问题引起学界的关注始于1993年发生的四川仁寿事件，一度引起媒体广泛的报道以及学界的关注。学界较早对农民上访展开研究的是李连江等人，在1990年代，他们就对全国一些省份农民上访进行调研，尤其是对因税费负担引发的农民上访进行研究。李连江等发现，农民利用中央政府颁布的相关文件、政策和法律进行上访，要求纠正地方政府的行为，从而维护自身权利，他强调上访人以法律和政策为依据来对抗基层干部的"枉法"行为，维护其政治权利和经济利益，具有促进完全政治参与的功能，李连江等将这一维权模式称为"依法抗争"。[1] "依法抗争"不同于斯科特所讲的东南亚农民通过弱者的武器进行的日常抵抗，[2] 兼有政治参与和政治抵抗的特点，并且农民在政治态度和

---

[1] Kevin O'Brien & Li Lianjiang, *Rightful Resistance in Rural China*, New York：Cambridge University Press，2006. pp.1–24.

[2] [美]詹姆斯·C.斯科特：《弱者的武器》，郑广怀等译，译林出版社2011年版。

政治行为上正在从传统的臣民向具有政治权利意识的公民转化。这一权利意识的觉醒意味着人们对公民权的要求，今天对权利要求的反抗力量日后将变成具有深远意义的反霸权结构，对重塑中国的国家与社会关系具有重要意义。

于建嵘在对湖南农村的调查中，研究了农民因税费负担而进行的上访，认为农民上访已经进入了"以法抗争"的阶段，即农民以法律和政策为抗争武器，以基层政府为抗争对象，有组织地表达明确的政治权利，具有明确的政治信仰和相对稳定的社会动员网络，是一种旨在宣示和确立"合法权益"或"公民权利"的政治性抗争。"依法抗争"界于政治抗争与政治参与之间，是在既定权利格局的前提下对具体利益的争取；而"以法抗争"则接近纯粹的政治抗争，是对整个权利格局的挑战。[1]同时，于建嵘还揭示了农民维权的机制，回应了李连江等提出的权利意识的兴起对于国家政治的意义这一问题，认为农民上访的增多尤其是赴京访的增加，意味着政治合法性的流失，中国政府应该废除信访制度，由各级人大来承担这一职能，进一步完善民主和法治，最终用现代民主政治来解决这一问题，这实际上明确提出了维权模式的政治诉求，即建构所谓的现代民主政治。[2]

维权抗争范式在中国学术界产生了巨大的影响，不少学者在此思路下思考，提出多种抗争模式。董海军提出了"以势（弱者身份）抗争"[3]、折晓叶提出了"韧武器"[4]、王洪伟提出了"以身抗争"[5]、黄志辉提出了"以

---

[1] 于建嵘：《当前农民维权活动的一个解释框架》，《社会学研究》2004年第2期。

[2] 于建嵘：《当代中国农民维权组织的发育与成长》，《中国农村观察》2005年第2期。

[3] 董海军：《"作为武器的弱者身份"：农民维权抗争的底层政治》，《社会》2008年第4期。

[4] 折晓叶：《合作与非对抗性抵制——弱者的"韧武器"》，《社会学研究》2008年第3期。

[5] 王洪伟：《当代中国底层社会"以身抗争"的效度和限度分析》，《社会》2010年第2期。

诗维权"[1]。有的学者还关注了农民抗争的原因[2]、抗争的机会结构[3]、基层政府的应对[4]、抗争者的意识[5]等。这种学术进路也遭到了批评。

赵鼎新曾对斯科特的"弱者的武器"、"日常抵抗"等静态概念提出批评，认为它们既无普遍性，也无助于加深人们的动态理解，同时还隐含了一些很有问题的假设。[6]他甚至认为，"日常抵抗"[7]这一解读，完全不源自田野调研，反映的只是斯科特的个性——一个极其不愿受到规范约束、孩提时喜欢在课桌下做小动作，却还振振有词的人。日常抵抗是个随处可见的现象，完全不需要通过在马来西亚作长达一年多的田野调查来获得。而顺着斯科特的"日常抵抗"，后续的一系列概念和解读，带来的跟风，就像是斯科特开了一个利润极高但成本很低的商铺，大家都想加盟，形成了"斯科特连锁店"。这些研究经验部分单薄，全靠一根笔杆子，原创概念被任意发挥，后继工作越发无聊。[8]这一评论引发了提出"依法抗争"概念的李连江教授的不满，[9]带来了一桩不大不小的公案。

同时，"依法抗争"和"以法抗争"的概括本身也受到了学者质疑，被认为有着强烈的情感介入和价值预设，尤其认为"以法抗争"对农民形

[1] 黄志辉：《以诗维权：代耕粮农的政治文学及其国家想象》，《开放时代》2012年第5期。

[2] Zhou Xueguang：*Unorganized interests and collective action in communist China*，American Sociological Review，1993，585：54-73.

[3] Chen Xi：*Social Protest and Contentious Authoritarianism in China*，Cambridge：Cambridge University Press.2011：87-131.

[4] Cai Yongshun：*Collective ownership or cadres's ownership? The non-agricultural use of farmland in China*，The China Quarterly，2003，175：662-680；Cai Yongshun：*Power structure and regime resilience：contentious politics in China*，British Journal of Political Science，2008，38，3：431-442.

[5] Li Lianjiang：*Rights Consciousness and Rules Consciousness in Contemporary China*，The China Journal，2010，64：47-68.

[6] 赵鼎新：《社会与政治运动讲义》，社会科学文献出版社2006年版，第10页。

[7] [美]詹姆斯·C.斯科特：《农民的道义经济学：东南亚的反叛与生存》，程立显、刘建等译，译林出版社2001年版。

[8] 赵鼎新：《社会科学研究的困境》，《社会学评论》2015年第4期。

[9] 李连江：《学术批评不应猜测研究动机》，http://www.douban.com/url/1891780。

象的认识过于理想化，大大夸大了农民抗争的组织性尤其是政治性。应星认为，农民群体利益表达在方式上具有权宜性，在组织上具有双重性，在政治上具有模糊性。[1] 吴毅认为，农民利益表达受到了乡村社会中各种既存"权力—利益的结构之网"的阻隔，它是影响和塑造农民上访更加常态和优先的因素。[2] 正是在这种认识下，一些学者较为重视学理性阐释的研究，其中最有代表性的是应星的一系列研究。

应星在大河移民上访的故事中，用讲故事的方式，呈现了农民上访的过程与机理，透析了国家权力关系的再生产机制。在应星所展现的故事中，我们看到的更多是上访精英的身影，以及他们与地方政府的关系，在这一过程中，上访的策略、技术以及政府的摆平术得以体现。[3] 在后来的研究中，应星通过数个案例的比较分析，以中国文化中"气"这个概念为视角，研究了农民群体抗争行动的目标、动力和机制所发生的变化，分析了各级政府在维稳技术和策略上的转变，并探讨了这些变化所带来的社会和政治后果，他试图以此来克服抗争政治研究中理性与情感、权利与道义之间的对立。[4] 此外，郑欣通过对村民上访事件动态过程的考察，将焦点事件嵌入非仪式化的平静的村庄生活场景中去理解，从而试图动态地把握隐蔽在农村日常表层之下的各种微妙关系及其内在逻辑。在博弈论的框架下，他观察到了上访过程中国家、乡村干部以及上访农民之间的利益博弈。[5]

这些阐释性的研究将上访看作利益表达的过程，虽然其研究并非完全只是政治化的考量，但最终都将问题放到了"国家与社会"的框架下，并提出回归到国家与社会关系的良性互动与重构，呼吁农村回应型制度的变迁、乡村民主社会的生成。这意味着，尽管存在具体的不同意见，但上述学者实际上共享着相同的理论认识和价值关怀，都从维权视角来看待上访潮，只不过对于农民上访的现实判断有着细微差别。他们在学术上都接受

[1] 应星：《草根动员与农民群体利益的表达机制》，《社会学研究》2007年第2期。

[2] 吴毅：《"权力—利益的结构之网"与农民群体性利益的表达困境》，《社会学研究》2007年第5期。

[3] 应星：《大河移民上访的故事》，生活·读书·新知三联书店2001年版。

[4] 应星：《"气"与抗争政治》，社会科学文献出版社2011年版。

[5] 郑欣：《乡村政治中的博弈生存》，中国社会科学出版社2005年版。

了国家与社会的理论框架，认为上访问题背后的症结，一是基层政府侵害了公民权利，二是农民的权利意识不断增长，现代权利观念深入人心。因此，农民上访是维护自身权利的一种形式，农民维权的矛头直接指向了基层政府，维权行动受到了基层政府的种种制约。

如此看来，权利一词便在关于农民抗争的研究中凸显出来，权利成为农民上访的理由，权利话语成为农民上访的意识形态，几乎所有的农民上访研究都成了农民维权研究，使这一研究带上了强烈的意识形态色彩。维权和利益表达机制成为农民上访研究的主导范式。学界主流认为，权利问题是三农问题的核心，解决三农问题的关键就是要赋权。[1]此前学者们对市民社会在中国的兴起一直持谨慎的怀疑态度，但随着上访和群体性事件的增多，维权范式研究如日中天，市民社会的兴起越来越被当作不可避免的事情。近年来农民上访和群体性事件的增多，似乎更是印证了维权范式。在这种氛围下，农民上访越来越政治化，几乎所有农民上访研究均指向了政治重建，或者说国家与社会关系的重构，上访者也因此成为维权人士和民主斗士。

二、从维权到治理的范式转换

维权抗争视角有一定的合理性，因为基层确实广泛存在侵犯公民权利的现象，但这种视角也有其缺陷，对上访问题的复杂性认识不够。在经过媒体不断简单复制而占据社会舆论主导地位后，这种认识视角就将上访问题结构化、客观化、本质化了，使得人们一想到上访，就与客观的权利受到侵犯自动地建立了联系，从而在给定的"侵权—维权"的空间中思考上访问题。这并不符合上访潮的复杂现实。中国社会长期保持了基本稳定，中国政府非常积极地应对农民上访和群体性事件，在保护人权、改善民生、发展基层民主方面做了大量的努力。对此，维权范式未能有合理的解释。维权范式假定政府都是恶的，是农民权利的对立面，这并

---

[1] 陆学艺：《"三农"新论：当前中国农业、农村、农民问题研究》，社会科学文献出版社2005年版；杜润生：《杜润生自述：中国农村体制变革重大决策纪实》，人民出版社2005年版。

不符合事实，也因此遭到学者批判和质疑。

在裴宜理看来，中国研究中的权利话语有一种被英美人权话语深深影响的规范性腔调，许多学者把后毛泽东时代的大众抗议分析为"权利意识觉醒"的过程，他们认为这些现象暗示着人们对公民权的要求，以及国家—社会根本关系的突破性进展，抗议者对"人权"的讨论体现了一种强大的新生社会现象，这对政府的合法性是一种潜在的严峻挑战。裴宜理对此表示怀疑。她认为，中国的当代抗议者极少质疑中国共产党及其意识形态的统治权威，在中国，权利往往被理解为由国家认可的旨在增进国家统一和繁荣的手段，而非自然赋予的旨在对抗国家干预的保护机制。裴宜理将当代中国抗议活动的框架模式称之为"规则意识"，而非权利意识，民众对行使自身权利的诉求很可能是对国家权力的强化而非挑战。通过对中西方权利观念演变的梳理，裴宜理发现，中国人的权利观念更多是生存权和发展权，而非政治权利。两千多年来，中国的政治思想、政策和抗议运动，均把获得社会经济保障置于中心位置，因而，不能想当然地认为，在当代中国"权利"这一标签相近于近代西方的天赋人权以及市民社会的观念。对中国的权利观念和西方自由主义的权利观念作了区分的基础上，裴宜理指出了中国政府对于民众权利的保障具有积极意义。[1]

裴宜理正确指出了中国语境中民众权利与政府责任之间的关系，这对当前中国民众上访维权的研究构成了严肃的批评，有利于我们清除权利话语对上访研究所造成的遮蔽。由于无法看到国家权力在保护民众权利上的意义，维权范式已经距离农民上访的经验实践越来越远。取消农业税以后，中国农村基层政权的权力弱化，农民上访不但没有减少，反而不断增多，这在经验上直接对维权范式提出了挑战和质疑。

在这种背景下，一些学者认为，要转换农民上访研究范式，从农民维权范式转换到乡村治理范式，从乡村治理变迁中来研究农民上访，同时将这一问题与治权联系起来。

李昌平以其对乡村治理的敏锐和丰富的经验，意识到了农民上访中的治理和治权问题。在李昌平看来，1980年代的农民上访量很少，1990年代

---

[1] 裴宜理等：《中国人的"权利"观念》，《国外理论动态》2008年第2、3期。

开始增多，税费改革后尤其多，并出现了新的上访高潮。他认为农民上访增多的主要原因，并不是信访制度造成的，也不是农民维权意识的兴起，究其原因，主要是由乡村治权的丧失造成的。在李昌平那里，乡村治权主要是指乡村治理的经济基础，主要是集体土地所有制。1990年代以来，由于集体土地所有权的虚置，集体经济空壳化，乡镇企业破产，乡村治理由块块为主变为条条为主，导致乡村治权逐步丧失，从而使乡村治理无法有效达成，农民权利无法得到有效保障和落实，农民上访遂急剧增多。[1]

受李昌平启发，申端锋在借助吉登斯的"权力二重性"[2]观点基础上，发展了乡村治权这一概念，用之来指称基层政权在乡村治理中的权力。在他看来，乡村治权乃是对乡村权力与治理资源关系的一种概括，是指乡村组织凝聚、配置治理资源从而进行乡村治理的权力。他将治理资源分为两大类，即物质性资源和权威性资源，物质性资源主要是指乡村组织所拥有的物质和财政资源，包括集体土地、乡镇企业等；权威性资源指乡村支配农民的手段与制度，如综合治理、"两工"制度等。他认为李昌平所谓的治权主要是从物质资源的角度来讲的，而他主要从权威性资源的角度理解乡村治权。农民上访并不是从西方式的个人权利出发，而是借助于社会主义理念和意识形态，上访人从人民政府的责任出发，通过明确其责任来实现权利。乡村治权的弱化导致了农民上访的增多，基层政权只能依靠村庄地方性知识对上访进行一个分类，而无法进行治理，乡村治理因此出现了"有分类无治理"的格局。因此，加强分类治理能力，强化乡村治权，是国家政权建设的当务之急。[3]

---

[1] 李昌平：《乡村治权与农民上访》，《三农中国》第12辑，湖北人民出版社2008年版；李昌平：《现在的农民为何爱上访》，http://www.snzg.cn/article/2009/0528/article_14649.html。

[2] 吉登斯认为，权力必须与资源联系起来，资源是权力实施的媒介，是社会再生产的常规要素。而资源可分为物质性资源与权威性资源，权威性资源主要指对人类自身的活动行使支配的手段。详见[英]安东尼·吉登斯：《社会的构成：结构化理论大纲》，李康、李猛译，生活·读书·新知三联书店1998年版。

[3] 申端锋：《治权与维权：和平乡农民上访与乡村治理1978—2008》，华中科技大学博士论文，2009；申端锋：《乡村治权与分类治理：农民上访研究的范式转换》，《开放时代》2010年第6期。

田先红则认为，农民上访问题的增多，乡村治权弱化是一个直接原因，根本原因在于国家治理转型，其研究在乡镇场域中展现了治理转型过程中中央——地方——农民之间复杂的互动关系。国家通过压力型的信访治理体制强化地方和基层政府的维稳责任，督促其重视信访治理工作，却使得地方和基层政府日益被动，谋利型上访不断蔓延，并形塑出越来越多的上访专业户，上访产业初现雏形。国家试图通过推动乡村治理转型、实行直接治理模式来加强对基层社会的渗透与监控，却导致了国家基础权力弱化的意外后果，使得专断权力与基础权力呈现出并弱的局面。[1]

此外，不少学者从实践出发，分析了不同类型的上访，这些研究也构成了对维权抗争视角的质疑，与治理范式有相通之处。饶静等人研究了要挟型上访：农民通过上访来胁迫基层政府介入其利益纠纷，从而实现不合理的要求和利益主张，它发生在国家权力逐步退出乡村社会，却没有建立良好的法治精神和公正公平的利益纠纷解决机制下。[2]尹利民研究了表演型上访：作为"弱者"的上访人常常采取"表演"的方式来作为上访的武器，这与上访目标的确定性和结果的不确定性有关，其深层次的根源还在于国家宏观的政治结构与上访治理方式的非制度化特性。[3]

从维权范式到治理范式的转换，当然有其学术贡献，它提供了上访经验的全面图景，丰富了我们对上访的认知。由此反观维权抗争论调，很容易得出发现，在当前社会情境下，农民的维权意识与行为，并没有呈现出如同欧博文、李连江或于建嵘所说的不断政治化的趋势，农民的集体维权也处于弱组织或无组织状态。出现这种状况的原因，并非如同应星所说，是对维权表达之"合法性困境"的忧虑，[4]虽然"合法性"确实是

---

[1] 田先红：《息访之道：国家转型期的桥镇信访研究1995—2009》，华中科技大学博士论文，2010；田先红：《从维权到谋利——农民上访行为逻辑变迁的一个解释框架》，《开放时代》2010年第6期；田先红：《上访专业户生成机制研究》，《中国乡村研究》2012年第9辑，福建人民出版社，第275–293页。

[2] 饶静、叶敬忠、谭思：《"要挟型上访"——底层政治逻辑下的农民上访分析框架》，《中国农村观察》2011年第3期。

[3] 尹利民：《"表演型上访"：作为弱者的上访人的"武器"》，《南昌大学学报（人文社会科学版）》2012年第1期。

[4] 应星：《草根动员与农民群体利益的表达机制》，《社会学研究》2007年第2期。

阻遏维权成长为像西方那种被体制所吸纳的社会运动的制度根源。吴毅提及，农民利益表达难以体制化成长的原因是乡村现实生活中各种既存的"权力—利益的结构之网"的阻隔。[1]这有一定的道理，但仍然只有部分的解释力。它可以解释某些乡村精英的上访行为，但难以全面系统解释农民上访行为，不能从结构上面呈现农民维权行动的复杂性，难以解释个别其他精英以及诸多底层农民的上访行为，难以解释个体生命史上各种不同类型上访并存或相继出现的复杂实践，也难以解释乡村混混在上访治理中所起到的作用。

不过，就目前的研究水平而言，要成为如同维权范式那样有学术影响力和实践影响力的学说，治理范式的研究还远远不够，它在经验层面还未能对上访实践有足够全面的把握，在理论层面也还缺乏足够的提炼。正因此，本研究试图沿着治理范式所开辟的进路，深化上访问题的研究。

三、本书的研究思路与方法

从治理角度去看信访问题，自然涉及政府对信访问题的治理。在多年处于高位的信访潮面前，基层政府的治理技术处于灰色状态，中央和上级只是不断强化信访责任，并不能提供有效的治理技术，也没有减缓基层的压力。问题的核心在于缺乏有效的制度装置来对上访者的问题性质进行区分。分类治理可能是疏通信访渠道、促进信访机制法治化的一种思路。根据上访诉求的合法性程度，目前的上访可以分为有理上访、无理上访、商谈型上访三大类。

对农民上访的分类，既是大量田野调研基础上的初步经验认识，也是深入研究问题的具体进路。有理上访、无理上访和协商型上访，其划分标准是上访诉求是否有合法依据。这种分类有利于从法治标准和宏观原则上对农民上访进行定性和理论解释，也有利于从法治的角度发展上访的治理技术。但是，这种分类需要对个案的具体情形进行判断，虽然有利于从法律规范和法治标准上思考具体问题，但是很难从事物的性质

---

[1] 吴毅：《"权力—利益的结构之网"与农民群体性利益的表达困境》，《社会学研究》2007年第5期。

和关系上对具体上访事项进行理论解释。而且，到个案环节，这种分类并不能直接帮助实务人员对个案本身作出判断，很难直接提供有效的治理技术。因此，作为一种研究策略，本书按照热点上访问题牵涉的重心，将上访归纳若干典型类别，其标准是具体上访在某方面的特殊性、典型性，这种的上访分类，更多是一种归纳和列举。对若干典型上访的逻辑和治理机制的研究，构成了本书的主体内容。

本书力图按照热点上访问题牵涉的重心，对若干典型上访类型展开深入分析，从微观层面深入理解具体上访，把握上访事项的性质和关系，准确理解上访发生机制及其治理逻辑。由于法治标准和治理技术是具体类型的上访研究所绕不开的，因此，在研究具体上访类型时会时刻观照有理、无理、协商型上访的分类，也会从法治技术层面探讨这种分类。典型案例基础上的研究是进行上访治理的基础，但它本身限于具体事项之中，很难直接提供有效的治理技术。但是，这种研究对于理解上访本身极为重要，对于思考信访法治化不可或缺。在法治社会中，有效的上访治理技术需要符合法治的精神，呼应法治的需求。本书最后将在具体类型研究的基础上探索上访的法治化分流，试图提出有效的治理技术。

有必要对本书的基本研究方法作简单说明。[1]过去二十年，本人一直行走在中国基层的广阔田野上，从事基层治理和法治的调查和研究，坚持走经验研究的路线，坚持"田野的灵感、野性的思维、直白的文风"，关注了基层治理方方面面的问题，收集了大量的经验素材，并在诸多具体问题上展开探究。在研究的过程中，坚持用整体的视角去看待问题，在整体逻辑中理解政治、经济、法律、社会现象和问题，结构化地理解各种基层治理现象，形成对问题的整体认知，从而理解具体问题与其他各种现象之间的关联。

上访问题一直是本人关心的问题，理解上访问题的整体视角主要体现在两个方面，一是社会生活的视角，即从社会生活去理解上访行为。上访发生在特定的时空坐落里和特定的村庄（社区）生活逻辑中，是社会生活的一个侧面，它同其他社会生活方面是纠缠、交融在一起的，不能简单、粗暴

---

[1] 本人已出版相关研究方法著作，参见陈柏峰：《法律的经验研究方法》，社会科学文献出版社2024年版。

地把它从社会生活中剥离出来，而应该从社会生态中去考察相关逻辑。二是基层治理的视角，即从政府治理视角去理解上访。基层治理研究不事先设定价值目标，而是关注自上而下的政策在基层社会的实践过程和后果，在现实治理中考察基层政府与民众的互动，理解治理实践的复杂性。

本书写作的经验材料，不是来源于一时一地，而主要是作者在长期的基层调研时逐渐收集积累的，对上访问题的质性认识也是在调研及对经验材料的分析中逐渐获取的。具体的资料来源，既有作者为本书研究而专门调研收集的访谈材料和档案材料，也有非专门调研收集的访谈材料，还有诸位师友的相关实地调研报告。"华中乡土派"对中国农村和城市基层研究有着深厚的学术传统，完成了大量论文、调研报告、专著和硕博士论文。诸位师友的调研曾为我提供了大量经验材料，构成了本研究的深厚基础。

在本书章节相关的田野调研期间，与农民、乡村干部广泛接触，并对他们做了深入访谈，并形成较深的质性感受，同时争取获取相关档案材料。具体调研主要分为村庄（社区）和乡镇两个层面。驻村调研中，与村民同吃同住，调研方法主要是访谈村干部、村民，调研内容包括村庄的方方面面。乡镇的调研中，则与镇干部或派出所民警同吃同住。调研主要方法有二，一是访谈镇干部、民警和乡镇社会势力，调研内容主要包括乡村社会稳定、镇干部的日常工作；二是查阅乡镇政府内的相关档案资料，主要包括维稳记录和案卷、上级的下发文件、政府日常简报等。由于镇干部往往在全县（市）范围内轮换调动工作，政府的相关资料也反映全县（市）的情况，因此每次调查所获得的信息并不限于一个乡镇，而是扩展到了全县（市）。

四、本书的研究内容与章节安排

进入21世纪以来，随着经济发展和社会改革的进一步深化，社会转型逐步加快，各种矛盾日益暴露，信访问题形势严峻，它关系到社会稳定和谐和国家法治建设，因此需要在理论指导下，进行扎实深入的经验研究。本书试图在田野调查的基础上，厘清上访的特点、症结和治理机制，对上访问题展开分类研究，从而为制定科学合理、行之有效的法治措施奠定理论基础。

通过对上访案例和政府治理机制的分析研究，探求上访及政府治理的规律，对上访进行分类研究。分类主要从两个维度展开。第一，按照上访诉求的合法性程度，将上访分为有理上访、无理上访和协商型上访，其划分标准是上访诉求是否有合法依据。第二，按照热点上访问题牵涉的重心，将农民上访归纳为涉人、涉物、涉法三大类，其标准是具体上访在某方面的特殊性、典型性。两种分类中，有理、无理、协商的上访分类有着同一的标准，是严格的分类；而涉人、涉物、涉法的上访分类，更多是一种归纳和列举。

本书突破"维权"的刻板视角，对上访进行了深入的分类研究，展现了上访的复杂性和多元性。有理上访是当事人合法权益受到侵犯的上访，其目的是维权。上访人的诉求部分有理、部分无理的，也属于有理上访。无理上访是当事人诉求明显不合法、不合理的上访，至少包括谋利型上访、精神病人上访、偏执型上访。协商型上访是合法性模糊的上访，上访人的合法权益不一定受到侵犯，却认为相关法律和政策不合理，因此上访协商，这种上访有改变法律和政策的潜在可能性。在不同情形下，协商型上访的当事人可能有意识形态、政策、地方性规范、情感等方面的不同诉求。

在田野调研基础上，对突出问题和具体类型上访的机制进行深入解读，挖掘其背后的丰富意涵，探讨上访制度运作的社会基础，广泛考察基层上访治理机制。涉人的上访是上访人较为典型的上访，至少包括敏感人群（民办教师、专业军人等）、困难求助者、性格偏执者的上访。涉物的上访是上访行为所针对的客体和对象较为典型的上访，至少包括针对土地、房产等的上访。涉法的上访是上访事项牵涉法律、政策程度较深的上访，至少包括涉法闹访、涉诉上访、政策遗留问题的上访等。

信访制度目前三大功能：纠纷解决机制替代功能、法律和政策协商功能、社会剩余事务兜底功能。在纠纷解决方面，信访制度解决了不少不适法的纠纷，挤占了其他机制的空间，也弥补了它们的不足。在法律和政策协商方面，信访制度容纳了不少带有一定普遍性的类型化诉求，在法律和政策模糊地带促进了规则的形成和优化。在社会剩余事务方面，信访制度的兜底容纳和综合处理，疏导了社会情绪，缓解了科层体系与社会的紧张关系。信访制度法治化，主要是民众信访行为和信访工作机制的法治化，其改革应当适度区隔法治工作与群众工作双重属性。

具体而言，本书将按以下篇章结构展开：

第一章　信访研究的维权与治权范式

第二章　从信访困境到分类治理研究

面对日渐高涨的上访潮，信访工作制度不断强化上访人的权利和接访人的职责，并没有给基层政府提供有效的治理技术，基层政府陷入非法运作的边缘。当前的信访困局在于信访渠道出现了淤塞，政府未能通过有效的制度装置来对上访者的问题性质进行区分。分类治理可能是疏通信访渠道、促进信访机制法治化的有效思路。根据上访诉求的合法性程度，可以分为有理上访、无理上访、商谈型上访三大类及若干具体小类。若能建立正确的分类原则，找到合理的治理方法，并建立必要的配套措施，信访渠道就可以疏通，成为转型期社会利益的表达渠道和商谈空间，发挥出其应有的功能。信访制度因此可以成为中国特色社会主义法治的重要组成部分。

第三章　无理上访与基层治理

无理上访是当事人诉求明显不合法、不合理的上访。从调研情况来看，无理上访有不断增多的趋势。一些地方出现了以谋利为目的的"上访专业户"，他们"以上访为业"，耗费了乡镇信访部门的大部分精力。在有的地方，精神病患者上访不断增多。基层政府应对无理上访捉襟见肘，由于无理上访的诉求本身无法满足，就只有在问题的外围想办法，在合法之外的灰色地带想办法。从新中国的历史经验来看，基层政府在上访治理中有足够的权威性资源，因此可以在缺乏配置性资源的情况下成功应对无理上访问题，这种权威性资源建立在"人民—敌人"话语的基础上。1990年代以来，基层政府在权利话语面前日渐被动，话语权不断流失，这导致其可以利用的权威性资源越来越少，治权因此不断丧失，从而越来越难以遏制无理上访。真正化解上访潮，需要加强基层治权建设，在政府治权与民众权利之间寻求合理的平衡，并引导权利话语健康发展。

第四章　偏执型上访及其治理的机制

在实践中，有一类上访的主要原因是上访人性格偏执，这类上访可以被称为性格偏执者的上访。这种类型的上访中，当事人不一定是法定权利受到了侵犯，或者仅仅受到了一些不严重的侵犯，一般人并不会因此而上访，当事人上访大多由于其性格偏执。偏执型上访是社会转型期特有的现象，它可见于多种典型情形，其诉求多元而复杂，但多数缺乏明确的合法性，尽管可能有合理成分，但总体上属于无理的范畴。上访人所反映的问题，政府部门没有能力满足或不应该满足其诉求。一些上访诉求涉及市场经济中的风险、诉讼过程中的风险甚至日常生活中的风险，这些风险本该当事人自己承担，信访部门对此无能为力。上访人的心态是偏执的，在信访事项上寄托了很多情感，且上访过程中继续投入情感，这进一步强化了偏执心态。在这些因素的作用下，上访人难以罢手。偏执型上访很难在法治框架内解决，却又不能不接待。因为信访不仅是法治事业的一部分，更是群众工作的重要组成部分。信访部门不能拒绝来访群众，不能置群众困难于不顾，从而实质上承担了无限的责任。上访人可以在法治体系和群众工作体系中自由选择有利于己的权利，信访部门却要同时承担两个体系施加的双重责任。在此压力下，信访部门实际上承担了心理疏导功能。

第五章 涉诉上访的困境及其机理

涉诉上访是指在判决生效后，当事人千方百计通过各种渠道和手段，要求否定生效判决和裁定，启动再审程序的一系列上访行为。当前，在社会生活中，涉诉上访现象日渐增多，当事人多是败诉方当事人，但也有不满意判决结果的胜诉方当事人。判决生效后，胜诉方到处找关系，申诉、上访，称法院不执行生效的判决，判决书成了一纸空文；败诉方更是积极的到处找关系，申诉、上访，声称法院判决不公正，或法官徇私舞弊，埋怨法官素质太低等。他们都打着维护司法公正与法律尊严的旗号，去党委、政府、人大要求领导批示干预，去法院要求领导"发现错误"以启动再审程序，去检察院要求抗诉支持，去新闻单位要求曝光等。涉诉上访问题已成为各级相关国家机关面临的一个严峻问题。涉诉上访在制度上与其说渊源于现代法律中的上诉制度，不如说内生于新中国的信访制度。信访制度是共产党人的创造，但这个创造并非毫无实践基础的玄想式创造，而是在实践基础上对社会需求的回应，它有着深厚的社会基础和意识形态基础，但其存在往往以抑制法律的自主性为代价。它敞开大门向民众提供了一种在法律系统外部解决问题的途径，同时它为党政、行政对司法活动的干预提供了制度化空间和正当渠道。涉诉上访与法律转型时期的目标司法制度存在着巨大张力。

第六章 群体性涉法闹访及其法治

在基层法治实践中，普遍存"群体性闹访"现象：上访人利用信访制度，以行使信访权利的方式提出诉求，并以群体聚集、闹事等极端手段要挟地方党委政府解决问题。闹访人围堵政府机关、静坐、打横幅、呼口号，妨碍政府工作秩序和社会秩序。那些本该依法由法院、特定行政机构依法处理的案件，当事人却不找相应的机构，甚至拒绝这些机构的介入，而是坚持找党委政府和信访部门，通过闹访表达诉求、促进问题解决。这在交通事故、医疗事故、校园伤亡事故中尤其突出。党政介入的处理结果表现出反法制性，闹访人的诉求得到了满足，且一般超过了根据法律规定所应当得到的赔偿，而违法行为却不受追究。法律系统的低效、对既有规则的不满、维权能力的不足、闹访的较大收益是当事人诉诸群体性涉法闹访的原因。群体聚集之后的挟尸、打砸等行为看似极端，在闹访的语境中却是理性的，因为这些行为能引起社会关注和政府重视，促进问题解决。党政系统在日常治理中表现出规则依赖和选择性执法倾向，在处理闹访事件时受制于行政问责制度，表现出强烈的社会稳定偏好，这给了群体性涉法闹访不断生产的空间。群体性涉法闹访现象带来了维权成本和治理成本同时攀升、灰色暴力蔓延、法治"领地"萎缩、党政权威削弱等后果。对此，需要反思社会稳定与法治的关系，加强法治建设。

第七章 特定职业群体上访的发生机制

特定职业群体的上访，是指目前全国各地多发的退伍军人、民办教师、下岗工人、政府分流人员等特定群体的上访。这种上访是社会转型期特有的现象，其诉求的合法性比较模糊。在历次改革或政策变动中受到冲击的特定职业群体，也许早就有所不满，但常常并未通过上访来公开表达诉求；在国家向民生政策转型的大背景中，他们得知其他地区的同类群体得到补偿和照顾时，不公平感油然而生。他们认为自己是弱势群体，曾为国家作出了牺牲和贡献，现在国家富裕了，越来越强调民生，强调对弱势群体的扶助，强调对有贡献群体的补偿，因此自己应当得到照顾和补偿。在媒体权利话语的支持和激励下，他们毫不犹豫地走上了上访之路。在分类研究的谱系中，特殊人群的上访属于协商型上访。特定职业群体上访之所以成为当前上访中具有重要影响的问题，更为重要的原因可能是这类上访牵涉面广，相关牵涉人员过去处在一定的社区或组织网络之中，互相之间可以方便地取得联系，互通信息，因此很容易发动大规模的群体性上访，相关问题处理不当也可能会引起群体性事件。这些问题本身处理难度大、牵涉关系多、历史包袱重，处理起来必然要耗费大量的人力、物力和财力。在没有新的法律和政策时，相关问题的制度化解决几乎是不可能的。

第八章 农地上访的种类及逻辑

征地纠纷及其上访针对的主要是城郊农村的土地，牵涉的主要是土地的级差收益，不能作为中国农地制度的经验基础。农地的上访所针对点主要有两个方面，一是有农民对土地分配格局的不满。在现有的土地制度下，土地分配格局"三十年不变"，"增人不增地，减人不减地"，大多数农民觉得不公平，常常抱怨"有人口没饭吃"。因此有人以地方性规范和生存伦理来挑战现有法律，要求重新按人口均分土地，加上过去土地承包关系较为混乱，各种纠纷和上访就容易发生。这种纠纷及上访，与取消农业税、农产品市场变动、土地制度预期等多因素有关。二是土地导致的公共品供给问题。农户不足10亩的土地，往往分布在村里十几块地方，每块土地的水源条件、农户的种植倾向、对单块土地的依赖程度都有所不同，这使得农业生产上的公共品合作的谈判成本巨高无比，没有强有力的村集体组织，土地上的公共品合作几乎无法达成，因此导致纠纷和上访多发。农用地问题的上访中，存在一种负向的反馈机制：只要农民一上访，中央和社会便会认为，乡村干部为非作歹，地权需要在制度安排上进一步稳定明确，这越发激励部分农民去上访；而农民越上访，中央就越需要强调保护农民的土地权利，直至强调承包关系"长久不变"，农户的承包经营权越来越接近所有权。这个过程中，农村双层经营体制名存实亡，土地集体所有制也日益虚化。

第九章 征地拆迁上访的类型与机理

近20年来，因征地拆迁上访的非常多见。征地拆迁类上访有相当的复杂性，其机理需要结合上访人的不同情况和动机加以分析。受情感、生活习惯、家计模式或土地房屋的特殊用途等多因素的影响，有人因反对征地拆迁而上访或成为钉子户，坚持农业生产的老年人和适度规模经营的"中农"群体最为典型。征地拆迁过程中，征收面积、附着物和房屋的估价、补偿标准和配套措施、村组集体的分配方案、特殊群体权益都很容易成为上访焦点。征地拆迁之后，政府在征地过程中的不法行为、后期履责不到位、补偿信息传播后导致的攀比、补偿标准不同导致的心理不平衡、当事人生活不适应等，又可能成为新的上访焦点。征地拆迁类上访在核心之处涉及土地级差收益的分配问题。由于城市化的发展，带来了城郊土地增值，这种增值收益当然不能由城郊农民独自享有，而应由国家代表全民享有一部分，在征用农村集体土地的同时占有土地增值收益。这样，土地征收的价格就比土地的市场价格要低，城郊农民因此不满而上访，上访自然会找各种原因。这种上访诉求虽然有部分合理性，但很难说是依法维护合法权益。征地拆迁上访的应对，需要从依法行政、村级民主、社会保障、就业培训、心理疏导等多方面着手综合治理。

第十章 资源媒介型治理与信访机制异化

以武汉山乡的征地拆迁个案来表述、探讨治理模式和信访机制。在个案中，上访人经历了从协商型上访、维权型上访到谋利型上访的尴尬过程，这意味着信访机制的异化。从基层信访治理实践来看，资源媒介型治理模式是信访机制异化的根本原因。在资源总量大幅增加的条件下，基层政府通过利益诱导来对上访进行直接治理，或者通过资源配置来调动社会力量参与，从而实现对上访的间接治理。资源媒介型治理模式是思想教育型治理模式的替代。市场经济条件和基层政府的自利性，使得以说服、教育、调解为主，强制、惩罚为辅的思想教育型治理正在丧失正当性。资源媒介型治理不是权力的合法运用，因此信访治理转型任重道远。需要确立正当利益原则，对民众和基层政府的利益诉求以正当利益为标准，并通过财政预算制度来确保基层政府遵守正当利益原则。

第十一章 信访制度的功能及其法治化改革

信访制度的法治化改革，需要对信访制度承担的实际功能的清晰认知和有效替代。目前几种典型认识，都未能全面认知信访制度的实际功能。信访制度始终存在政治动员与社会治理两种取向，目前社会治理取向凸显，它体现为三大功能：纠纷解决机制替代功能、法律和政策协商功能、社会剩余事务兜底功能。在纠纷解决方面，信访制度解决了不少不适法的纠纷，挤占了其他机制的空间，也弥补了它们的不足。在法律和政策协商方面，信访制度容纳了不少带有一定普遍性的类型化诉求，在法律和政策模糊地带促进了规则的形成和优化。在社会剩余事务方面，信访制度的兜底容纳和综合处理，疏导了社会情绪，缓解了科层体系与社会的紧张关系。信访制度法治化，主要是民众信访行为和信访工作机制的法治化，其改革应当适度区隔法治工作与群众工作双重属性，可从诉访分流机制、信访解纷机制、案件疑难研判机制、信访社会工作职能、信访考核评价体系等方面着力。

第十二章　新时代信访工作法治化模式

党的十八大以来，信访工作法治化改革持续推进，其制度成果集中体现于《信访工作条例》。新时代的信访工作法治化，要求每个环节严格依法，做到预防法治化、受理法治化、办理法治化、监督追责法治化、维护秩序法治化。它建立于"在法治轨道上全面建设社会主义现代化国家""全面推进国家各方面工作法治化"的理论基础之上，显现出鲜明的时代特征，形成了制度化规范化的"信访渠道汇集问题、依法分流处理、兜底解决剩余问题"的信访工作法治化模式。这种模式具有高度的实践回应性，信访渠道聚集问题有其社会心理基础，分流处理问题契合体制运行规律，剩余问题兜底解决有赖综合施策。这种模式不仅回应合法诉求，还能有效回应政策性、情感性等各种诉求，体现了信访工作的群众工作属性，在法治化的同时保持了社会主义底色。

第二章　从信访困境到分类治理研究

中国是一个有着五千年文明的社会主义国家，正在向市场经济国家转型。在这个巨大的转型中，社会利益在短时间内以较为激烈的方式被重新分配，人们的观念也随之发生着剧烈变迁。在巨变的社会背景下，人们以各种方式谋取利益、表达不满、抗议不公正，其中包括上访。各种不同的人群基于诸多不同的原因而上访，千百万底层民众的上访，汇成了一度影响社会稳定与和谐的上访大潮。

然而，政府和社会对上访潮的理解有些脸谱化。政府认为人们上访的主要诱因在于地方政府的官僚主义工作作风，因此不断责令政府官员加以克服，并通过各种制度加强地方政府官员与百姓的接触，畅通信访渠道。社会舆论常常陷入另一种意识形态话语中，认为人们上访的主要原因在于社会中侵害权利（尤其是政府侵权）的现象普遍存在，因此不断呼吁加强权利保护、完善法律制度。

这两种认识和相关措施虽然有一定的合理性，但都存在偏差，没有完全切中上访潮的要害。实践中，虽然中央政府寻求在法治框架下发展出有效的制度安排，但基层政府一直倍感压力，曾经还游走在法律的边缘。为何会出现如此处境？对此进行解释，需要有新颖的理论视角和深入的经验研究。本书试图朝这个方向努力。

一、上访的制度建设与意识形态

（一）应对上访潮的制度建设

新中国成立以来，有多次信访高潮，但中央采取相关措施以后，信访局势都得到了缓解，高潮得以回落。然而，进入1990年代以后，信访数量一直居高不下，形成了第五次信访高潮，且这次高潮至今尚未退去。尽管中央高层出台了诸多措施力图扭转局面，但是效果不甚明显，没能有效遏制上访潮。这种状况使得信访制度改革日益成为全社会的关注焦点。

自1993年开始，全国信访总量持续增高。在农村，1990年代农民负担日趋沉重，农村经济形势不景气，农民对政策的满意程度大幅下降，农村干群关系比较紧张，日渐对基层干部表现出强烈的不满情绪。在城市，经济体制开始了巨大变革，城市发展走上了新的轨道，各类社会矛盾和利益冲突加剧，人们的不公平感日渐增长。面对这种局面，城乡居民的心理受到前所未有的普遍冲击，遇到具体问题时不断走上信访的道路，将信访视为优于司法的补救方式。

面对这种情况，在政府机构精简的大背景下，中央和地方政府不断强调"信访工作只能加强，不能削弱"，在全国建立起了体系化的信访工作机构，着力于加强队伍建设，2000年2月，中央办公厅国务院办公厅信访局升格为副部级单位，更名为国家信访局。同时，国家不断明确信访职能分配，尤其着力于相关制度建设。1991年5月，中共中央办公厅、全国人大常委会办公厅和国务院办公厅针对中央和国家机关一些机构的较大调整和业务范围的变化，重新修订了1985年的《中央各部门归口分工接待群众来访办法》，进一步明确了信访问题归口分工的责任，所有问题均按来访人反映问题的性质或所属系统，分别归口中央有关部门接谈处理。1995年颁布的《信访条例》更是明确写下了"分级负责、归口办理，谁主管、谁负责，及时、就地依法解决问题与思想疏导教育相结合"这一原则。全国各地也陆续制定了信访方面的地方法规和工作办法、规定、细则等政策文件，出台了比较完整规范的省级信访法规30部，市级500余部、县级2000多部，[1]很多乡镇也制定了政策文件。这些法规、政策文件与《信访条例》相配套，内容与之大同小异。信访法规、文件的集中出台，标志着信访工作完成了向法制化方向的转变。

然而，相关制度建设并没有遏制住上访量的上升势头，上访越来越危及社会稳定，其中最关键的是群体性事件的形成。1990年代中后期群体

---

[1] 中国行政管理学会信访分会编著：《信访学概论》，中国方正出版社2005年版，第22页。

性事件增速惊人。在农村，农民状告乡镇政府、村委会的信访案件越来越多；在城市，企业改制所导致职工大批下岗失业引发的群体信访问题此伏彼起；甚至出现了城乡串联、跨县串联的民办教师信访和转业军人信访事件。集体访是群体性事件的前奏。虽然集体访不同于群体性事件，但是，如果得不到恰当和及时的处理，集体访往往演化升级为群体性事件。在这种情形下，尽管中央不断下发各种文件，要求地方政府慎重对待上访，加强信访工作，但收效甚微。

从1993年到2005年，十二年间全国信访数量连续高涨，"信访洪峰"成了中国政治社会生活中的常态。从媒体反映的个案来看，信访之路漫长、崎岖而艰辛，众多信访人视若畏途而又欲罢不能；信访警示的社会矛盾日趋突出、尖锐而复杂，地方政府部门视若"烫手的山芋"，矛盾焦点不断向中央聚集。上访的增幅越来越呈现"倒金字塔"形。根据国家信访局的统计数字，2003年国家信访局受理信访量上升14%，省级只上升0.1%，地级上升0.3%，县级反而下降了2.4%。另外，中央和国家机关受理信访量上升4.6%，省、地、县直属部门增幅较小，有的还是负增长。[1]信访潮长时间不退，且矛盾越来越向中央转移，这意味着信访工作面临着巨大的压力。

现状需要中央尽快作出反应，《信访条例》修改提上日程。当然，《信访条例》的修改也考虑到了旧条例部分条款已经失效、过时，如旧条例所涉及的收容遣送制度已于2003年8月1日被废止。2005年5月1日，《信访条例》修订后施行，对原有保护信访人权利的规定进行了细化，完善了国家机关的信访工作程序，强化了信访工作职责，体现了信访工作走向法治化。[2]最重要的是，实行多年的"分级负责，归口办理"信访工作原则，被修改为"属地管理、分级负责"。与此同时，地方政府及其工作部门的职责被强化，条例要求各级政府"应当畅通信访渠道；应当科学、民主决策，依法履行职责，从源头上预防导致信访事项的矛盾和纠纷；应当建立各负其责、齐抓共管的信访工作格局，通过联席会议、建立排查调

---

[1] 参见于建嵘：《信访的制度性缺失及其政治后果》，《凤凰周刊》2004年第32期。

[2] 包蹇：《信访走向法治化——新的〈信访条例〉解析》，《人民日报》2005年2月17日。

处机制、建立信访督查工作制度等方式，及时化解矛盾和纠纷"。具体来说，要求"建立信访信息系统、公开相关信息、领导接待日、领导下访、社会参与化解纠纷等行之有效的工作机制，方便信访人就地反映问题、查询信访事项的处理情况，有利于调动各方面力量化解矛盾"。

正是在这种情形下，"大接访"登上了历史的舞台，并被制度化、常规化。2005年5月，公安部率先部署在全国公安机关开展集中处理群众信访问题工作，全国3000多个县市区公安局长亲自接待上访群众，亲自协调解决信访问题。一些地方的法院、检察院也不断加入"大接访"的行业。[1]2008年3月，湖北省则率先在全国开展县（市、区）委书记大接访活动，受到中央的充分肯定和推介。2008年6月，中央发出通知在全国开展"县（市、区）委书记大接访"活动，全力推进解决群众信访问题，要求"为北京奥运会成功举办创造良好和谐的社会环境"。这些"大接访"大都属于"一过性"活动，而上访所反映的问题可能在接访后重新产生和出现，也许正是基于这种考虑，2009年4月，中央转发《关于领导干部定期接待群众来访的意见》，将市县两级党委书记（和主要干部）定期接待群众来访制度化，并对突出问题要实行领导包案，包掌握情况、包思想教育、包解决化解、包息诉息访的"四包"责任制。此外，中央还转发《关于中央和国家机关定期组织干部下访的意见》、《关于把矛盾纠纷排查化解工作制度化的意见》等文件，将定期接待群众来访的主体拓宽到各级各部门领导干部，将组织中央和国家机关干部下访规范化，并强化矛盾纠纷化解的日常工作制度。

新颁布的《信访条例》带来了整顿信访秩序的热潮，取得了一些效果。2005年全国信访秩序就有好转倾向，信访总量同比下降6.5%，是经过12年持续攀升后的第一次下降，"倒金字塔"式的增幅状况得到改变，集体访批次基本持平，人次下降14%，初信初访下降9.1%。[2]2006年全国信访总量、集体上访量、非正常上访量和群体性事件发生量实现"四个下

---

[1] 2006年5月，河南省法院系统的"大接访"就拉开了序幕，参见吴金鹏：《亲历"大接访"》，《法律与生活》2006年第13期。

[2] 王学军：《以科学发展观为统领 努力开创信访工作新局面》，《人民信访》2006年第3期。

降一个好转"，特别是信访总量继 2005 年首次下降后再次下降 15.5%，全国信访形势明显好转。[1] 到 2009 年，全国信访总量同比下降 2.7%，连续 5 年保持了下降的态势。[2]

尽管新《信访条例》及"大接访"等"配套措施"取得了一些效果，但并未能使得上访潮完全退去。在北京城南，聚集着大量的上访民众，附近的村庄成为名副其实的"上访村"。据报道，上访村的借住人口 2005 年 10 月还有 2500 人，这是当年最高数字。而在 2002 年和 2003 年，上访村人口曾经达到 3000 人。[3] 2009 年 8 月，中央政法委有关负责人在答记者问时说，从 2004 年开始，全国多数地方的涉法涉诉信访高发势头得到遏制，总体上呈现稳中有降的局面，但是，涉法涉诉信访占全国信访总量的比例仍然较高，进京访、重复访仍然偏多。[4] 为此中央决定向地方派遣巡查组来解决问题。而且，更为关键的是，新《信访条例》进一步强化了地方政府的信访治理困境，之前不断涌向北京的信访案件被压到了地方，而问题未必能够被解决。以威海为例，市县两级的信访案件不断增长，2005 年增长了 12.85%，2006 年继续增长了 1.41%。[5]

总结来说，在日渐高涨的上访潮面前，信访制度日趋法治化，强化上访人的权利和接访人的职责。这种制度建设的要点有二，一是强化地方政府在信访工作中的责任和主动性，二是强化地方政府主要领导人的责任和主动性。尤其是"畅通信访渠道"的"大接访"、"包案"等制度和配套措施，其实质是让最方便解决问题的地方政府、最有权解决问题的政府官员直接面对信访问题，并要求他们必须解决问题。

---

[1] 王学军：《全力抓好〈意见〉的贯彻落实 以优异成绩迎接党的十七大召开》，《人民信访》2007 年第 3 期。

[2]《2009 年中国人权事业的进展》，国务院新闻办公室，2010 年 9 月 26 日。

[3]《上访潮难平，中央要求出台政策要兼顾各方利益》，http://www.stnn.cc/global/china/t20060219_143300.html，2009 年 12 月 8 日访问。

[4] 裴智勇：《中央政法委就加强和改进涉法涉诉信访工作意见答记者问》，《人民日报》2009 年 8 月 19 日。

[5] 张修成：《1978 年以来中国信访工作研究——以山东威海为个案》，中共中央党校博士论文，2007，第 115 页。

（二）上访潮认知的意识形态

虽然信访制度建设不断取得进展，但意识形态话语似乎变化不大，一直都受"克服官僚主义"话语的支配。在这种话语中，上访潮的症结在于各级官员（尤其是基层地方政府官员）在工作中存在官僚主义作风，因此需要通过各级政府和官员改进工作作风来解决。这种话语集中地体现在党和国家领导人的讲话、信访报告批示以及党和政府的相关文献中。在这种话语下，由于政府官员的工作存在官僚主义作风，没有重视群众利益，群众走投无路才走上信访之途。因此，在各种场合，党和国家领导人都强调，对于群众反映的情况，要认真研究分析，正确处理，严禁压置不理、层层照转、互相推诿、不了了之。

2000年10月11日，江泽民在《关于改进党的作风》的报告中指出："现在发生的一些严重的突发性事件和群体性事件，有些让人想都想不到的事件，其中一个重要原因，是由于工作不落实、不扎实、不切实。工作部署了，没有抓到底，口号提出来了，没有落实。结果流于形式，浮于表面，没有实效。这种风气如果不纠正，不仅会导致党的路线方针政策无法落实，而且必然会出乱子，甚至出大乱子。官僚主义作风，要害是脱离群众、做官当老爷。在一些地方和部门，有的干部无所用心，有的作威作福、欺压群众，引起了干部和群众的强烈不满。"[1]2003年，针对进京访增多，胡锦涛提出五个必须："必须提醒各级党委、政府高度重视，必须带着深厚感情做工作，必须坚决贯彻党的政策，必须努力把问题处理在当地，必须加强协调配合。"[2]7月1日，胡锦涛在中央党校发表重要讲话时强调："群众利益无小事。凡是涉及群众的切身利益和实际困难的事情，再小也要竭尽全力去办。"[3]

在"克服官僚主义"话语下，中央将信访工作当作党和政府发扬民

---

[1] 江泽民：《关于改进党的作风》，《求是》2001年第1期。

[2] 转引自《中共浙江省委办公厅、浙江省人民政府办公厅关于加强和改进信访工作的通知》，浙委办[2003]48号。

[3] 《胡锦涛在"三个代表"重要思想理论研讨会上的讲话》，《十六大以来重要文献选编》（上册），中央文献出版社2005年版，第372页。

主、体察民情、贯彻群众路线、为人民服务的重要渠道。朱镕基曾指出:"不能简单地把信访数量增加看成坏事,它说明了一些问题,一是反映我们工作中确实还存在不少问题,群众批评和揭露问题,可以帮助改进工作;二是说明人民群众信任党和政府,因为我们真心实意地帮助他们解决了问题,所以群众敢于说话、敢于揭露问题;三是特别要看到,现在群众来信中提出积极的建设性的建议越来越多,这更是一个好现象。"[1]"通过信访,可以了解干部依法行政的状况,可以发现和解决实际工作中出现的新问题,可以体察民情民意和群众疾苦,还可以向群众宣传解释国家的法律、法规和党的方针政策,取得群众对政府工作的理解和支持。"[2]温家宝曾指出:"信访工作是我们党和国家各项工作中的一个重要环节,它代表党和政府直接做群众工作,为群众排忧解难,为社会化解矛盾,促进社会和谐发展。信访工作者是人民的公仆,通过处理来信来访了解社会的情况、群众的呼声、意见和要求,帮助群众解决实际问题,向党和政府提出政策建议。做好信访工作,就是我们党全心全意为人民服务宗旨的体现。"[3]

这套"克服官僚主义"话语,自共产党诞生之日起就处于主导地位,在新中国成立后更是如此。1951年5月16日,毛主席作出批示:"必须重视人民的通信,要给人民来信以恰当的处理,满足群众的正当要求。要把这件事看成是共产党和人民政府加强和人民联系的一种方法,不要采取掉以轻心置之不理的官僚主义的态度。"[4]1953年1月5日,毛泽东在党内指示《反对官僚主义、命令主义和违法乱纪》中对官僚主义进行了有力批判,并要求结合整党建党及其他工作,从处理人民来信工作入手,整顿官僚主义作风。[5]《人民日报》还发表了一系列社论批判官僚主义,鼓

---

[1]《朱镕基总理在中办国办信访局正处级以上干部座谈会上的讲话》,《人民信访》 2000年第3期。

[2]《朱镕基在全国依法行政工作会议上的讲话》,《十五大以来重要文献选编》(中册), 人民出版社2001年版,第906页。

[3]《温家宝2007年3月27日在第六次全国信访工作会议前会见与会代表的讲话》, http://news.cctv.com/xwlb/20070328/105269.shtml,2009年12月8日访问。

[4]《毛泽东文集》(第6卷),人民出版社1999年版,第164页。

[5]《毛泽东选集》(第5卷),人民出版社1977年版,第72页以下。

励人民信访。[1]改革开放后，邓小平也曾批判高级干部说："我们有少数同志对于这些应该而又能够解决的（上访）问题，却采取官僚主义态度，漠不关心，久拖不决，个别人甚至违法乱纪，搞打击报复。"[2]

由此可见，从新中国成立至今，党中央的"克服官僚主义"话语一直没有多大变化。其实，从中国共产党成立之日起，这套话语就是具体信访工作的指导方针。信访从一开始就被当成了"共产党和人民政府加强和人民联系的一种方法"，"结合整党建党及其他工作……整顿官僚主义作风"的方法。"克服官僚主义"话语的基本理论框架是"党—人民"，党代表了人民的利益，全心全意为人民服务是党的宗旨，但是党内存在官僚主义干部，他们从某种程度上偏离了党的工作作风，损害了人民的利益，人民通过信访求助于上级和中央，在上级和中央的压力下，官僚主义作风被清除，人民的利益就可以得以维护。人们通过信访求助于上级和中央，原因就在于政府（尤其是基层政府）存在官僚主义作风。

二、分类治理思路的提出

（一）效度有限的基层治理技术

面对日渐高涨且没有明显退去迹象的上访潮，仅仅建立相关信访工作制度，这是远远不够的。中央政府无法直接面对上访所牵涉的具体事项，因此需要敦促基层政府"将问题解决在基层"。中央政府的"敦促"方式首先当然是从行政上施加压力，这主要体现在中央政府对地方政府、上级政府对下级政府的考评上，这主要通过目标责任管理来实现，它构成了压力型体制的主要运作方式和手段。上级政府将上访治理指标、任务进行层层分解，将其分派给下级政府，在激励—绩效的压力下，下级政府可以更加卖力地进行上访治理。当前很多地方，市、县、乡、村四级中毗邻的两级都要签订信访工作目标管理责任书，其目标一般包括杜绝

---

[1] 如《人民日报》1953年1月19日发表的《认真处理人民群众来信 大胆揭发官僚主义罪恶》，1月23日发表的《压制批评的人是党的死敌》，11月2日发表的《把处理人民来信工作向前推进一步》等。

[2]《邓小平文选》（第2卷），人民出版社1994年版，第218页。

赴京上访、杜绝赴省集体上访、严格控制赴省个人访，等等。信访工作属于维护社会稳定的一部分，其考察标准是"一票否决"，只要维稳工作出现纰漏，基层政府就受到否定评价。但仅仅有行政考评上的压力，这还不够，因为它并没有告诉基层政府具体如何进行治理，没有给基层政府提供有效的治理技术。

同样，意识形态也只是向基层政府施加了压力，同样没有提供解决问题的治理技术。应该说，从新中国成立至今，上访实践发生了很大变化，而"克服官僚主义"话语却没有多大变化，因此这种话语很可能与实践有所背离。话语表达与现实实践常常会发生背离。黄宗智研究的清代州县裁判就是如此，在儒家的表达中，州县官员处理案件是用道德教化子民，习惯于调解结案；而诉讼档案却表明，州县官员调解讼案更多只是儒家的理念，并没有贯彻在实践中，调解其实主要在国家法律制度之外的社区中进行，州县官员更倾向于依法断案。[1]不过，即使话语与实践存在背离，也并不意味着话语就完全是脱离实践的，它可以从政治和意识形态上对某些实践主体施加压力，从而达到改造实践的效果。黄宗智的另一项研究表明，土改的实践并不简单依据村庄的客观阶级结构，"四清"、"文革"等阶级表达与实践的偏离更加远，但阶级斗争话语本身却可以促使更多的人参与到阶级斗争的实践中去。[2]在上访问题上，"克服官僚主义"话语有着类似的功能。

"克服官僚主义"话语在职业伦理之外给基层政府官员增添了许多工作作风和态度的要求，这些都会给基层政府构成某种压力。温家宝曾对信访工作提出过四点要求：第一，"热情"，就是要对来信、来访的群众满腔热情，要对人民群众有深厚的感情；第二，"依法"，就是信访工作要依法办事，要引导群众合理的诉求通过法律的渠道来解决；第三，"负责"，就是对人民群众负责，对党和政府负责，真正做到"件件有着落，事事有回音"；第四，"奉献"，就是信访工作人员要有无私奉献的精神，

---

[1] 黄宗智：《清代的法律、社会与文化：民法的表达与实践》，上海书店出版社2001年版。

[2] 黄宗智：《中国革命中的农村阶级斗争》，《中国乡村研究》第二辑，商务印书馆2003年版，第92页。

做到不辞辛苦、任劳任怨、鞠躬尽瘁，把自己的一切献给祖国和人民。[1]
这四点要求远远超过了一般的职业伦理和工作职责要求。而且，这些要求不会仅仅停留在表达上，还会落实在官僚体制的内部制度中。衡量基层政府在信访工作中是否热情、依法、负责、奉献，有着一套质性和量性相结合的考察方法，其核心要求是"稳定压倒一切"。

尽管意识形态话语可以对基层政府构成压力，为上访问题的解决奠定基础，但它本身却无法最终解决问题，因为它并没有提供有效的治理技术。在目前社会转型和利益格局巨变的时期，上访问题的解决，不可能单靠"克服官僚主义"。

在现实的上访治理实践中，基层政府有很多治理技术，却未必有效。具体有以下三类：

1. 综合治理。综合治理最早出现在社会治安与犯罪预防领域，它主要是指在党委和政府的统一领导下，以政法机关为骨干，依靠人民群众和社会各方面的力量，分工合作，综合运用法律、政治、经济、行政、教育、文化等各种手段，惩罚犯罪，改造罪犯，教育挽救失足者，预防犯罪，达到维护社会治安的目的。随着信访工作的日益突出，这种方法已被广泛运用到上访治理中。上访治理中的综合治理机制主要包括同级部门联动机制和领导干部包保责任制。前者要求各相关部门（包括信访、综治、司法、民政、人民调解、法庭、公安等）一起来应对社会不稳定因素，在党委的组织下，它们定期一起召开信访工作例会，通报信访情况，排查信访苗头，研究解决疑难信访案件等。后者要求特定干部包掌握情况、包解决困难、包教育转化、包稳控管理、包依法处理，它是政府内部明确责任、促进工作的重要机制。

2. 软暴力。软暴力是一种身体暴力之外具有强制效果的力量，它在基层上访治理中有多种表现形式：（1）跟踪上访人，保证其在视线之内却不强制限制其人身自由，当他有上访动向时进行劝说，劝说无效时不惜给各种好处，比如陪上访人喝茶、吃饭、打麻将、钓鱼，甚至陪旅游等。总之，要想尽一切身体暴力之外的办法将上访人拖住，这很容易导致"谋利

---

[1]《温家宝2007年3月27日在第六次全国信访工作会议前会见与会代表的讲话》，http://news.cctv.com/xwlb/20070328/105269.shtml，2009年12月8日访问。

型上访"发生。(2)通过"讲感情"以促使上访人息访,力图以情感人,以情动人,这有时会出现"干部讲感情、农民讲政治"的怪异局面。(3)通过"找软肋"来给上访人施加压力,以促使其息访。即寻找上访人是否有可以根据法律和政策可能受到选择性惩罚的违法事由,然后以惩罚或加重惩罚为由要挟上访人息访,如未经审批砍伐林木、违反计划生育政策、宅基地面积超标等。只要找到上访人的"软肋",常常可以逼迫上访人"就范"而放弃继续上访。(4)设置陷阱引诱上访人违法,然后启动相关合法惩罚措施。例如,安排一个人向上访人无理找茬,在打架冲突后将上访人拘留,从而达到阻止其上访的目的。

3.市场化暴力。市场化暴力,就是通过支付对价的方式动用的"黑社会"的暴力,其对价可能直接以货币的形式支付,也可能以给其他好处、机会的方式支付。"安元鼎保安公司"事件就是利用市场化暴力进行上访治理的一个典型。[1]对于基层政府而言,利用"黑社会"去对付那些实在难以对付的上访人,可以从治理上省去了很多麻烦,它不需要区分上访问题的性质,更不需要区别对待上访人。"黑社会"可以直接以暴力方式去阻拦上访者。他们可以不讲理,只需要用暴力进行威胁就可以了,在个别时候则直接动用暴力。在"黑社会"那里,不会像基层政府一样,因为暴力打击而带来行为不合法、不正义问题。这样,基层政府可以相对超脱地从上访治理矛盾中解脱出来。借用"黑社会"的力量,可以降低上访治理的成本,可以增加更多的短期经济利益,不过,丧失的却是政治正义。

上述治理技术不是由中央政府提供的,而是基层政府在实践空间中摸索出来的,除了综合治理以外,都带有灰色性质,在严格意义上并不合法。尤其是软暴力和市场化暴力的日趋广泛应用,表明了基层政府利用合法暴力解决问题的能力越来越丧失,利用合法暴力解决问题的动力也越来越不足。对于基层政府来说,"将矛盾解决在基层"是必须做到的,要想尽一切办法做到。如果上访问题本身无法解决,就只有在问题的外围想办法了。当信访工作越来越法治化,这也意味着他们可用的手段越

---

[1] 龙志、杨艺蓓:《安元鼎:北京截访"黑监狱"调查》,《南方都市报》2010年9月24日。

来越少，基层政府只有在合法之外的灰色地带想办法。在中央信访治理越来越法治化，制度建设越来越健全时，基层的治理技术却显得越来越诡异，原因在于中央未能提供有效的治理技术，基层也未能摸索出合法的治理技术。

（二）分类治理的实践意义

申端锋在乡村经验研究中发现，基层政府在信访治理中面临的难题是对上访案件进行分类，然后在此基础上给予有效治理。他提出的解决方案是，运用各种手段（村庄规范、村庄结构等）对治理对象（即农民）作出区分，并强化治权以达到有效治理。[1]这种思路为上访治理技术开辟了一种可能的有效路径。目前上访问题难以解决，原因之一就是缺乏一套合法有效的分类治理体系。正如王启梁所说："分类，是人类最基本的能力，如果没有分类的能力，人类将无法生存和采取行动。分类是我们采取行动时需要依靠的一个重要指针。"[2]没有一套好的分类体系，问题就会杂乱无章、一团乱麻，上访的有效治理就难以达成。因此，建立良好的分类体系，是上访有效治理的前提和基础。

目前基层政府对上访的分类往往依据上访事项的法律性质进行的，各地大同小异。我们调研的安徽某县将上访案件分为：失地农民保障、涉军群体、非法集资、教育系统问题、拆迁补偿安置、土地承包问题、涉法上访、企业改革改制、民间纠纷、人事劳资、社会治安、信访老户、其他事项。这种分类模式的作用是将上访案件按部门进行大概的归口，但其分类标准较为混乱。申端锋主张对治理对象（即农民）进行分类，这种对人而不是对事的分类方式，潜在地带有惩罚的特征，与法治精神显得有些格格不入；而且，即便对农民的分类有效，由于无法对市民进行同样的分类，这种分类模式也难以发挥出全局性效用；而对农民和市民区别对待，难免带有歧视色彩，因此在当代很难具有实践性。

新中国成立后，根据当时的具体情况，毛泽东对上访、闹事进行了区

---

[1] 申端锋：《乡村治权与分类治理》，《开放时代》2010年第6期。

[2] 王启梁：《法律：一个安排秩序的分类体系》，朱晓阳、侯猛编《法律与人类学：中国读本》，北京大学出版社2008年版，第191页。

分，"对于闹事，要分几种情况处理。一种是闹得对的，我们应当承认错误，并且改正。一种是闹得不对的，要驳回去。闹得有道理，是应当闹的；闹得无道理，是闹不出什么名堂的。再有一种是闹得有对有不对的，对的部分我们接受，不对的部分加以批评，不能步步后退，毫无原则，什么要求都答应。"[1]这段话蕴含着从实践出发的合理分类思想，将上访闹事区分为有理、无理和部分有理三种。当然，其背后还存在敌我矛盾和人民内部矛盾的区分，以及具体的分类治理方式。[2]虽然时代不同了，人民内部矛盾的内容有了很大不同，但这种分类模式在当下仍有启发意义。新中国成立初期，之所以能够有效应对上访潮，原因之一在于存在有效的分类治理体系。当前社会现状与新中国成立初期有了很大的不同，这决定了我们很难直接照搬这种分类治理体系，但这种分类思想可以启发我们思考适合今天状况的治理技术。

尽管上访人越来越多地涌向北京，但由于距离所带来的信息不对称，以及中央政府并没有能力对上访案件进行质性把握，因而只能强调"将问题解决在基层"。然而，上访问题本来缘于基层政府未能解决，上访人因此涌向北京，他们希望借助中央自上而下的压力而将问题解决。中央只能坚持"稳定压倒一切"，并以此对地方政府进行考评，对上访实行"属地管理，分级负责"，要求基层政府将不稳定因素消灭在萌芽状态，将矛盾化解在基层，同时在意识形态话语上要求基层政府"克服官僚主义"。这种处境下，将问题和矛盾上交，意味着基层政府官员无能，他们的职位可能因此不保。这就出现了一个悖论，底层民众因为基层政府解决不了他们的问题，希望通过上访诉求于中央，但中央却坚持要求基层政府解决问题。基层政府因此只能使尽所有解数，通过综合治理、软暴力、市场化暴力等各种治理技术将上访人困在基层，不让他们去北京，却少有办法彻底解决问题。

这种悖论的出现，说明信访渠道已经淤塞。信访制度的有效运行，是以中央政府、地方政府、底层民众三方主体之间形成一个有效的平衡为基础的。三方力量的平衡，使得上访维持在一个相对稳定的数量上，从而保

---

[1]《毛泽东选集》(第5卷)，人民出版社1977年版，第354页。

[2] 详细请参见陈柏峰：《无理上访与基层法治》，《中外法学》2011年第2期。

持信访渠道的畅通。通过这一渠道，中央政府可以理解底层民众的诉求、解决他们的问题，可以约束地方政府的行为，使其可以依法有效行政。[1]但是，中央政府和地方政府的作为，表明信访渠道已经很难起到这种作用，中央和地方都因过多的农民上访而疲于奔命。站在中央政府或地方政府的位置和立场上，也能理解甚至同情他们的作为。地方政府用尽一切办法将上访人困在基层，缘于中央的硬性要求，有其在压力型体制下的政绩考评的"苦衷"。中央政府为什么要将问题压到基层？因为中央也遇到了困境，不将问题压到基层，中央政府根本承受不了。中央政府和基层政府的困境都源于信访渠道的淤塞。

信访渠道淤塞的原因在于，面对成千上万的上访者束手无策。中央政府无法通过一套制度装置来对上访者的问题性质进行区分；基层政府虽然可能具备区分能力，但没有区分的动力，因为在中央的压力下，即使进行区分也不能区别对待。当国家信访局长说，80%的上访是有理上访，无理取闹的只占小部分。从对基层政府构成压力而言，这种表达是有意义的；但作为对事实的描述，却没有多少意义。如果制度装置无法区分有理上访和无理上访，或者即使可以区分，却没有办法区别对待，那么说多少上访是无理上访，这是没有意义的。这样，分类对于上访治理的意义就有所凸显。如果可以对上访案件进行有效分类，并对具体案件进行分类研究，从而可以按类别进行治理，淤塞的信访渠道就可能被疏通。

由于缺乏有效的制度装置和分类体系，人们倾向于将所有的上访都当作维权。这样一来，上访就天然地具有正当性，政府官员的具体工作方法被上了一道"紧箍咒"。各级政府对待上访人，就必须热情接待，不能有"官僚主义"，必须严格依法办事，尊重上访人的权利，行为必须抽象地符合法治原则。媒体不时有基层政府官员侵犯上访人权利的报道，它会激起社会和民众的强烈不满，相关官员会受到上级追责。各级政府也不能对上访人采取任何强制性措施，否则就会遭到媒体和社会的谴责，甚至会遭到一些国际人权组织的指责。如果这种强制性措施（如劳动教养）符合当前法律法规，那么法律法规本身也会受到质疑。而根据我们的研究，仅仅其中的有理上访才能称得上是维权；无理上访则建立在滥用

[1] 贺雪峰：《国家与农民关系的三层分析》，《天津社会科学》2010年第6期。

权利的基础之上，其诉求根本没有合法依据；协商型上访的诉求在于争取有利的权利配置。权利配置问题未能达成共识，如何维权？

单一的认识框架，以及有效分类体系的缺乏，使得信访渠道淤塞，很多问题被遮蔽，反而不利于底层民众。毫无原则地强调权利，可能扩张了底层民众的上访需求，使得真正的维权行动无法受到真正重视。不能否认基层社会中有很多冤情，有很多权利被漠视、被侵害的现象存在。同样不可否认，无理上访在目前情势下被催生或扩张，不能加以有效应对，消耗了大量的信访工作力量。有理上访因此被淹没在上访大潮之中。毫无原则地强调权利，导致信访渠道的淤塞，还使得底层民众的诉求表达因此难以得到重视，信访制度的功能因此难以真正发挥出来。基层政府无法对问题进行区分，而又必须解决所有的问题，因此只有动用各种灰色办法，尽管可以解决一些个案问题，却丧失了公平和正义性，因此，更多的问题生发出来。也就是说，缺乏有效的治理技术，毫无原则地强调权利，实际上无助于问题的真正解决。这背后的原因又在于，对上访缺乏具体而深入的把握。

三、上访的分类尝试

2003年，针对重复上访，胡锦涛曾批示："问题仍得不到解决，究属何原因？是不符合政策规定，还是我们官僚主义？能否做点具体分析。"[1]本书试图通过对农民上访案例和政府治理机制的分析研究，探求农民上访及政府治理的规律，对农民上访进行分类研究，这可以看作是响应"具体分析"号召的努力。今天，我们对上访的区分应当主要以是否符合法律规定为标准。

新中国成立之初，根据当时的具体情况，毛泽东曾将上访闹事区分为有理、无理和部分有理三种。[2]虽然时代不同了，人民内部矛盾的内容有了很大不同，这决定了我们很难直接照搬这种分类治理体系，但这种分类思想在当下仍有启发意义。受此启发，按照上访诉求的合法性程度，

[1]《国家信访局关于开展群众重复上访问题专项治理工作的通知》，国信发[2003]5号。
[2]《毛泽东选集》(第5卷)，人民出版社1977年版，第354页。

可以将农民上访分为有理上访、无理上访和协商型上访，其划分标准是上访诉求是否有合法依据。上访人的诉求部分有理、部分无理的，从大方向上讲，也属于有理上访。这种上访分类有着同一的标准，是严格的分类，有利于从法治标准和宏观原则上对上访进行定性和理论解释，也有利于从法治的角度发展上访的治理技术。

（一）有理上访

有理上访是当事人合法权益受到侵犯的上访。这种类型的上访中，当事人的目的是维权。应该说，有理上访在上访潮中占有很大的比例。在当前社会转型时期，公民的权益常常遭遇到无端侵害，甚至赤裸裸的剥夺，这样的案例在现实中举不胜举，非常普遍。土地征用、房屋拆迁、土地承包、政府机关改革安置、民办教师安置、企业改革改制、民间纠纷、人事劳资纠纷、社会治安等领域，人们权益都可能遭到侵犯，并可能诱发不满、极端行为和上访。政府行政和法院司法过程中，人们的权益也可能受到侵犯，因得不到执法、司法部门的主动纠正而上访。在这些上访中，当事人一般都会称自己的合法权益受到侵犯，且很容易将矛头指向基层政府。

在法治社会中，上访也需要按照法律标准进行分类，因此有理上访就是学者和媒体通常所讲的维权型上访。当然，如果探究这种类型上访人的心理，很难简单说他们的行为动机就一定是维权。对于中国人而言，"维权"这种来自西方文化的概念，其实无法完全涵盖上述类型上访者的动机，尽管它已经被中国社会广为接受。更为本土性的概念也许是"申冤"。而当事人的上访，往往既有"维权"的成分，也有"申冤"的成分。"维权"和"申冤"是源自中西不同文化的两种概念，代表了不同的意义世界，两者的逻辑有所不同。[1]申冤意味着遇到了不公，权利受到侵害是一种不公，但并非所有的不公都是权利受到了侵害，因为有些不公仅仅源自心理感受。人们因各种纷争要求政府介入主持公道，却可能并非在主张权利。这种上访很难说是主张权利，但当事人却可能说"维权"，这

---

[1] 梁治平：《申冤与维权——在"传统"与"现代"之间建构法治秩序》，《二十一世纪》2007年第6期。

不过是在借用"侵权—维权"话语而已。它可能属于后文提及的协商型上访，借用了有理上访（维权型上访）的话语形式。

（二）无理上访

无理上访是当事人诉求明显不合法、不合理的上访。从实践看来，主要有以下两种类型：

1.谋利型上访。这种类型的上访中，当事人借上访谋取利益，他们的上访往往很难说合法，也很难说合理，但他们能够抓住基层政府的弱点并借此谋利。上访人起先往往是由于自己的合法权益遭到侵害而上访，在上访与政府互动的过程中逐渐学会了同基层政府打交道，掌握了基层政府的弱点，知道基层政府的软肋之所在。只要上访人会缠、会闹，并善于缠、闹，或者威胁去上访，常常就能得到利益。在与政府的长期互动中，这些上访人逐渐摸索出了一些"门道"。他们知道缠、闹只要不出格、不违法，踩线不越线，政府官员根本没有办法，只要有足够的耐心缠、闹到基层政府官员不胜其烦，他们最后只能"开口子"，对上访人许以好处，以换取他们停止缠、闹；他们知道政府官员最怕他们去上面上访，尤其是进京上访，因此只要威胁说去上访，政府官员就很担心，于是愿意花钱让他们停止上访的脚步。有学者研究说，由于谋利型上访太多，近来甚至有形成"上访产业"的态势。[1]因为当一些人通过上访和威胁上访能够获取利益时，便会产生示范效应，其他人也出来效仿。

谋利型上访的产生和存在有两个方面的原因。一是上访人在上访中发现，"会哭的孩子有奶吃"。政府机关在处理信访问题时形成了"制度性拖延"，并以此来衡量信访问题的严重程度，并决定如何解决，当上访人发现这个"秘密"后就会在制度空间内施展策略，让自己的问题得到重视，[2]从而获得解决，甚至获得额外好处。二是政府体系内对稳定问题的高度重视，基层政府工作绩效的考评中，"稳定"是"压倒一切"的。出现了严

---

[1] 田先红：《从维权到谋利——农民上访行为逻辑变迁的一个解释框架》，《开放时代》2010年第6期。

[2] 应星：《大河移民上访的故事》，生活·读书·新知三联书店2001年版；陈柏峰：《缠讼、信访与新中国法律传统》，《中外法学》2004年第2期。

重的"不稳定因素",基层政府官员的职位就会失去。在这种压力下,基层政府往往不得不"委曲求全",以经济利益换取稳定。因为一旦上访人真的去了北京,基层官员的政治前途就可能不保。即使不危及官员职位,去北京"接访"一次的经济支出也远远高于"花钱买稳定"的经济成本。

2.精神病人上访。这种类型的上访中,上访人是精神病人,这是一种非常特殊的上访。新中国成立初期,就有精神病人上访。1955年长期滞留北京的无理取闹和患精神病的来访人占到京访总数的3.7%,1956年至1957年则上升至8%。[1]这种统计没有将精神病人的上访单独列出,而是与"无理上访"放在一起,大约因为精神病人与其他无理上访者一样,其"无理"是显而易见的。在目前的统计资料中,我们没有看到专门对精神病人上访的统计。但可以肯定的是,当前精神病人的上访也普遍存在。笔者在河南内黄县某镇调研时,曾遇到过精神病人上访。申端锋曾对河南某乡的精神病人上访作了详细的考察,2004—2008年,全乡先后有8名精神病人上访,且有3人赴京上访。[2]侯猛在最高法院信访办调研涉诉上访时也遇见了患有精神病的上访人。[3]

精神病人的上访可能存在多种情况,一是上访前就患有精神病的,二是上访过程中由于个性偏执逐渐成为精神病人的,三是在上访过程中由于受到基层政府和其他相关人的折磨而逐渐成为精神病的。从申端锋的研究来看,精神病人上访已经成为基层信访治理中的难题,对信访秩序的冲击相当大。尽管如此,对精神病人的治理却面临诸多困境。如果赋予基层政府送治精神病人的权力,很可能被基层政府利用来进行信访治理,将那些难以对付的上访人强制送到精神病院去,从而侵犯人权。[4]笔者在山东某镇调研时,镇党委书记正面临一起非常棘手的上访,上访人已经在去北京的路上,书记非常烦躁,对我说:"我现在只想将他(上访者)的腿打断,或者将他送到精神病院去!"尽管没有在调研中遇到过实

[1] 刁杰成:《人民信访史略》,北京经济学院出版社1996年版,第73页。

[2] 申端锋:《治权与维权:和平乡农民上访与乡村治理》,华中科技大学博士论文,2009,第241-283页。

[3] 侯猛:《生命的尊严:涉诉访民的心态与表达》,《中外法学》2011年第1期。

[4] 张涛:《内蒙古一民警因上访被强送精神病院》,http://news.163.com/09/1222/08/5R4FFFNV00011229.html,2009年12月22日访问。

例，但笔者认为可能存在上访者被基层政府折磨成精神病人的案例。

3.偏执型上访。这种类型的上访中，当事人不是法定权利受到了侵犯，没有通过要挟政府来谋利的主观动机，其上访诉求也不具有后文所说的协商性质，却偏执地要求信访办满足其诉求。而信访办在法律和政策框架内，根本没有能力满足或不应该满足其诉求。这种类型的上访人中，相当一部分最初上访时，其诉求得到了解决或部分解决，后来在重复上访中不断有不合理的要求；也有一部分人的上访诉求从一开始就不合理。一些上访诉求涉及市场经济中的风险、诉讼过程中的风险甚至日常生活中的风险，这些风险本该当事人自己承担，信访办本来就无能为力。笔者不止在一个地方调研听说，有村民因妻子在外打工跟人私奔，而向信访办寻求帮助；有的人做生意亏本了，或者在外受骗上当，都去找信访办；甚至有人家里电线断了，也去找信访办。信访办当然没有办法也不应该解决这样的问题。一些上访人也许是真的走投无路，但无论如何，强求信访办解决这些问题，都只能说是偏执的表现。

（三）协商型上访

协商型上访是合法性比较模糊的上访，上访人不一定有明确的合法权益受到侵犯，却认为相关法律和政策不合理，因此上访"协商"，这种上访有改变法律和政策的潜在可能性。在不同情形下，协商型上访的当事人可能有意识形态、政策、地方性规范、情感等方面的不同诉求。协商型上访中诉求的多样性和丰富性，正体现了转型期中国社会中上访问题的复杂性。

1.意识形态诉求。这种类型的上访中，支持农民上访的动力机制不是法定权利，也不是法律和政策，而是抽象的意识形态。它并不是法治意识形态，而是与法律和法治并不完全协调一致的"为人民服务"的社会主义意识形态。上访人根据这种意识形态，有困难就求助于政府，要求政府解决困难。这种上访既不是由于权利被侵犯而维权的有理上访，也不是利用政府弱点进行谋利的无理上访。上访人的心理状态根本不是维权和抗争，而是向国家和政府"求援"。上访人的心态并不是向毫无利害关系的第三者求援，而是认为政府有责任伸出援助之手，他们的求援行动有着道义性和正当性。基层政府往往也不否定求援行动的正当性，认为求援行动"天经地义"。农民和政府都不会考虑所谓的"合法性困境"[1]问题，这一问题在相关情境下也并不存在。共产党提出的"为人民服务"，这既是党和政府的许诺，也是其对自身的定位，人民也据此来看待与国家的关系。在这种类型的上访中，政府没有法定责任，却因"为人民服务"的社会主义意识形态而事实上必须承担责任，这给农民提供了一个协商的空间。

意识形态诉求的协商型上访，在现实中非常普遍。焦长权研究发现，在荆门农村，一旦抗旱形势紧迫，农民就会上访求助于政府；而政府和农民一样着急，不仅因为怕农民因干旱而来上访，也是怕出现严重干旱而自己"脱不了责任"。正因此，在农民上访后，尽管没有法定责任，政府常常还是会介入抗旱。[2]在安徽长丰县，农民要求救济、低保或五保的上访非常多。应该说，上访人的这种诉求与照顾弱势群体的社会主义传统密切相关。新中国成立后，就确立了五保户制度和困难户救助制度，改革开放后又增加了低保制度，这些制度深受群众拥护。由于标准有时很难非常明确，因此容易起争议。有村民认为，贫穷常常是懒惰导致的，懒惰者享受低保纵容了懒惰，勤劳而家庭负担重的村民才应该享受低保。因此，一些村民上访称自己生活压力大，要求低保或救济。狄金华研究发现，上访者常常会通过陈述来构建"苦难—救援"的情景。[3]因此，意识形态诉求的协商型上访有时需要与谋利的无理上访加以区分。

2.政策诉求。这种类型的上访中，当事人并没有明确的合法依据，甚至有时其诉求并不符合政策（尤其是地方政府的政策），当事人上访的动机是促动政策向有利于己的方向改变。在这种上访中，当事人往往可以找到抽象法律依据（如宪法或法律的原则性规定），但缺乏具体的法律和政策依据。当事人上访虽然于法无据，但他们并没有利用基层政府的弱点进行谋利的非法目的。他们有通过上访改变政策的愿望，事实上也存在这种可能性。中国正处在社会大转型时期，法律和政策并不完善，政治、经济和社会改革也处于摸索阶段。在这一阶段，法律和政策本身需

[1] 应星：《草根动员与农民群体利益的表达机制》，《社会学研究》2007年第2期。

[2] 焦长权：《政权"悬浮"与市场"困局"：一种农民上访行为的解释框架》，《开放时代》2010年第6期。

[3] 狄金华：《情景构建与话语表达：农民上访的策略表达》，未刊稿。

要逐渐完善并合理化。不同社会阶层、利益群体在其中的不断沟通、交涉，是促进法律和政策完善的必由之路和有效手段。这种背景下，上访可以被理解为弱势群体与国家、社会进行沟通、交涉的工具，也应当成为表达其利益诉求的有效手段。因此，我们应当给没有法律依据甚至与政策相悖的上访，留下一定的空间。

政策诉求的协商型上访，在现实中非常普遍。目前土地征用及房屋拆迁补偿、政府机关改革安置、企业改制、转业军人安置、民办教师安置等诸多领域，相关政策都还谈不上非常完善，各地政策也可能有所差异，这给特定利益群体的政策诉求和协商留下了空间，他们通过上访参与了政策的完善过程。比如，做了二十年民办教师的农民，临近退休时拿了两万元补偿后被辞退。当看到转为公办教师的同事一年就有近两万的退休费，他当然会觉得不公，因此而上访。他甚至会串联全县的辞退民办教师联合起来上访，以增加声势、增强谈判能力。这可以理解，也可能改变该县辞退民办教师的补偿政策。在征地补偿中，城郊农民想通过上访获得更高的补偿，这也很好理解。在企业改制中，地方政府的补偿政策往往对下岗工人非常不利，他们试图通过上访来争取对己有利的政策，更是无可厚非。我国的法律规定和法律制度尚有进一步完善的空间，法律因此也不是衡量上访是否具有合法性的绝对依据，尽管它是主要依据。

3. 地方性规范诉求。这种类型的上访中，当事人的诉求没有明确的合法依据，甚至与法律相抵触，但其上访诉求受地方性规范[1]支持。中国是一个后发现代化国家，法律肩负着改造社会的历史重任。中国式法治的显著特征是，由国家先行立法，然后通过政权体系将法律贯彻下去，让其成为全社会接受的规范。这个过程中，法律与地方性规范会有种种冲突，立法在基层社会却未必合理，未必能被广大民众所接受。不接受法

---

[1] 地方性规范是与地方性共识相关的一个概念。地方性共识是指村庄中绝大多数人在生产生活中共享的具体知识，这种知识在一定的区域内被人们知晓，为一个区域内所有的人共享。地方性共识为生活于其中的农民提供了行动的无意识依据，将他们对当前生活的本地认识和对未来生活的本地想象联系在一起，构成了其行动中的理所当然。当地方性共识成为人们在日常生活中判断应当如何的标准，那么这种地方性共识就在实践层面成了地方性规范。参见陈柏峰：《地方性共识与农地承包的法律实践》，《中外法学》2008年第2期。

律制度安排的人，就可能上访，根据地方性规范来叙说其利益诉求。考虑到法律通常应当建立在恰当的民众认同和社会基础之上，法律常常需要根据地方性规范作出调适。而且，由于中国基层本身具有非标准化、复杂性、多样性等特点，法律运作难以严格标准化，从而处于一个柔韧性的空间中。这样，地方性规范诉求的上访，就在一定程度上具有了促进法律完善的作用。正因此，尽管这种上访缺乏符合法律的依据，却不应当简单归结为无理上访。

地方性规范诉求的协商型上访，在现实中也颇为常见，尤其在土地纠纷中。在很多地方农村，当国家立法规定土地承包关系"三十年不变"以后，农民纷纷上访，要求县乡政府按照人口变化进行土地调整，其根据就是以生存伦理和公平观念为基础的地方性规范。[1]这种诉求显然与《农村土地承包法》相违背，但一些县乡政府迫于上访农民的压力而调整土地，甚至有县政府专门为此颁发文件。再如，有农民在1990年代因种田不赚钱而抛荒外出务工，取消农业税后回村强占了早已被村委会转包给他人的土地。在村种地户因此上访要求确认其土地承包权，这种诉求符合村庄内"过去缴税的农民应该是承包权人"的认识，受到农民支持，且他们手握与村委会签订的土地承包合同；但并不符合法律规定，因为土地一直"确权"在抛荒农民名下。

4.情感诉求。这种类型的上访中，当事人上访的动力主要是情感因素，如"气"、"面子"等。当事人由于受了很大的"气"[2]，心理不平衡，因此要通过上访找到平衡感。《秋菊打官司》中，秋菊憋足了一股劲不断上访、诉讼，其中一个重要原因就在于她感觉受了"气"，且在与村长的互动中"气"越来越大。[3]应星研究认为，"气"在当代中国乡村集体行动中起到了独特的作用，对集体上访有较大解释力。[4]在这种类型的上访中，

---

[1] 陈柏峰：《地方性共识与农地承包的法律实践》，《中外法学》2008年第2期。

[2] "气"是人们在生活中，未能达到期待的常识性正义衡平感觉时，针对相关人和事所生发的一种激烈情感。陈柏峰：《"气"与村庄生活的互动》，《开放时代》2007年第6期。

[3] 陈柏峰：《秋菊的气与村长的面子——〈秋菊打官司〉再解读》，《山东大学学报（哲学社会科学版）》2010年第3期。

[4] 应星：《气与中国社会的集体行动》，《开放时代》2007年第6期。

情感诉求是支配当事人坚持上访的主要原因，但并不排斥还存在其他原因。然而，如果没有情感诉求，其他原因并不会促使当事人上访；因此，当事人上访的理由常常是"找"出来的。由于存在情感诉求，上访人会想方设法找各种合理理由去上访，旧的问题解决了，也可能找出新的问题。他们可能会利用"维权"的话语，也可能会以"反对腐败"的面貌出现。情感诉求不解决，息访就很困难。当然，其他类型的上访中也可能有情感诉求，但它在上访中并不占最主要位置。正因此，情感诉求的协商型上访可以作为一种独立的类型单列出来。

这种上访在现实中并不少见。北方村庄的派性政治中，"在野"的一派就可能找"在台上"一派的任何弱点，包括选举、财务中的问题，甚至只是一点点瑕疵，而不断上访告状。比如，在外打工的村民，选举时村干部没有给他留选票，这件事情就可能被他或他所属的派系用来作为选举权被剥夺的上访依据。[1]上访的背后是不同派系的互相不服气。在一起个案中，一个村民因为在日常生活中受了村支书的"气"，因此找各种理由上访，虽然这些上访表面看来是在反对村支书的工作作风，其最终的驱动力来自情感因素，且其集体上访的动员基础也来自村庄分化中所形成的人们的普遍不平衡感。[2]如果不是情感诉求，我们无法理解，很多上访案件中，当事人所争议的标的根本就毫不足道，尤其是与上访所不断投入的财产以及旷日持久的时间相比，但他们始终坚持风餐露宿地走在上访的道路上。最极端的一个例子是，1970年代一位农民因为生产队少分给他1.5公斤绿豆而前后上访3年，直至进京上访。[3]

四、分类原则与治理方法

面对成千上万的上访人，在信息有限的情况下，信访机关如何进行具体分类，这需要很高的技术，且很难在短时间内保证分类完全正确。因

[1] 陈柏峰：《北方村庄的派性政治与日常生活》，《开发研究》2008年第1期。

[2] 陈锋、袁松：《富人治村下的农民上访：维权还是出气？》，《战略与管理》2010年第3、4期。

[3] 刁杰成：《人民信访史略》，北京经济学院出版社1996年版，第7页。

此，信访机关应当建立一种上访分类的动态机制。信访机关对上访案件的初步分类，仅仅是一种工作分类，并非上访案件的最终定性。信访机关最初接待上访人时，一般只可能根据上访人的书面陈述、口头陈述及其提供的有限材料进行判断，其信息来源于单方当事人，据此作出的初步分类不可能有很高的准确性。随着对具体信访案件的调查逐渐深入，信访机关可以也应当对之前的案件性质进行调整。在着手处理案件之前，信访机关应当也需要对案件性质进行大体上的判断，以决定初步处理时对案件适用不同的方法。

上访案件的最初分类，应当遵循一条原则——有理推定原则，即起初要将所有的案件预设为有理上访。这决定了信访机关在接待上访人时，必须态度热情端正，"克服官僚主义"，必须尊重当事人的信访权利。遵循有理推定原则，意味着信访机关对无理上访的认定要非常谨慎。如果信访机关将有理上访或协商型上访认定为无理上访，不但解决不了上访问题，还会降低民众对信访机关分类治理的认可度。通常来说，上访人提供的信息对自己有利，如果这些信息确实表明上访人的诉求缺乏合理合法依据，才可以将这种上访归结为无理上访。相对于有理上访和无理上访，大多数协商型上访更好被区分出来。协商型上访中，当事人的上访缺乏具体的法律和政策依据，但其往往诉求于社会主义意识形态、政策或地方性规范等，这些诉求较为容易从上访人的陈述中发现，或从中推定出来。而且，这些诉求往往出现在较为特定的事项中，相关类型的上访在特定时间段内往往多发，如农民请求政府抗旱的上访、工人不满企业改制的上访、教师不满待遇的上访、转业军人要求待遇的上访等。当然，情感诉求的协商型上访属于例外，因为情感诉求不像社会主义意识形态、政策或地方性规范那样，会被上访人明确地表达出来。

对上访作出初步分类后，上访案件就可以进入治理环节。分类之后如果没有良好有效的治理，分类的意义就会丧失。分类之后的治理，需要对不同类型的上访，用区别的方法加以解决。

对于有理上访，应当坚决依法维护上访人的权利。如果信访机构和地方政府站在公正立场上，比较好依法处理。当存在明显枉法侵权的情形时，由上级政府或媒体出面监督，问题解决起来并不难。即使暂时存在官官相护、资本勾结黑社会等情形，最终是可能得到纠正的。当然，不能否认，当前社会中也存在一些长时期得不到纠正的案件甚至冤屈。信访机关在治理有理上访时，对于那些适合由司法机构处理的问题，可以引导上访人通过司法途径解决，如有必要最好能为上访人提供法律援助。对于那些不适合由司法机构处理的问题，信访机构也应当做好协调工作，促成并监督案件问题的最终解决。有理上访针对的常常是基层政府，因此由基层政府信访机构去解决问题，有很大的难度。这需要完善信访治理的相关配套制度，来对基层政府进行有效制约。

并非所有依法维权的有理上访，政府都能完全解决。在土地问题上，依据法律要求土地权利的上访者可能在村庄社会中遭到排斥，因为上访者违反了村庄地方性规范。例如，出嫁妇女的土地权益受国家法律保护，但这种法律上的权利却与村庄习惯和实践发生了很大冲突，因此无法在现实中得以落实。即使出嫁妇女上访，问题最终的解决还得回到村庄中来，如果大多数村民就是不按照国家法律办，政府也没有任何办法。产生这种现象的原因，可能由于法律和政策制定时调查研究不够，不符合基层社会的实际生活；也可能由于法律和政策是从域外借鉴而来，其任务是推动社会变迁，因此与社会一定会产生冲突，如果冲突太严重，其执行就会存在障碍。因此，有些问题即使基层和中央政府想解决，也未必能在基层社会中落实。对这类极个别很难依法解决的有理上访，信访机关应当批转并监督有关机构尽量做好调解工作，并将问题向立法机关、上级政府反映，以便法律和政策的完善。

对于无理上访，需要通过加强基层治权建设来加以解决，从而使基层政府有足够的能力应对各种无理上访。[1]人民内部矛盾主要适用说服教育的方法处理，但并不排斥强制性的处罚。无论是说服教育还是强制处罚，都应当建立在社会主义法治的基础上。可以以公共秩序为基础赋予基层政府治权，构筑相关强制处罚措施，对于坚持无理上访而破坏了公共秩序者，可以处以警告、罚款、行政拘留等。法治国家需要良好的社会公共秩序，不能容忍破坏。对于上访过程中的轻微违法破坏行为，说服无效的，应当采取必要的行政处罚，这也是为了达到积极教育和劝诫的目的。对于上访中的精神病人，可以在经过医疗机构严格认定的基础上，

---

[1] 陈柏峰：《无理上访与基层治理》，《中外法学》2011年第2期。

决定送精神病院治疗。为了防止强制措施被基层政府滥用，应当在法治框架下对基层政府施加必要的监督和约束。当事人对处罚或决定不服的，有权向法院起诉，法院拥有最终的裁决权。

在无理上访的治理中，政府是否能够合理运用强制措施，事关重大。运用得好，有利于解决上访问题，疏通信访渠道；运用得不好，会严重影响政府信誉，使上访治理工作进一步陷入被动局面。因此，强制措施的运用不但要严格依法，还应当遵循民主原则，取得民众的理解。上访问题非常复杂，并非权利话语所能简单概括。上访治理也需要向媒体和社会展现无理上访的荒诞性，及其对社会秩序的危害，这有助于民众全面理解上访潮，从而理解政府采取强制措施，加强治权建设。在起步阶段，每次采取强制措施，可以在特定的社区和农村范围内召开群众代表会议进行说明、普法、听证和讨论。这看起来会增加政府信访个案治理的工作负担，但从长远看，无疑有利于减少无理上访，降低政府进行上访治理的成本，有利于信访渠道的畅通。

对于协商型上访，需要通过完善协商机制和政策制定机制来加以解决。协商型上访的诉求，由于缺乏符合法律和政策的依据，很难简单地依法处理，但也不能粗暴地动用强制手段进行压制。上访人在意识形态、政策或地方性规范方面的诉求指向，具有相当的合理性。也许上访人的诉求无法全部满足，但只要地方政府下功夫，是可以得到缓解或部分解决的。从宏观结构上说，这类问题需要在发展中用发展的办法逐步加以解决；在微观个案中，基层政府应当有真诚的态度和务实的手段。这类上访诉求在于对法律规范和政策的改变或变通适用，问题的解决需要在权利配置层面上讨论。应对协商型上访，各级政府信访工作会议应当在这个层面上研究问题解决方案。对一段时间内突出的协商型上访问题，可以召集所有有关部门一起研究修正同类问题的政策；必要时召开有各方面人士参加的听证会，以民主的办法寻求问题解决之道。国务院及相关部委机构也可以就全国性的突出上访问题展开研讨，制定统一的政策。

情感诉求的协商型上访可能有些特殊，由于上访的动力主要来自情感，相当不好解决，还有的可能解决旧的问题必然导致新的问题产生。由于争议背后有情感的驱动，法律和政策上的问题解决了，情感问题却没有解决，当事人会寻找新的法律和政策依据。有时一方当事人的情感问题解决了，另外一方当事人又出现了情感问题。因此一方当事人息访了，另一方当事人可能又开始上访。案件中双方当事人可能有多年的积怨，要完全平息双方冲突颇为不易。北方村庄的派性政治中，两派精英人物轮番上台主政、轮番上访就属于这种情况。很多旷日持久的宅基地纠纷、涉法上访等，每个案件背后都有很多延伸性事实，掺杂了当事人甚至诸多亲朋好友的感情，信访办根本就无法简单厘清案件事实并让双方都满意地将问题解决。因此，解决这类纠纷主要还是得将工作做细致，消除当事人的情感对立。

分类治理要能有效运作，必须有一些辅助措施。缺乏这些措施，基层政府就缺乏动力运用分类技术和治理方法，分类治理的效果也难以得到稳定保障。

第一，应当逐渐缩小"稳定"的范围，并最终在条件成熟时废除"稳定压倒一切"的要求。"压倒一切的是稳定"是邓小平1980年代末在非常特殊的国内外环境中提出的，后来维护社会稳定成为政府的一项重要工作。1990年代以后，随着改革的深入，各种社会矛盾日渐加剧，政府逐渐扩大了"稳定"的范围，对稳定提出了非常高的要求。通过政府的压力型体制，"稳定压倒一切"给当前基层政府增加了很大压力，一些上访因此而来，这也不利于某些上访案件的真正解决和上访渠道的疏通。在不影响中国社会稳定大局的前提下，可以适当缩小"稳定"的范围，将上访逐渐从"稳定"事务中剥离。在分类治理初见成效，信访渠道不再淤塞时，可以先将特定类型的上访从"稳定"中剥离，然后稳步推开。只有这样，基层政府才可能逐渐从笼罩性的压力下解放出来，分类进行上访治理。

第二，建立信访治理分类考评机制。中央和上级政府建立了科学的分类考评机制，基层政府就不用再"唯稳定马首是瞻"，而是会根据上访案件的不同类别而寻找适合的治理方法，主观积极性得到了提高、创造活力可以被激活，可以帮助基层政府卸掉一些不合理、不公平的枷锁。分类考评机制应当对有理上访、无理上访、协商型上访分开考评，定量与定性相结合。有理上访治理的考评指标应当主要围绕权利侵害和侵权救济，因为有理上访主要因为上访人权利受到侵害，侵权者常常是基层政府，上访治理的目标是侵权救济。无理上访治理的考评指标应当主要围绕依法行政，包括依法作为和依法不作为，因为无理上访治理的目标是依法让上访人息访。协商型上访治理的考评指标应当主要围绕协商措施和效果，包括协商制度创新和行政效果，因为协商型上访治理的目标主要是在协商中完善政策和法律，尽力解决上访问题。

第三，启动关于信访热点事项的政策研究机制。信访制度的原初功能就在于，让政府发现群众的要求和社会中存在的问题，让中央发现地方政府的问题。当分类治理体系初见成效，信访渠道畅通后，就应该让信访制度回复其原初功能。政策研究主要针对协商型上访，因为协商型上访牵涉权利配置的问题，处于需要讨论的问题领域。如果政府能够从这个领域抓住社会问题，并加以全面研究，制定更加合理的政策，上访问题就可以得到更好地解决，信访制度就可以走上良性轨道。

五、结语

即使有好的分类治理体系，也不可能所有的上访问题都得到较好解决。无理上访的诉求，当然无法满足；协商型上访的诉求，往往也只能得到部分满足；有理上访的诉求，也未必都能得到满足。无论是何种类型的上访，本身也具有复杂性。这些案件中，有的上访者诉求有一定合理性，某方面的权利受到侵害，但所占的"理"或权利并不绝对，争议对方的诉求也许同样有相当的合理性；有的是当事人在争议事件中投入了太多的成本和感情，不愿意轻易收手，因此无论基层政府和司法系统如何处理，总是有人不满而上访；有的则是法律和政策在现实中行不通，因此法定权利与生活中的权利会发生严重冲突，问题的解决只能在两者中寻求平衡，而这种平衡又很难达成。如果说上访中"80%是有理上访"，那也只能说，80%的上访诉求有其合理性。因此，奢望一种制度来解决处于巨大转型期中国社会的各种问题，这是不切实际的。

然而，建成了有效的分类治理体系，就可以疏通当前几乎被淤塞的信访通道，这无疑有助于新时期中国人民内部矛盾的解决。客观地说，上访不仅仅是当事人维权的空间，甚至主要不是这样一个空间，更是一个不同社会群体（主要是弱势群体）争夺利益的空间。其中有合法权利的成分，但更多的则处在模糊地带。而当前社会巨大转型时期，各种利益群体都被释放出来。对于底层民众（尤其是弱势群体）而言，上访是不多的可能有效的争夺途径。正因此,应当让这个渠道和空间保持通畅,积极地在这个空间中解决底层民众所遇到的具体问题,完善其中涉及的各种政策。

在分类治理的过程中,对有理上访的处理,处于较为关键的地位,它不仅关涉当事人的受侵害权利的救济,更是关涉分类治理的合法性问题。如果有理上访得不到较好地处理,甚至基层政府在处理过程中还侵犯有理上访人的合法权益,它就会在社会和公众心中丧失信誉。这样,基层政府动用强制力量处理无理上访人就丧失了合法性,即使完全合理合法且必要,也很难获得社会和公众的认可。在分类治理的过程中,最能体现功效的应该是对协商型上访的处理。因为协商型上访集中反映了转型期中国社会的各种矛盾和利益分配问题,信访制度是这些问题的重要表达渠道和协商空间,它需要直面这些问题。如果能较好地解决这些问题,信访制度才算履行了其本来的功能,从而成为法律制度的重要补充,成为中国特色社会主义法治的重要组成部分。

第三章 无理上访与基层治理

一、问题与进路

1990年代以来，中国的上访潮一直居高不下，上访量不断攀升。为了解释这种与现代化似乎相悖的现象，有人着眼于妨碍中国人接受现代法治观念的制度和文化障碍，有人归咎于社会转型时期的腐败、侵权现象频繁发生，有人认为是基层政府官员的官僚主义倾向日趋严重。

在这些认识中，学术影响和社会影响最大的是维权视角，它认为上访问题的症结是基层政府侵害了公民权利，上访则是一种维权和抗争形式。维权视角可以从一方面理解上访潮的高涨，但未能深入讨论底层民众与基层政府互动，因此很容易在脱离中国政治和社会考量的西方法治道路上"一厢情愿"地思考，难以真正理解当前的上访潮，难以把握上访治理的制度出路。而且，这种视角基础上的权利话语，在经过媒体不断简单复制而占据社会主流地位后，就将上访问题结构化、客观化、本质化了，使得人们一想到上访，就与客观的权利受到侵犯自动地建立了联系，从而在给定的"侵权—维权"的空间中思考上访问题，这既不符合上访潮的复杂现实，也不利于政府和社会对上访问题进行区分和有效治理。

对于这方面的缺失，基层治理研究可以加以弥补。基层治理研究不事先设定价值目标，而是关注自上而下的政策在基层社会的实践过程和后果，认为必须"从实践出发"[1]，在现实治理中考察基层政府与底层民众的互动，展示治理实践的复杂性。因此，要了解上访潮为何高涨不下，一

---

[1] 黄宗智：《认识中国——走向从实践出发的社会科学》，《中国社会科学》2005年第1期。

个可行的办法就是考察基层政府的上访治理。

上访潮以及对它的治理，深陷在中国社会的治理转型之中，属于中国政治转型的一部分，因此对它的分析不仅要从治理的角度切入，还应当具有"政治意识"和"历史意识"。[1]中国是一个有着五千年文明的社会主义国家，正在向市场经济国家转型。在这个巨大的转型中，社会利益在短时间内以较为激烈的方式被重新分配，人们的观念也随之发生着剧烈变迁，各种不同的人群基于诸多不同的原因而上访。基层治理的要害之一，在于遏制其中的无理上访。治理实践中，由于无法有效遏制无理上访，无理上访有扩大化趋势，并出现了谋利型上访。基层政府颇为尴尬，在权利话语和上级政府的压力下，只能游走于法律的边缘。基层治理研究需要面对基层政府的尴尬和困境。最近几年，笔者一直行走在中国基层，在县乡村开展各种调研，一直关注上访问题及其治理。本章将在调研掌握的资料和形成的问题意识的基础上，系统地讨论这一问题，并从相关历史经验中寻求走出困境的对策。

"治理"意味着权力对社会的作用。目前的乡村治理研究对权力的理解主要有两种：韦伯的权力观和福柯的权力观。在韦伯看来，"权力意味着在一种社会关系里哪怕是遇到反对也能贯彻自己意志的任何机会。"[2]韦伯关注权力的"拥有"，重视作为权力中心的国家机构，关注权力拥有者的合法性来源。福柯则反对这种权力中心化的模式，认为权力是生产性的实践，将权力视为非中心化的、无主体的、多元的、弥散性的关系存在。"权力的支配效应不应被归因于'占有'，而应归因于调度、计谋、策略、技术、运作。"[3]在乡村治理研究中，上述两种权力观得到了广泛的应用。韦伯的权力观主要体现于"制度—结构"分析进路，是乡村治理研究

[1] 冯象：《法学三十年：重新出发》，《读书》2008年第9期。

[2] [德]马克斯·韦伯：《经济与社会》（上卷），林荣远译，商务印书馆1997年版，第81页。

[3] [法]米歇尔·福柯：《规训与惩罚：监狱的诞生》，刘北成、杨远婴译，生活·读书·新知三联书店2003年版，第28页。

的早期进路。[1]福柯的权力观在晚近的研究中占据了重要地位，主要体现在"过程—事件"分析进路，它关注基层政权的"治理术"，试图从微观权力关系中洞察治理的隐秘。[2]

显然，"结构—制度"分析过于静态化，无法洞察乡村治理的"隐秘"，而"过程—事件"虽能弥补这一缺陷，却对乡村治理的结构约束，以及基层权力的合法性视而不见。受吉登斯权力观的启发，本章将基层政府的上访治理（权力运作）与其可以调动的"资源"及相关话语联系起来，这或许可以开辟出"治理—资源"的研究进路，使其成为结合"制度—结构"、"过程—事件"两种方法优势，克服它们缺陷的第三种方法。

吉登斯的权力观实际上是对韦伯权力观和福柯权力观的综合，既关注到了权力的能动性，也关注到了权力的支配性。吉登斯将权力看作所有行动的普遍特征，"权力是行动者干预一系列事件以改变其进程的能力。"[3]他将权力同资源联系起来，认为权力的生产离不开资源的集中，"资源是权力得以实施的媒介，是社会再生产通过具体行为得以实现的常规要素。"[4]它可以分为两类：权威性资源和配置性资源。前者源于对人类行动者活动的协调，后者则出自对物质产品或物质世界各个方面的控制。[5]"行动本质上包括运用'方法'以获得结果，这种结果是通过行动者直接介入事件过程所带来的"，而"权力代表了能动者调动资源建构那些'方法'的

[1] 代表性著作有费孝通：《中国绅士》，惠海鸣译，中国社会科学出版社2006年版；徐勇：《中国农村村民自治》，华中师范大学出版社1997年版；张静：《基层政权：乡村制度诸问题》，上海人民出版社2007年版。

[2] 代表性著作有孙立平：《"软硬兼施"：正式权力非正式运用的过程分析》，《清华社会学评论》特辑，鹭江出版社2000年版；应星：《大河移民上访的故事》，生活·读书·新知三联书店2001年版；强世功：《法制与治理》，中国政法大学出版社2003年版。

[3] [英]安东尼·吉登斯：《社会学方法的新规则——一种对解释社会学的建设性批判》，田佑中、刘江涛译，社会科学文献出版社2003年版，第212页。

[4] [英]安东尼·吉登斯：《社会的构成》，李康、李猛译，王铭铭校，生活·读书·新知三联书店1998年版，第77-78页。

[5] [英]安东尼·吉登斯：《社会的构成》，李康、李猛译，王铭铭校，生活·读书·新知三联书店1998年版，第53页、第378页。

能力"。[1]不过，资源能否用来达到个人的权力目的，却要依赖于个人是否能从他人那里获得必要的遵从。遵从并不完全取决于权力的直接作用。

在吉登斯看来，凡是人类的互动，都包括意义的沟通、权力的运作以及规范的制裁模式。能动者在互动的生产或再生产过程中，纳入了与社会体系相符应的结构要素，包括示意（意义）、支配（权力）与合法性（制裁）。这些结构要素提供了一种可用下表述形式对制度进行分类的方式[2]：

表意——支配——合法性　　象征秩序/话语模式

支配——示意——合法性　　政治、经济制度

合法性——支配——示意　　法律/制裁模式

在这个分类体系中，特定的象征秩序/话语模式可以通过表意来获取支配能力，而特定的政治、经济制度通过聚集资源来实现支配，法律/制裁模式则是对象征秩序及政治、经济制度的法律化。在国家治理活动中，政治、经济制度是权力运作的基础，是治权的基础；而象征秩序/话语模式是权力运作的意识形态合法性基础，是话语权的基础。现代国家的治理尤其依赖象征秩序/话语模式，它们将表意过程与局部利益合法化联系在一起，是某些支配关系中的不对等。[3]因此，本章将从治权和话语权两个方面来理解基层上访治理的困境。研究表明，基层政府日益缺乏治权，缺乏足够的资源遏制无理上访；日益丧失话语权，越来越受制于权利话语。

必须指出，本章无意于解释或解决所有的上访问题。实际上，上访问题太复杂，需要分类研究并寻求分类治理方法。从上访诉求是否合理来看，至少存在三种类型的上访：有理上访、无理上访、合理性模糊的协商型上访。一个守法的基层政府困于应对的，不是有理上访，而是无理上访和合理性模糊的协商型上访。本章试图透过无理上访来把握基层治理的困境和出路。

---

[1] [英]安东尼·吉登斯：《社会学方法的新规则——一种对解释社会学的建设性批判》，田佑中、刘江涛译，社会科学文献出版社2003年版，第210页。

[2] [英]安东尼·吉登斯：《民族—国家与暴力》，胡宗泽、赵力涛译，王铭铭校，生活·读书·新知三联书店1998年版，第21页。

[3] [英]安东尼·吉登斯：《社会的构成》，李康、李猛译，王铭铭校，生活·读书·新知三联书店1998年版，第98页。

二、基层政府对无理上访的治理

维权的视角通常会认为，上访人权利受到了侵犯，而基层政府要么是侵权人，要么放纵他人侵权，因此受侵害的权利无法受到救济。然而，事实并非如此。进入上访治理的场域，我们通常可以看到很多匪夷所思的无理上访。以荆门市桥镇的杨云发上访为例：[1]

现年57岁的杨云发因上访而扬名当地。杨云发自己无业，用别人的话说就是"靠上访谋生"。他有一儿一女，大学毕业后都已在外成家。2000年6月，他患上慢性肾功能衰竭，医药费和儿女上大学的学费几乎耗尽其积蓄。2004年，低保政策开始实施，杨云发向村里争取了一个低保指标，标准为每月10元。2005年村里考虑平衡其他困难户，就没再给他低保指标。2006年杨云发因此踏上了上访之路，至今他几乎每个月都要去上访。他的上访诉求是要求低保、特困救助、大病救助和过年补贴；理由主要有2条，一是他的父母曾经赡养过烈士母亲，二是他家有多人患病。从2006年年底到2009年我们调查时，不到3年时间，杨云发及其家人共获得了5个低保名额（父母、自己、儿子和儿媳妇），获得补助资金额达1.7万元，其中大病补助就有7次。另外，杨云发还在村级债务被国家锁定的情况下，通过上访讨回了1万多元。镇领导曾不堪其烦而专门签发了《关于解决杨云发夫妇困难救助资金的请示》（桥政文[2008]17号），请求区里出面解决。3年间，杨云发先后去过市区镇三级的众多部门，找过的各级领导干部不少于30人。如今，镇里的领导干部几乎都认识他，区里一些领导也对他极为熟悉。

2009年4月，杨云发上访为刚娶进门的儿媳妇争取低保时，曾与政府签订协议，答应"永远不再上访"。但6月全国道德模范评比活动开展期间，他又到镇政府要求被上报为道德模范。与我们谈及此事时，杨云发说："（评道德模范）目的是要搞点钱用，没有其他意思。"他还对我们说："我没有事，反正不是去区里，就是到民政局去。"在他那里，一切都是

---

[1] 详见田先红：《信访治理中的国家基础权力》，华中科技大学博士论文，2010，第138-143页。

为了钱。弄低保是要钱，大病救助也是要钱，评道德模范还是要钱……杨云发自己也承认说："只要给票子，我就喊共产党万岁。""只要钱，不要面子。"杨云发一心谋利的行为大大影响了他在村里的声誉。他过去因家贫而受人同情，但如今一心要钱不要脸面的作风引起许多村民的反感。在村民代表会议评审低保名单时，杨云发几次都没有获得通过。但他还是通过上访弄到了低保。在村民眼中，杨云发已经是一个上访专业户，他也因此被村庄边缘化。

　　杨云发的上访几乎与维权无关，他只是借上访来谋取利益，属于"谋利型上访"。这种上访的诉求很难说合法，也很难说合理，但上访人能够抓住基层政府的弱点并借此谋利。并非湖北荆门才有谋利型上访。在湖南邵阳调研时，笔者曾听说过这样一个案例：某领导人在视察该县时，临时改变计划，随意走进了一个农户家里，并与该农户合影，从此以后该农户拿着这张合影到处上访赤裸裸地要求好处，并威胁说县乡政府如果拒绝，他就要去北京上访。此后只要一到重要时刻，县乡政府都必须给他准备一份"礼物"。在河南安阳调查时，一名干部告诉笔者：有一次，几个上访户在一起吃完饭，打电话让当地的一名领导来结账，并威胁说，"如果不来，马上就去北京上访"。谋利型上访千奇百怪、超乎想象，底层民众的狡黠大大出人意料。列举这么多谋利型上访的例子，并非认定上访都以谋利为目的，更不是要完全颠覆维权话语的上访认知，而只是说，底层民众的上访诉求纷繁复杂，并非维权话语所能轻易概括。

　　面对上访人，基层政府一般会根据上访诉求是否有理，将上访区分为有理、无理和部分有理三种。从常理而言，有理上访要满足其诉求，部分有理的上访要满足有理部分的诉求，无理上访则不应该满足诉求而让其息访。由于距离所带来的信息成本过大，中央和上级政府很难区分有理上访和无理上访。基层政府倒是有条件和能力进行区分，但是却未必能够有效治理。一个依法行政的基层政府，应当可以满足有理上访的诉求，却难以让无理上访人放弃诉求。而上访人只要诉求得不到满足，常常就会继续上访。中央和上级政府难以承受蜂拥而至的上访人所带来的各种压力，因此只能坚持"稳定压倒一切"，对上访实行"属地管理，分级负责"，要求基层政府将不稳定因素消灭在萌芽状态，并以此作为政绩的考评因素。也就是说，在上访治理中，中央和上级政府要求基层政府做好息访工作，而不论有理上访还是无理上访。但是，无理上访的诉求谁都很难满足。

从调研来看，无理上访有不断增多的趋势。在湖北桥镇，2004年以来出现了以谋利为目的的"上访专业户"11人，他们至今每年"以上访为业"，2008年占上访总人数（125人）的9%，占上访总人次的1/3以上，耗费了乡镇信访部门的大部分精力。[1]在河南新丰县，2008年，农民的无理上访占信访总量的31%，而2001年这一数字只有4%，考虑到当地的信访总量在8年间增长了197%（从103件到306件），无理上访的数量增加颇为惊人（从4件到95件）。[2]在河南省和平乡，无理上访和精神病上访也不断增长。[3]另外，在其他信访工作者的报告中，也可以看到无理上访的增长趋势。[4]在这种情形下，上访治理能如何进行？对于基层政府来说，"保稳定"是必须做到的，要想尽一切办法做到，而且必须在合法、尊重权利的前提下做到。既然无理上访的诉求本身无法满足，就只有在问题的外围想办法，在合法之外的灰色地带想办法。这些办法有的成了明文制度，有的则"上不得台面"，"只做不说"。总结来看，主要有以下几个方面：

（1）目标管理责任制。目标管理责任制作为目标管理的一种方法，在我国政府中被广泛使用。上级政府将各种行政指标、任务进行层层分解，将其分派给下级政府，在激励—绩效的压力下，下级政府可以更加卖力地工作，目标管理责任制由此构成了压力型体制的主要运作方式和手段。随着上访潮的出现，目标管理责任制逐渐出现在信访工作中。当前很多地方，市、县、乡、村四级中毗邻的两级都要签订信访工作目标管理责任书，其目标一般包括杜绝赴京上访、杜绝赴省集体上访、严格控制赴省个人访、杜绝赴省重复个人访、严格控制赴市上访、杜绝群体性事件

[1] 田先红：《信访治理中的国家基础权力》，华中科技大学博士论文，2010，第166页。
[2] 孙敬林：《农村信访问题及其对策研究》，华中科技大学博士论文，2010，第64~71页。
[3] 申端锋：《维权与治权》，华中科技大学博士论文，2009。
[4] 王进忠：《解读非正常上访》，《辽宁警专学报》2009年第2、3期；丁胜、文思宛、罗思源：《非正常上访问题研究》，《唯实》2009年第2期；谭鹏：《妥善解决无理上访，促进社会和谐稳定》，《云南行政学院学报》2007年第4期。

和恶性事件发生等。信访工作属于维护社会稳定的一部分，其考察标准是"一票否决"，只要维稳工作出现纰漏，基层政府就受到否定评价。尤其值得注意的是，随着信访工作形势日渐严峻，目标管理责任制已经延伸到了乡村两级之间，并有非常细致的制度性规定，如矛盾纠纷定期排查、调解、汇报制度等。

（2）同级部门联动机制。基层政府同级部门联动机制，是为了整合一切力量形成合力，以确保社会稳定的制度模式，是综合治理的典型体现。这一机制要求各相关部门一起来应对社会不稳定因素，这些部门在乡镇一级主要包括信访办、综治办、司法所、人民调解委员会、派出法庭、派出所等，在县市一级包括的部门更多。同级部门联动机制最主要体现在定期举行的信访工作例会。在党委的组织下，各个部门定期一起召开信访工作例会，排查矛盾、不稳定因素以及信访苗头，研究解决疑难信访案件，通报信访情况，学习有关政策文件，安排下阶段的信访工作等。同级部门联动机制，实际上是一种"大综治"、"大调解"、"大信访"的综合工作机制。基层官员认为，上访案件大多属于综合性问题，涉及多个部门，单靠一个部门处理起来难度很大。党委主导下的同级部门联动机制，本身就从一个侧面表明了上访治理的严峻形势。

（3）领导干部包保责任制。为了强化干部在上访治理中的责任意识，防止责任分散、工作不力，因此将任务具体分配到人，这就是领导干部包保责任制。它要求特定干部掌握特定上访人员的行踪和动态；为他们切实解决问题；做好思想工作，力使他们息访；在出现上访动向时，予以控制管理、阻止上访；在他们违法犯罪时，负责采取强制措施。这就是所谓的包掌握情况、包解决困难、包教育转化、包稳控管理和包依法处理。如果包保对象摆脱监控、再度越级上访尤其是到北京上访，就要追究包保干部的责任。包保责任制从目标管理责任制延伸而来，它使责任得以明确分配，防止干部互相推诿，是政府内部明确责任、促进工作的重要机制。这种制度将具体上访人员分配给具体干部负责，政府干部就与上访人结成了"一对一"的关系，政府与公民的"公"的关系就可以化为个人之间"私"的关系。在包保责任对象的具体分配中，基层政府往往会考虑包保干部与包保对象之间是否有私人关系。尤其是在乡村社会中，干部与农民常常是同村或亲戚关系，要么就可以通过第三人拉上关系。在关系的笼罩下，包保干部就将私人感情拉入了工作之中。显然，包保责任制建立在熟人社会的基础之上，利用了熟人社会中的人际关系纽带和政府干部的私人关系网络。在此基础上，基层政府官员才能基本有效地开展上访治理工作。

（4）敏感时期的重点人员稳控措施。在重大节假日、中央召开重要会议期间、外宾来访期间，国家对社会稳定秩序的要求更高，因此对基层政府的要求也越高，基层政府的维持社会稳定的责任和压力也因此更大。很多上访人知道这一点，因此喜欢在这个时间段到上级或中央上访，以便引起政府重视，这是借上访谋利的最好时机。在这个时期，全社会似乎很放松、气氛很祥和，基层政府却是最紧张的时刻，政府内几乎所有的干部都被动员起来，应对可能到来的上访和社会稳定危机。日常的各种排查工作需要做得更勤，过去一个月一次的排查可能变成一周一次，甚至一日一次。对那些上访可能性很高的重点人员，每个人需要派2名官员24小时"监控"，这种"监控"不能限制上访人的人身自由，却必须保证上访人在视线之内，一旦"失踪"，要立刻报告。很多干部被分派到火车站、汽车站等交通要地"巡视"，以劝返可能的外出上访户。所有干部的手机都必须24小时畅通，等待着去应对可能的突然任务，比如接待上访，去路口拦访，或外出截访、接访等。总之，所有的干部被动员起来了，他们不但需要展开工作，而且神经极度紧张，就像在打一场不知"敌人"会从什么地方出现的战争。一旦上访者出现，政府官员却并不敢把他们怎么样。他们只能前去讲政策、讲感情，并不敢采取强制措施。

"讲政策"就是再三向上访人宣讲相关政策。在上访人初次上访时，讲政策有很大作用。如果基层干部保持足够的耐心，态度诚恳，讲清政策，能够获得上访者的信任，这是说服上访人放弃不合理诉求而息访的最佳时机。此时如果基层干部工作作风不踏实，工作方法简单、粗暴，对合理诉求推诿扯皮、敷衍塞责，则很容易"小事拖大、大事拖炸"，使上访人对政府部门丧失信任，导致矛盾激化，形势恶化。然而，对于明知无理而上访的人来说，讲政策几乎没有作用。讲政策常常是高时间成本的投入。由于农民知识水平有限，对法律和政策的理解常常有所偏差，因此讲政策需要耐心详细，这会消耗基层干部的大量时间。

讲感情就是要求上访人考虑个人感情而息访。在上访人的诉求较为合理，而基层政府无法满足，或不想满足，或满足其诉求成本较高时，基层干部往往采取这种方法；在上访人的诉求并不合理，但基层干部无法令其息访时也常常采取这种方式。领导干部包保责任制中的具体安排，都会充分考虑关系和感情因素，以方便干部将私人感情用进工作中。干部可以在工作中与上访人讲感情，"你去上访了，我会挨处分"，"看在××的关系上，就算给我帮忙，不要再去上访"，力图以情感人，以情动人，以促使上访人息访。这种策略常常有用，但常常也会失效。那些有理的上访人如果没有被"感情"打动，则要跟政府官员讲国家政策，讲权利话语，讲政治话语。这就形成了上访治理中"干部讲感情、农民讲政治"的怪异现象。而那些无理的上访人更难被"感情"打动，他们上访本来早就摆出不管不顾的阵势。

　　基层政府官员必须完成维护社会稳定的任务，而不论上访诉求是否有理，问题是否可以在法律和政策框架内获得解决。也就是说，无论用什么办法，都必须阻止上访人继续上访，尤其是赴京上访。如果上述办法都不奏效，想让上访人息访，就只有给好处了。尤其是在敏感时期，必须想尽办法把上访人拖住，不让其脱身去上访。在劝说无效的情况下，就只能陪上访人喝茶、吃饭、打麻将、钓鱼，甚至陪旅游等，总之要严防死守，不让其再去上访。打麻将时还要故意输钱给上访人，因为他们一不高兴就可能去上访。也有地方采取给上访人办"法制培训班"的办法，把可能上访的人集中到宾馆，管吃管住管玩，只要不出去就行。豫北某县每逢敏感时期，就把那些可能上访的人集中起来，带他们到外地旅游，从而防止他们去北京或省会上访。一个老上访户告诉笔者，他几次进京上访，都是县里接回来的，县里的官员带着在北京玩遍了他才愿意回来，在京时住宾馆的三人间，他在中间，两边是政府官员，连上厕所都被看着。当然，所有的费用都由县里出。上访人到了北京，说要坐飞机才愿意回来，基层干部也只好答应。按照规定，上访人员限时由基层政府接返，正是由于接访成本高昂，基层政府才会愿意为了"留住"他们而花钱。

　　这样一来，一些了解上访治理体制的上访人就可以借机谋利。他们最初或许还有合理诉求，但到后来诉求往往越来越无理。他们起先往往是由于合法权益遭到侵害而上访，在上访过程中逐渐掌握了基层政府的弱点，知道了基层政府的软肋。基层政府和官员怕缠、怕闹、怕去上级部门上访，因此只要上访人会缠、会闹，并善于缠、闹，或者威胁去上访，常常就能得到利益。在与政府的长期互动中，这些上访人逐渐摸索出了一些"门道"。他们知道缠、闹只要不出格、不违法，踩线不越线，政府官员根本没有办法，只要有足够的耐心缠、闹到基层政府官员不胜其烦，他们最后只能"开口子"，对上访人许以好处，以换取他们停止缠、闹；他们知道政府官员最怕进京上访，因此只要威胁说进京，政府官员就很担心，于是愿意花钱让他们停止上访的脚步。这样，他们能够抓住基层政府的弱点并借此谋利。

由于基层政府"委曲求全"，事实上营造了"会哭的孩子有奶吃"、"只要上访就有好处"的氛围，形成无理上访的风气，这在一定程度上纵容了无理上访的"繁衍"。这些人甚至借助自己常年上访积累的经验去"帮助"或者"代理"他人上访，从中牟利，还有的专门向其他上访人员传授上访"经验"，成为职业上访人。当一些人通过上访或威胁要上访能够获取利益时，便会产生示范效应，其他人也出来效仿，甚至出现了营利性的上访代理。这样就形成了"上访产业"，最终基层政府不堪其扰，背上了沉重的负担。

可以看出，在中央上访治理越来越法治化，制度建设越来越健全时，基层上访治理的方法却显得越来越诡异。这些方法有的被明文制度化，如目标管理责任制、同级部门联动机制，它们更加强调"综合治理"，而不是权威机构解决争议；而另外一些方法，如领导干部包保责任制、敏感时期的重点人员稳控措施，它们虽然并不违法，强调的却是一种"摆平就是水平"的官场哲学。这些工作方法离现代法治还有距离，表明基层的上访治理陷入了困境。正是在这种困境中，无理上访（尤其是谋利型上访）被不断生产出来。如此看来，从维系上访秩序而言，让无理上访人息访更为重要。因为有理上访问题得不到解决，还不会扩张人们的上访需求；而无理上访问题如果得不到解决，更多的无理上访就会被生产出来，这会挤压基层政府应对有理上访的空间。

即使目前基层的上访治理能达到一定的效果，使得去中央和上级政府上访的人不再增多，但治理方式本身已经表明上访治理陷入了困境。因为上访的问题并没有被解决，上访人也没有息访。上访人都要去北京，北京当然解决不了问题，"石头飞上天，最终还是要回到地上"，问题最终只可能在基层获得解决。北京可以因首都秩序而要求基层政府将上访者限期接回，并"将问题解决在基层"，保证上访有序进行；但是基层政府却只能将上访人困住，不让他们去北京，并没有办法解决问题，他们只能讲感情，或者"花钱买平安"。基层政府陷入了上访治理困境，它是国家上访治理困境的集中体现。面对成千上万的上访者，中央无法通过一套制度装置来对上访者的问题进行裁判，因此只能笼统地要求基层政府解决上访问题。国家信访局多次表态，80%的上访是有理上访，无理取闹的只占一小部分。从敦促基层政府积极应对上访潮而言，这种表达是有意义的；但在上访治理层面，并没有多少意义。因为国家制度装置无法区分有理上访和无理上访；或者即使可以区分，却没有办法区别对待。无法将有理上访和无理上访区别对待，而仅仅将息访当作考评基层政府的要求，就必然会混淆有理上访和无理上访，进而最终放纵无理上访，谋利型上访正是在这种环境下催生的。

三、上访治理的历史经验

上访问题自古有之，新中国历史上也有几次上访潮，维持的时间都不长，且经过治理都有所回落。也就是说，过去国家一直能够有效应对上访潮。而最近十多年来，国家的应对措施却捉襟见肘，疲于应对却效果不大。思考上访潮的治理之策，无法绕开历史经验。

（一）中国古代的经验

中国古代，从尧舜时代到清代，一直都存在类似于当今信访的制度。相传尧舜时代即设"敢谏之鼓"、"诽谤之木"、"进善之旌"于宫门外，以鼓励臣民进谏，方便人民告状申冤。《周礼·秋官·大司寇》中即有关于"以肺石达穷民"的记载，即设肺石于天子的外朝，臣民有了冤情可以站在肺石旁边一边敲一边申诉。到了晋代，出现了"登闻鼓"，悬挂在宫殿的门外，臣民可以击鼓鸣冤。唐朝时，西都长安、东都洛阳都设有登闻鼓。从宋朝起开始设立受理臣民上访的专门机构——登闻鼓院，明以后称通政院；推究其职能，大约近似于今日之信访局；至清代，其职责被都察院和步兵统领衙门所替代。传统中国上访制度与上诉制度结合在一起，至明清时，发展到最完善，形成了完善的京控制度，"凡审级，直省以州县正印官为初审。不服，控府、控道、控司、控院，越诉者笞。其有冤抑赴都察院、通政司或步军统领衙门呈诉者，名曰京控。"[1] 京控人可以擂击设于都察院和步军统领衙门外的"鸣冤鼓"，其所控案件可能被发回京控人本省督抚，或者奏交刑部提讯，或者被驳回控诉。有少数案件会呈送到皇帝面前，皇帝既可以委派钦差大臣，也可以责令巡抚等地方官员受理该上诉。通过在宫门前或沿皇帝行进的路边"叩阍"，绕过都察院和步军统领衙门直接将上诉状呈递到皇帝面前，也不是不可能。[2]

在中国古代的"上访"制度中，越诉、邀车驾、挝登闻鼓等，都可以作为上访的手段，但使用这些上访手段必须接受惩罚，而不论上访所控是否属实。以清代为例，《大清律》对"越本管官司、辄赴上司称诉"、"邀车驾及挝登闻鼓申诉"等情形规定了相关惩罚。《问刑条例》则进一步对"车驾行幸瀛台等处，有申诉者"、"车驾出郊行幸，有申诉者"、"擅入午门长安门叫诉冤屈"、"跪午门、长安等门及打长安门内石狮鸣冤"、"有曾经法司、督抚等衙门问断明白，意图翻异，辄于登闻鼓下及长安、左右门等处自刎、自缢、撒泼、喧呼"等多种情形作出了详细的受理及处罚规定。这是一种"愿访服罚"的制度设置，这种制度装置一方面为民间冤情的昭雪留下了一线希望，却又以制度性惩罚堵住了涌向京城的上访洪流。这种制度性惩罚，与古代所有的诉讼中将诉讼当事人"预设"为"刁民"的逻辑是一致的。在诉讼中，"把'犯人'拖上堂，先各打屁股若干板，然后一方面大呼冤枉。父母官用了他'看相'式的眼光，分出那个'獐头鼠目'，必非好人，重加苛责，逼出供状，结果好恶分辨，冤也伸了，大呼青天。"[3]

上述诉讼/上访/申冤方式建立在"刁民—顺民"的二分法基础之上。在古代应对诉讼和上访的制度装置中，帝国臣民被划分为"刁民"和"顺民"两种。国家提倡、追求的是"无讼"的法律秩序，顺民是按照儒家伦

---

[1]《清史稿》卷一百四十四《刑法三》。

[2]《清史稿》中提到的叩阍事件就有23起。

[3] 费孝通：《乡土中国 生育制度》，北京大学出版社1998年版，第54-55页。

理老老实实过日子的人，他们父慈子孝、兄友弟恭，安分守己，忍让为先，不与人相争；那些争执不下提起诉讼的人，要么是"刁民"，要么是背后有"刁民"作怪。清代名幕王又槐的议论颇能反映这种认识：

"讼之起也，未必尽皆不法之事。乡愚气量褊浅，一草一木，动辄争竞，彼此角胜，负气构怨，始而投之族邻地保，尚冀排解。若辈果能善于调处，委曲劝导，则心平气和，可无讼矣。乃有调处不当，激而成讼者；亦有地保人等希图分肥，幸灾乐祸，唆使成讼者；又有两造不愿与词，因旁人扛帮，误听谗言而讼者；更有平素刁健，专以斗讼为能，遇事生风者；或有捕风捉影，凭空讦讼者；或有讹诈不遂，故寻衅端者；或因夙积嫌怨，借端泄忿者；或因孤弱可欺，以讼陷害者。"[1]

古代社会推崇无讼，否定诉讼，更是否定累讼和上访，并将诉讼行为与人品联系起来，将诉讼预设为不正当的行为，预设为"刁民"的无事生非。因此，在诉讼中，先对当事人斥责一番、打了大板，然后再来讲理。在国家的认识中，顺民是抽象的，隐藏在民间，只有刁民才是具体的，出没于公堂。当然，国家也承认民间有时会有冤案，因此留下了上访申冤的制度空间。由于申冤的"上访"制度建立在"刁民"话语之上，对"刁民"的惩治理所当然地具有合法性，因此上访治理就没有多少压力。

古代社会将诉讼、上访预设为"刁民"的无事生非，这并非事实的描述，而只是一种"刁民—顺民"话语。在这种话语下，官僚集团获得了惩治上访人的权威性资源，因此可以在几乎没有配置性资源的前提下，实现有效的基层治理。"刁民"话语是占统治地位的儒家精英集团的意识形态的一部分，它通过国家的道德教化政策向民众传输，被纳入广泛传播的故事和在乡村巡回演出的戏剧之中。[2]统治集团的这一话语很容易就成为社会的"全部"认识，因为在前现代社会，大多数人被排除在政治的话语领域之外。而前现代社会的整合也并不依赖于"意识形态的完全一致性"，不严重地依赖大多数人全面接受特定的象征秩序。其体系整合靠的是统治者和国家机构的上层精英对统治阶级的其他成员和行政官员行使

[1] [清]王又槐：《办案要略·论批呈词》，群众出版社1987年版，第69页。

[2] Hsiao Kung-ch'üan, *Rural China: Imperial Control in the Nineteenth Century*, Seattle: University of Washington Press, 1960.

意识形态霸权，通过统治阶级的部分成员接受这一象征秩序来实现话语支配。[1]这印证了马克思和恩格斯所言："一个阶级是社会上占统治地位的物质力量，同时也是社会上占统治地位的精神力量。支配着物质生产资料的阶级，同时也支配着精神生产资料，因此，那些没有精神生产资料的人的思想，一般地是隶属于这个阶级的。"[2]

（二）新中国的经验

新中国成立后，中国共产党人建立了新的人民政权，"刁民—顺民"的二分法当然地被扔进了历史的垃圾堆，取而代之的是"人民—敌人"的新二分法。毛泽东在早年革命中就提出："谁是我们的敌人？谁是我们的朋友？这个问题是革命的首要问题。"[3]这一提问的背后，实际上区分了三类人：干革命的"我们"、可以团结的朋友、作为革命对象的敌人。这是"人民—敌人"二分法的最初雏形，此后的话语一直坚持这种划分。不过，"人民"和"敌人"的标准在不同时期有所不同。在抗日战争时期，一切抗日的阶级、阶层和社会集团都属于人民的范围；在解放战争时期，一切反对美帝国主义、国民党反动派、官僚资产阶级、地主阶级的阶级、阶层和社会集团都属于人民的范围；在社会主义建设时期，一切赞成、拥护和参加社会主义建设事业的阶级、阶层和社会集团，都属于人民的范畴；改革开放后，拥护祖国统一的人也被纳入了人民的范畴。不同时期的这种划分适应了阶级斗争和经济建设的需要。

1950年代中后期，国内风潮迭起，农民闹退社，学生闹罢课，工人闹罢工；国外也存在很多动荡不安因素，社会主义阵营内出现了"匈牙利事件"和"波兰事件"，毛泽东在新形势下提出了正确处理人民内部矛盾的问题，对敌我矛盾和人民内部矛盾两种不同性质的矛盾进行区分。[4]这种区分对中国社会影响深远，其中人民话语的具体内涵当然与西方社会

---

[1] [英]安东尼·吉登斯：《民族—国家与暴力》，胡宗泽、赵力涛译，王铭铭校，生活·读书·新知三联书店1998年版，第17、95页。

[2]《马克思恩格斯选集》（第1卷），人民出版社1995年版，第98页。

[3]《毛泽东选集》（第1卷），人民出版社1991年版，第3页。

[4]《毛泽东选集》（第5卷），人民出版社1977年版，第363-402页。

的公民话语有着重大区别，也与苏联模式下的人民话语有着很大不同。在这种话语下，"一切反抗社会主义革命和敌视、破坏社会主义建设的社会势力和社会集团，都是人民的敌人"。敌我矛盾适用专政的办法来解决，要"压迫国家内部的反动阶级、反动派和反抗社会主义革命的剥削者，压迫那些对于社会主义建设的破坏者"，"对于那些盗窃犯、诈骗犯、杀人放火犯、流氓集团和各种严重破坏社会秩序的坏分子，也必须实行专政。"[1]因此，人民话语成功地将阶级斗争应用到了社会主义建设时期。在这一话语下，"人民—敌人"二分法具体化为"人民—坏分子"，从而不仅仅局限在革命中，而且延伸到了社会主义建设的日常生活中。人民中又有先进分子（积极分子）和一般群众（落后分子），因此"人民—敌人"二分法有时又被具体化为"先进分子（积极分子）——一般群众（落后分子）—坏分子"三分法。

人民内部矛盾用"团结—批评—团结"的方法解决，其主要方式是民主的说服方式。"不是用强迫的方法，而是用民主的方法，就是说必须让他们参与政治活动，不是让他们做这样做那样，而是用民主的方法向他们进行教育和说服工作。这种教育工作是人民内部的自我教育工作，批评和自我批评的方法就是自我教育的基本方法。"[2]在一般情况下，人民内部矛盾不是对抗性的，但是处理得不恰当，或者失去警觉，麻痹大意，也可能发生对抗。发生对抗的原因在于反革命因素在起作用，"社会主义国家内部的反动派同帝国主义者互相勾结，利用人民内部矛盾，挑拨离间，兴风作浪，企图实现他们的阴谋。"[3]"发生少数人闹事，……再有一个因素，是反革命分子和坏分子的存在。"[4]"对闹事的人，要做好工作，加以分化，把多数人、少数人区别开来。对多数人，要好好引导、教育，使他们逐步转变，不要挫伤他们。"[5]"我国广大的人民群众是拥护社会主义的，他们很守纪律，很讲道理，决不无故闹事。""在我们的社会里，也有少数不顾公共

---

[1]《毛泽东选集》（第5卷），人民出版社1977年版，第366页。

[2]《毛泽东选集》（第5卷），人民出版社1977年版，第28、371页。

[3]《毛泽东选集》（第5卷），人民出版社1977年版，第370页。

[4]《毛泽东选集》（第5卷），人民出版社1977年版，第353页。

[5]《毛泽东选集》（第5卷），人民出版社1977年版，第354页。

利益、蛮不讲理、行凶犯法的人。他们可能利用和歪曲我们的方针，故意提出无理的要求来煽动群众，或者故意造谣生事，破坏社会的正常秩序。对于这种人，我们并不赞成放纵他们。相反必须给予必要的法律制裁。"[1]对待他们，用专政的方法，"在必要的时期内，不让他们参与政治活动，强迫他们服从人民政府的法律，强迫他们从事劳动，并在劳动中改造成为新人。"[2]

"先进分子（积极分子）——一般群众（落后分子）—坏分子"三分法鲜明地体现在毛泽东对上访、闹事事件的认识上，这一认识很快成为政府的主流认识。大多数群众是明白事理的，不会上访闹事，但个别别有用心的坏分子却会寻找机会制造混乱，他们不顾公共利益、蛮不讲理、行凶犯法，会歪曲政策来煽动群众，或者故意造谣生事，破坏社会的正常秩序。少数群众素质不高，或者立场不坚定，很容易受坏分子的蒙蔽，因此会参与到闹事中去。发生闹事事件后，政府和党员干部应当"克服官僚主义"，改正工作中的错误，改进工作方法，并在工作中教育干部和群众，争取大多数群众的理解，因此不应当随意将闹事者排斥在人民之外。对于少数坏分子，则不能放纵，必须给予严厉制裁，制裁的目的不是消灭他们，而是将他们在劳动中改造成新人。"对于闹事群众中的领导分子，如果行动合理合法，当然不应该加以歧视；即使犯有严重错误，一般也不应该采取开除办法，而应该将他们留下，在工作和学习中教育他们。对于抱有恶意煽动群众反对人民政府的坏分子，应该加以揭露，使群众彻底认识他们的面目。对于这些分子中犯了严重错误的人应该给适当的处罚，但是不应该开除他们，而应该不怕麻烦地教育他们，帮助他们改正错误。至于确实查明的现行反革命分子和严重违犯刑法的凶犯，则应该分别情况，依法处理。"[3]

以毛泽东为首的共产党人在将"刁民"话语扔进历史垃圾堆的同时，创造出了"人民"话语。在这一话语体系内，不但有人民与敌人的区分，

---

[1]《毛泽东选集》（第5卷），人民出版社1977年版，第396页。

[2]《毛泽东选集》（第5卷），人民出版社1977年版，第28、371页。

[3] 毛泽东：《对〈中共中央关于处理罢工、罢课问题的指示〉（修正稿）的批语和修改》，《建国以来毛泽东文稿》（第六册），中央文献出版社1992年版，第370页。

还有积极分子、一般群众和坏分子的区分。这套话语为基层治理获取强大的权威性资源奠定了理论基础。"人民为了有效地进行生产、进行学习和有秩序地过生活，要求自己的政府、生产的领导者、文化教育机关的领导者发布各种适当的带强制性的行政命令。没有这种行政命令，社会秩序就无法维持，这是人们的常识所了解的。这同用说服教育的方法去解决人民内部的矛盾，是相辅相成的两个方面。"[1] "对于闹事，要分几种情况处理。一种是闹得对的，我们应当承认错误，并且改正。一种是闹得不对的，要驳回去。闹得有道理，是应当闹的；闹得无道理，是闹不出什么名堂的。再有一种是闹得有对有不对的，对的部分我们接受，不对的部分加以批评，不能步步后退，毫无原则，什么要求都答应。"[2] "我们也不害怕斗争，在需要用强硬的斗争的办法来解决矛盾的时候，我们是不吝惜斗争的。……只在必要的时候才采取强力的办法、压服的办法。"[3]

　　新中国治理社会的具体制度装置都处于人民话语的支配之下，人民话语使基层政府拥有的丰富权威性资源具有合法性，从而使基层政府拥有治理社会的广泛治权。其中最典型的是1957年出台的《国务院关于劳动教养问题的决定》和《治安管理处罚条例》。全国人大常委会批准的《国务院关于劳动教养问题的决定》，确认了"对于被劳动教养的人实行强制性教育改造的一种措施"，其目的是管理"游手好闲、违反法纪、不务正业的有劳动力的人"，针对的是"不够逮捕判刑而政治上又不适合继续留用，放到社会上又会增加失业的"人员。劳动教养人员带薪参加教养，通过劳动生产和政治教育，"建立爱国守法和劳动光荣的观念，学习劳动生产的技术，养成爱好劳动的习惯，使他们成为参加社会主义建设的自食其力的劳动者"。[4] 毛泽东主席亲自公布的《治安管理处罚条例》则是"人民对各种坏分子实行专政的一个武器"。"在应当处罚的违法行为中，还有许多却是属于人民中某些轻微的违法行为"，"因为他们侵犯或者妨害广大人民群众的利益和公共秩序，所以也要给以必要的处罚，而处罚的

---

[1]《毛泽东选集》（第5卷），人民出版社1977年版，第369页。

[2]《毛泽东选集》（第5卷），人民出版社1977年版，第354页。

[3]《刘少奇选集》（下卷），人民出版社1985年版，第302页。

[4]《国务院关于劳动教养问题的决定》，1957年8月1日。

执行，又带有一定的强制性。""对于少数人的轻微的违法行为，实行必要的行政处罚，这是同用说服的方法而不是用压服的方法去处理人民内部的思想问题和辨别是非的原则，不仅不相违背，而且是相辅相成的。"在农村中，"依靠广大农民的自觉自愿，依靠广大农民的支持来管理坏分子，依靠多数人的支持来约束极少数人侵犯他人利益扰害公共秩序的行为，是一定能够顺利推行的。"[1]

上述制度后来成为政府治理上访潮的有效权威性资源。新中国成立初期，信访量很大，起初国家对确有困难的人提供食宿，发给路费。但这种人道恩惠反而使得一些人骗取路费后长期滞留北京。后来，有关部门试图强行将那些赖着不走的上访者驱逐出京，但效果很差。1958年8月，内务部在卢沟桥建立了永定砂石厂，组织来访群众中有劳动能力而无路费还乡的人员参加劳动自挣路费，并在劳动中接受政策教育。1961年内务部明确指出，主要组织来访人中的一部分无理取闹、骗取路费和不愿参加生产劳动，经常流向城市的人员。这个办法既解决了上访者的路费问题，又有利于对"异常者"的规训。这是一个将禁闭和放逐结合在一起的空间，一个集消除游手好闲与塑造新人这双重功能于一身的空间，强制劳动的功能在于道德改造、塑造新人。

毛泽东的人民话语和相关制度在邓小平时代被完全继承。邓小平曾对高级干部说，"近来上访人员很多，其中确实有少数坏人"，"人民群众（包括党员、干部）普遍地对特殊化现象（包括走后门）不满意，一些别有用心的人利用这个问题闹事，'西单墙'和混在上访人员中的少数坏人就是利用这个东西。"[2] "我们要向群众做细致的思想工作，包括对那些经常在'西单墙'贴大字报、发表演讲的人，也要做细致的思想工作。当然，对极少数坏人也要打击一下。对他们要有两手，不能只有一手，应该把教育分化当作主要的一手。"[3] "只有人民内部的民主，而没有对破坏分子的专政，社会不可能保持安定团结的政治局面，就不可能把现代化建设搞

---

[1] 罗瑞卿：《关于中华人民共和国治安管理处罚条例草案的说明》，1957年10月22日。

[2] 《邓小平文选》(第二卷)，人民出版社1994年版，第216-217页。

[3] 《邓小平文选》(第二卷)，人民出版社1994年版，第229页。

成功。"[1]可见，邓小平对上访、闹事问题的认识完全在毛泽东时代"先进分子（积极分子）——一般群众（落后分子）—坏分子"三分法的框架内。

1979年全国人大常委会批准了《国务院关于劳动教养的补充规定》，1982年1月21日国务院转发了公安部《劳动教养试行办法》，重申将劳动教养作为为强制性教育改造的行政措施和处理人民内部矛盾的方法，针对对象包括"有工作岗位，长期拒绝劳动，破坏劳动纪律，而又不断无理取闹，扰乱生产秩序、工作秩序、教学科研秩序和生活秩序，妨碍公务，不听劝告和制止的"等六种人，适应了当时社会的需要。而1957年的《治安管理处罚条例》则一直到1986年才被修改，其基本精神也被修改后的条例所坚持。

上述制度也构成了政府治理上访潮的有效权威性资源。1978年8月，一些上访者组织起来，喊着"反迫害、反饥饿、反官僚主义"的口号在新华门前游行。为此，国家逮捕了为首者，并于1980年8月22日发布的《关于维护信访工作秩序的几项规定》，"对于来访人员中已经接待处理完毕、本人坚持不走、说服教育无效的，可以由信访部门出具公函，公安部门协助，送民政部门管理的收容遣送站收容送回。"此后，在其他国家机关的信访工作规则中也可以见到类似规定。[2]但如何对付那些与政府"打游击战"却又构不上法办的人呢，那也自有办法。中共中央办公厅、国务院办公厅信访局曾专门颁发《关于认真处理上访老户问题的通知》，规定"对上访问题已经解决，本人在京流窜，不务正业，坚持过高要求和屡遣屡返教育无效又不够依法处理的人，可以建立一个劳动场所，把他们集中起来，加强管理，边劳动，边教育，直到他们不再到处流窜为止。"

从上面的规定来看，治安处罚、劳动教养等措施构成了政府有效的权威性资源，为维护当时的社会秩序作出了历史性贡献，也成功地应对了缠访和无理取闹的问题。这种上访治理的成功建立在"人民—敌人"话语的基础上。当然，在毛泽东的这套认识体系中，坏分子和落后分子的分

---

[1]《邓小平文选》（第三卷），人民出版社1993年版，第154页。

[2] 如1980年6月20日发布的《最高人民法院信访处接待来访工作细则》，1986年12月10日发布的《最高人民检察院发人民检察院控告申诉检察工作细则试行》第十二条，1996年1月1日起施行的《信访条例》第二十二条等。

类存在一些模糊性，并非严格的法律概念。正是这种模糊性，给不同政治风潮下，政府治理上访闹事留下了足够的空间。

四、上访治理困境：话语权与治权的流失

上访治理陷入困境，原因之一是基层政府无法应对无理上访。基层政府日益缺乏治权，不能使用强制性手段。这固然出于中央政策的规定和中央文件的三令五申，但中央也处在不能使用强制性手段的相同境况中。其根本原因不在于制度不完善，而是因为政府在上访治理的意识形态领域日益丧失话语权，越来越受制于权利话语。上访问题的表达，在社会上占据主流的是维权话语，这种话语对上访人没有任何约束，还可以成为上访人的武器，它使一切上访有了天然的合法性，尽管事实上存在很多无理上访；在这种话语限制下，基层政府日益缺乏权威性资源，丧失了治权。这些甚至助长了无理上访的增多。我们可以从治权和话语权两个方面的流失来理解基层上访治理的困境。

（一）话语权的流失

话语是由话语领域中的所有有效声明（包括书写或口述）的总体性所组成。话语蕴涵着权力关系，任何话语都是权力关系运作的产物。不同话语之间会产生碰撞、对立、冲突和竞争，话语的争夺即权力的争夺，话语的拥有意味着对权力的掌控。话语权力主要表现为通过语言表述来达到一种意义、价值和规范的建构，从而规范人们的思想行为和价值观念。福柯所说的话语，就是在某种历史条件下，被某种制度所支撑组织起来的声明群。[1]话语能产生象征性权力，维系象征秩序。象征权力是社会生活中比专政机关的暴力更常见的权力形式，它是一种隐形的，通过言语能构成既定现状的权力，一种使人理所当然地接受的权力。[2]象征性

---

[1] 尹宗利：《从启蒙、权力话语看"隐蔽的教育家"福柯》，《江苏社会科学》2010年第1期。

[2] Bourdieu, *Language and Symbolic Power*, London：Polity press, 1991, pp.170.转引自张意：《文化与符号权力》，中国社会科学出版社2005年版，第119页。

权力之所以能够维持或破坏社会秩序，赋予话语以权威性，正是由于人们确信话语和发话人的合法性。

现代社会中，社会和政府机构通常依靠掌握话语来掌握权力。"国家的发展必然与话语方式的形成相融合，话语方式建构性地塑造了国家权力。"[1]但是，现代社会的统治者不可能垄断话语体系，不同的话语会在公共领域展开争夺。文化的普及和文化业的发展创造了一个拓宽的公共领域，其中的不同群体以话语形式形成了表达利益的能力，并在公共领域中开辟出宣扬其利益方案的空间。主流的话语通常被人们不加反思地视为真实。"'什么被视为社会真实'是直接与权力分配有关的——不仅在日常互动最世俗的层面上，而且在全球文化与意识形态层面上，它的影响甚至在日常社会生活本身的任何一个角落都能感受到。"[2]因此，"包含在社会再生产的监管中的话语能力"对于国家来说，就极端重要。

改革开放以后，在社会文化领域出现了许多话语，具体到上访问题上，最有影响的是权利话语，认为当事人权利被侵犯是其上访的原因，上访的目的在于维权。这种话语的社会影响力非常大，是报刊和网络媒体中的主流话语，几乎所有的上访故事都是以维权为理论预设进行叙述的，最后都会以权利话语对基层政府进行批判。毫不例外，这种言论认为上访潮的原因在于上访人的权利未能得到有效保护，化解之道要依靠权利的赋予和保障。权利话语的基本理论框架是"国家—社会"，国家是一个随时都可能践踏人们权利的"利维坦"，天然具有膨胀和堕落的倾向，有侵害人们权利的倾向，因此国家权力应当受到社会的制约，制约的方式就是通过赋予人们权利，以权利制约权力。人们通过上访求助于上级和中央，原因就在于地方政府（尤其是基层政府）未能遵守法律，违反了法治原则，侵害了上访人的权利，信访行为因此构成了呼吁对国家权力进行限制的政治诉求表达，甚至是对抗国家权力的政治性抗争。这样，话语权力就指向了基层政府。在这种话语下，基层政府被想象成了罪恶

---

[1] [英]安东尼·吉登斯：《民族—国家与暴力》，胡宗泽、赵力涛译，王铭铭校，生活·读书·新知三联书店1998年版，第254页。

[2] [英]安东尼·吉登斯：《社会学方法的新规则——一种对解释社会学的建设性批判》，田佑中、刘江涛译，社会科学文献出版社2003年版，第215页。

的根源，因此其上访治理行为的合法性就存在疑问。

权利话语常常以良知代言人自居，以维护弱势群体利益的形象出现，传达了"正义"的观念，因此能构成通过言语使人承认并相信的权力。在权利话语面前，上访人获得了上访的"天然"合法性，基层政府几乎完全丧失了话语权。话语权的丧失，使得基层政府官员在上访治理中被上了一道"紧箍咒"，基层政府官员在信访工作中必须尊重权利，这种尊重权利的要求程度甚至超过了法律的规定。因为法律上规定的某些可用手段，也越来越遭到权利话语的质疑。只要现状不符合权利话语，不论何种原因，基层政府都会遭到媒体和社会的谴责，上访矛盾也可能因此激化，甚至遭到上级追责，这也会对基层政府构成压力。媒体不时有基层政府官员在信访工作中侵犯信访人权利的报道，这些报道会激起社会和民众的强烈不满，相关官员会受到上级追责。权利话语的要害是不允许出现任何问题，尤其是不允许政府出现任何问题，哪怕是偶然性的失误。只要出现了问题，就会强烈谴责政府，而不问实践本身的复杂性，也不问问题本身出现的概率。强烈谴责的结果，就是政府越来越怕出事，越来越只求不出事，越来越不敢做事。美国学者在审查美国权利话语的过程中指出，"我们已经看到了一种用权利术语来规范重要事项的趋势；一种用僵化、简单而又绝对的形式来陈述权利主张的倾向；一个极端自由的、自觉而又绝对的形式来陈述权利主张的倾向；以及发展完善的责任话语的缺位。"[1]中国的权利话语有过之而无不及。

在权利话语的压力下，基层政府就越来越找不到治理可以凭借的话语。1990年代，国家提出了建设社会主义法治国家的口号，法治话语、权利话语日益进入中国，成为上访和人们看待上访的主流话语。权利话语下的上访处于"侵权—维权"的认知结构中，它有天然的正当性，因此不能被当作"无理取闹"，上访人不能被当作"坏分子"进行教育或给予惩罚。虽然人民内部矛盾的话语还不时出现在官方媒体上，但"人民—敌人"话语日渐被人遗忘。新中国成立初期，共产党刚刚领导人民经过艰苦卓绝的斗争争取了民族独立，建立了人民的政府，并通过土地改革使农民"翻身做主人"，党和政府与人民的利益完全一致，"人民—敌人"话

---

[1] [美]玛丽·格伦顿：《权利话语》，周威译，北京大学出版社2006年版，第142页。

语具有坚强稳固的基础。改革开放后，随着共产党从革命党向执政党的转变，社会矛盾日益突出，人民内部出现了分化，利益结构日趋多元化，敌我、好人—坏人的区分越来越难以操作化，新中国成立初期易于分辨的敌人和"一小撮"坏分子日渐模糊化。加上基层政府因自身利益而侵犯公民权益的事件频繁发生，"人民—敌人"话语因此日渐在权利话语面前丧失了解释力和说服力。没有"人民—敌人"话语的支持，改造社会主义新人的话语就没有了市场，强制劳动也丧失了制度合法性。因此，基层政府的治权日益流失。

（二）治权的流失

在基层治理研究领域，最早提出治权问题的是李昌平，他有着从事乡村治理工作的丰富经验。在他的工作经验中，1980年代的农民上访量很少，1990年代开始增多，税费改革后尤其多，并出现了新的上访高潮。在他看来，农村上访日渐增多，原因不在于信访制度有问题，也不是农民维权意识的兴起，而是因为乡村两级丧失了治权。在李昌平那里，乡村治权是乡村治理的经济基础，主要是指集体土地所有制。由于集体土地所有权的虚置，集体经济空壳化，乡镇企业破产，乡村治理由"块块为主"变为"条条为主"，导致乡村治权逐步丧失，乡村治理无法有效达成，农民权利无法得到有效保障和落实，上访遂急剧增多。[1]申端锋在此基础上发展了乡村治权这一概念，用之来指称基层政权在乡村治理中的权力。在他看来，乡村治权乃是对乡村权力与治理资源关系的一种概括，是指乡村组织凝聚、配置治理资源从而进行乡村治理的权力。他将治理资源分为两大类，即物质性资源和权威性资源，物质性资源主要是指乡村组织所拥有的物质和财政资源，包括集体土地、乡镇企业等；权威性资源指乡村支配农民的手段与制度，如综合治理、"两工"制度等。[2]

上述定义显然受到了吉登斯的影响。吉登斯将权力同资源联系起来，认为权力的生产离不开资源的集中。资源在能动者为完成其一切事务的

---

[1] 李昌平：《乡村治权与农民上访》，《三农中国》（第12辑），湖北人民出版社2008年版。

[2] 申端锋：《维权与治权》，华中科技大学博士论文，2009，第22页。

活动过程中被运用，它们内嵌于社会体系的再生产过程之中，包括权威性资源和配置性资源。权力与时空有所关联，某种聚集时空范域的场所为配置性资源和权威性资源的集中提供了可能性，从而构成了"权力集装器"。场所类型的变化体现了行政力量的不同，资源聚集程度的不同反映了权力扩张的范围不同。在现代社会中，组织的行政管理场所，如公司、学校、大学、医院、监狱等，均是资源的聚集中心，但是只有现代国家在许多方面才成为最突出的权力集装器。[1]当居于情境中的行动者将资源纳入日常的生活行为中时，资源才得以运作。作为生产行政力量的舞台，"权力集装器"通过集中配置性资源和权威性资源而生产出权力。

历史唯物主义从生产力的增长来讨论历史发展和社会组织变迁，[2]这可以被视为对配置性资源的强调。李昌平在讨论乡村治权时对"经济基础"的强调，其理论资源可能来源于此。申端锋在具体研究中显然更加全面。一方面，村组集体财政能力不断弱化，尤其是取消农业税后，不再征收"三提五统"，只能靠上级政府的转移支付维持运转，无法依靠自身力量进行公益事业建设；土地二轮延包后，国家强调土地承包"三十年不变"，"增人不增地，减人不减地"，反对土地调整，反对过多保留机动地，土地利益结构逐渐刚性化，这些都使得村庄解决问题能力下降。另一方面，"两工"制度取消，乡村干部在治理中越来越无法约束村民，而只能指责农民"素质低"、"缺乏集体主义观念"。这从配置性资源和权威性资源两个方面的缺乏揭示了乡村治权的弱化，但仍然以配置性资源（经济基础）的流失为主线。这在对基层上访增多、乡村组织困于应对有相当的解释力，但难以解释政府（包括中央政府和基层政府）在解决上访问题中也处于被动境地，难以解释无理上访的扩大化。实际上，基层政府治权的丧失，更加关键的是权威性资源的流失。权威性资源的流失，很大程度上源于改革开放后政府在话语体系的被动。

改革开放后，阶级斗争不再是政府的主要工作，因此整个社会治理模式也要从阶级斗争中解脱出来。这个转型过程在1980年代开始起步，到

---

[1] [英]安东尼·吉登斯：《民族—国家与暴力》，胡宗泽、赵力涛译，王铭铭校，生活·读书·新知三联书店1998年版，第14页。

[2]《马克思恩格斯选集》（第2卷），人民出版社1995年版，第32-33页。

1990 年代开始加速，其标志是"建设社会主义法治国家"口号的提出。治理方式的转型意味着旧的权威性资源的流失和新的权威性资源的聚集。旧的权威性资源的流失意味着批斗、游街、禁闭（如《被告山杠爷》中呈现的）等阶级斗争年代的手段不能再被使用；而新的权威性资源的聚集需要建立与现代法治社会相匹配的公共规则和公民意识，这不是朝夕的事情。因此，基层治理处于转型时期的悖论之中，立法按照现代法治社会的理想已经建设完成，但社会治理却无法按照立法的理想去实践。公民意识未能最终形成，公共规则未能确立，社会治理却需要进行，新的权威性资源用不上，旧的权威性资源又不能用，这导致转型期治理的权威性资源十分缺乏。

因此，基层只能通过各种办法聚集资源，综合治理是其中最典型的体现，它的要害在于"综合"各个方面的治理资源，从某种意义上说，综合治理是基层政府治权流失的标志和能动反应。在这一能动反应的过程中，还有很多非法的方式登上了治理的舞台。阶级斗争中针对敌人的批斗、游街，针对落后分子的禁闭，演变成了针对钉子户、上访户的体罚、关小黑屋等。[1] 这些强制手段都已在法律上被否定。基层政府在实践中"发明"的"找软肋"[2] 也是一种不合法的工作手段。通过合法与非法的手段聚集权威性资源，在世纪之交前，基层政府基本能够有效维持治理。

1990 年代，国家提出了建设社会主义法治国家的口号，法治话语、权利话语日益进入中国，阶级斗争年代的各种话语日渐被人遗忘，也日渐在权利话语面前丧失了话语权，丧失了对社会现象的解释力和对民众的说服力。在权利话语面前，收容遣送和强制劳动也丧失了制度合法性。2003 年，在"孙志刚事件"的推动下，《城市生活无着的流浪乞讨人员救助管理办法》取代了《城市流浪乞讨人员收容遣送办法》，流乞收容遣送制度被废除。正是在权利话语的压力下，[3] 不久信访收容制度也在质疑声中

---

[1] 可参见李昌平：《我向总理说实话》，光明日报出版社 2002 年版；陈桂棣、春桃：《中国农民调查》，人民文学出版社 2004 年版。

[2] 当立法或政策普遍未能得到执行但可以选择性执行时，基层政府就借此寻找上访人是否有违法事由，如未经同意砍伐林木、违反计划生育政策、宅基地面积超标等，然后以惩罚或加重惩罚要挟上访人息访。

[3] 盛学友：《两公民质疑"信访收容"》，《南方周末》2003 年 10 月 9 日。

退出历史舞台。2009年11月，深圳市发布了《关于依法处理非正常上访行为的通知》，明确列出包括在市委市政府办公场所外聚集、滞留等14种非正常信访行为。对于多次非正常上访行为人，除予以行政拘留、追究刑事责任等之外，符合劳动教养条件的，将予以进行劳动教养。有关机构解释说，当前许多非正常上访行为扰乱了正常的社会公共秩序，如果不采取措施加以整治，势必会愈演愈烈。但媒体和社会对此种说法并不接受，普遍认为这种做法侵犯了信访人权利。[1]

权利话语限定了基层政府的工作方法，使他们在上访治理中可利用的手段大为减少。那种对钉子户、上访户进行体罚、关小黑屋的治理方法，基层政府再也不敢用。在重要时间和场合，相关强制措施还可能被采用，有迹象表明，奥运会之前北京市曾采取强制措施遣送了一些在京上访人员。[2]但是，国家没有公开承认，因为这些做法与权利话语、法治原则相违背。[3]在法治社会中，在去阶级斗争的年代，上访人错误再大，只要没有犯罪行为，也只是属于批评教育的范畴。"传统国家中大量的人并不知道自己是国家的'公民'"，而那时这对国家权力的延续不重要。而现代社会，国家行政对人们日常生活的渗透范围越宽，人们也越来越意识到公民身份，"知道这种成员身份所赋予的权利和义务"，[4]因此对保护权利的要求也越来越高。在权利话语的支配下，劳动教养制度日益受到批评，学者和媒体通常认为，劳动教养制度违反了法治精神，并与中国政府签

---

[1] 陈方：《如何保护"非正常上访"中的正当权利》，《潇湘晨报》2009年11月13日；刘今定：《从某县制定〈非正常上访行为处理办法〉谈越权立法问题》，《人大研究》2005年第5期。

[2] 侯猛：《最高法信访办调查笔记》（2009年3月6日），未刊稿；许志永：《警惕收容遣送制度借08奥运死灰复燃》，http://dzh.mop.com/topic/main/readSubMain_7801926_0.html，2009年12月8日访问。

[3] 从这里可以看出，基层治理的困境其实也是中央政府的困境。只不过，中央政府可以通过要求"将矛盾解决在基层"，从而转移自身的困境。也就是说，基层政府的困境不过是中央政府的困境的表现形式。由于中央政府将困境转移给了基层政府，基层政府因此就必须投入大量的人财物进行上访治理，而效果却不佳。

[4] [英]安东尼·吉登斯：《民族—国家与暴力》，胡宗泽、赵力涛译，王铭铭校，生活·读书·新知三联书店1998年版，第254页。

署的人权公约相背，它成为有关部门滥用权力、非法剥夺公民人身自由现象屡屡发生的根源，[1]因此要求废除这一制度。在这种情况下，基层政府甚至连劳教制度这样的合法手段也越来越不敢使用，不依法对可以进行劳动教养的无理上访人采取措施。这些都导致上访治理中权威性资源的进一步流失。

五、现代国家的基层治理

行文至此，本章不但梳理了基层上访的困境，分析了其原因，还回顾了中国上访治理的历史经验。上访潮居高不退，中央不断强调"属地管理，分级负责"，要求"将矛盾解决在基层"。然而，由于缺乏治权，基层政府疲于奔命，上访问题却无法解决。实践中存在无理上访，基层政府却缺乏进行治理的足够资源。因此只能游走在法治的边缘，其上访治理方法虽然不违法，却脱离了法治轨道。问题的症结在于，面对权利话语，政府显得比较被动，陷入了意识形态的困境，丧失了话语权。1990年代以后，权利话语日益占据主流，阶级斗争背景下的"人民—敌人"话语失去了足够的解释力和说服力。解析了上访的治理困境和历史经验，自然会想到出路问题。既然我们已经将建设社会主义法治国家提上了日程，不妨参考一下西方法治国家的具体做法。

（一）西方经验：民族国家的形成与公共规则的治理

西方法治国家中上访并不常见，原因在于其司法机构较为有效地解决了社会争议，且司法机构在社会中有很大的权威。当然，这并不是说，西方国家的司法就可以完全带来公正，从而让民众都信服。西方民众如果对法院的判决不信服，他们很难通过上访来获得新的救济。在司法途

---

[1] 2004年1月，广东省政协委员朱征夫提案要求废除劳教制度，并要求广东先行一步。2007年底，茅于轼、李方平、胡星斗等69位社会名流联署发表了公开信，呼吁取消劳动教养制度。2008年3月，全国人大代表、陕西省人大常委会委员马克宁正式提交建议，呼吁废除劳动教养制度。见百度百科"劳动教养"，http://baike.baidu.com/view/5088.htm?fr=ala0_1。

径之外，西方国家有"申诉专员"制度，它是针对政府的失当行政行为进行监督与实施救济的一项制度。这一制度系瑞典于1809年首创，1960年代以后为西方各国广为借鉴。它通过隶属于议会的申诉专员独立调查，得出结论，提出解决问题的建议。申诉专员可以驳回无理申诉、向行政机关提出建议和批评、对行政机关提出控诉等，但一般只调查当事人的投诉是否成立而不对争议作是非判断，只提出解决问题的建议而不作决定。

在一般情况下，穷尽了司法救济途径之后，如果民众还不信服，就只能去影响立法，而影响立法往往是通过社会运动的方式，比如游行、示威、罢工等。社会运动是集体行为的一种形态，是一群人共同参与并推动某一目标或想法的活动，群众藉由抗议与游行等非制度化方式来支持或反对社会变迁。社会运动并非一人之力可为，它必须借助群体性的力量，参与者必须是广大民众，而且群体越大，力量越大，且必须具有持续性。通过社会运动的方式，试图从立法击破，大概是西方民众面对司法不满时的反应。

在西方，还可以采取"公民不服从"措施，它也称"非暴力反抗"，是"一种公开的、非暴力的、既是按照良心的又是政治性的对抗法律的行为，其目的通常是为了使政府的法律或政策发生一种改变"。[1]从苏格拉底明知对自己的审判不正义仍然甘愿接受死刑，到梭罗明确提出公民不服从的思想并以抗税的形式亲身践行，再到马丁·路德·金领导的争取黑人自由的示威游行，西方在法治化的过程中形成了"公民不服从"的传统。[2]公民不服从是一种公开的行为，并愿意承担违法后果；是一种出自良心的违法行为，通过违反法律来引起社会注意而表达的抗议；它是一种政治行为，是向拥有政治权力的多数提出来的，诉诸的是构成政治秩序基础的正义观；它是一种非暴力的行为，是在试过其他手段都无效之后才采取的正式请愿，是忠诚于法治的对法律的不服从。[3]"公民不服从"

---

[1] [美]约翰·罗尔斯：《正义论》，何怀宏、何包钢、廖申白译，中国社会科学出版社1988年版，第365页。

[2] 参见何怀宏编：《西方公民不服从的传统》，吉林人民出版社2001年版。

[3] [美]约翰·罗尔斯：《正义论》，何怀宏、何包钢、廖申白译，中国社会科学出版社1988年版，第365-367页。

有时也通过社会运动的方式来进行。

西方社会的治理是一种公共规则的治理，它有深厚的心理基础。它是近代以来西方在其法治的思想传统中发展起来的，其背景是民族—国家的形成和国家政权建设的完成，分散的、多中心的、割据性的权威体系，逐渐变成一个以现代民族国家为中心的权威结构。在这一进程中，君主希望通过它来扩大并加深自己对社会的统治，试图控制相对自治的地方社会结构，扩大对地方资源的支配，并在国家的支持下发展新的建制。民族国家控制有明确疆域、集中的权力支配、统一的强制性方式。这种政治结构反映了新的权威和社会关系。逐步掌握了强制性手段的君主与底层民众结合，并充当后者基本权利的保护者。旧有的权威基础因此遭到破坏，这一过程是通过释放公民权利来实现的，民族国家范围内的公共规则整合了民族国家内的成员，减少了它们对地方权威的依赖和归属感，旧有的作为特权的割据的权威因此被民族国家的公共权威所替代。[1] 也就是说，西方在民族国家形成过程中确立了公共规则的治理方式，它因公民观念的形成而被广泛接受。人们即使反对公共规则也以认可规则、愿意接受惩罚为前提。

中国正在迈向公共规则之治理的进程中，这一治理方式还缺乏足够的民众心理基础，因此对其效果不可盲目乐观。让中国人在遇到具体不公时，通过社会运动或公民不服从的方式来发泄不满，民众还难以接受。中国人历来倾向于追求实质正义，在意识层面尚难接受西方这一套制度以及制度背后的思维。"你可以反对，也可以闹事（游行示威），但政府同样可以不理你。"中国民众上访、闹事往往是为了引起政府重视，从而将问题解决，他们并不会满足于在划定的区域游行示威喊口号，而一定会去干扰政府办公，或制造非解决不可的矛盾（如堵马路）让官员出来解决问题。对一般民众来说，"公民不服从"是闻所未闻的理论和实践；违法行为诉诸作为实在法之高级法的"自然法"，更是不知所言。为公民不服从提供正当性的自然法观念和社会契约论在西方经过了长久的历史发展和对民众生活的影响，而中国民众缺乏这些理论对日常生活的浸润，因

---

[1]　[美]查尔斯·蒂利：《强制、资本和欧洲国家（公元990—1992年）》，魏洪钟译，上海人民出版社2007年版，第106-118页。

此是很难理解和接受的。而且，在本来就缺乏公共规则传统的中国，让民众遇到不满时，"不积极解决"，而是诉诸社会运动或"公民不服从"，会妨碍我国公民公共规则观念的形成。[1]对中国而言，公共规则的治理，更加需要的是政府官员和民众都接受了法治的价值和公共规则的正当性，并逐渐习以为常。

（二）中国出路：民权与治权的平衡

中国正处在迈向现代国家的进程中，其理想状况也是公共规则的治理。然而，任何社会都有不服从规则的人，西方现代社会在公共规则的空间中有效应对了这一问题。面对当下中国的无理上访，西方的方案显然不太适合，我们必须另寻出路。

对上访治理困境，目前有三种主导的解决思路，一是期待上访行动能成为推动政治改革、重塑国家与社会关系的契机，因此主张废除信访制度，以民主法治建设来化解上访潮。[2]这一观点在学界占主导地位。二是加强信访制度建设，强化责任追究机制，通过在既有制度框架下加强信访工作来解决信访问题。[3]这一观点在实践部门占主导地位。三是有学者期望通过信访制度的法治化，或者上访权的法治化，赋予公民法定信访权利，来对基层政府进行制约。[4]

第一种思路试图通过政治改革来解决信访问题，这与学界主流所主张的民主国家建设一致。随着社会转型期群体性上访事件的增多，很多学者认为，这标志着中国民众权利意识的兴起，会对中国政治产生要求和影响，势必推动中国政治的民主转型。这种思路源于西方权利理论的误导，可能把上访问题引到非常危险的局面。第二种思路试图通过强化和完善信访体制来解决问题，但这样势必将地方政府没有责任的诸多矛盾和问题（如无理上访）上移，中央最终要面对每一位访民，越来越多的访

---

[1] 谢维雁：《公民不服从的宪政意义及其中国语境》，《浙江学刊》2007年第4期。

[2] 于建嵘：《中国信访制度批判》，《中国改革》2005年第2期。

[3] 张修成：《1978年以来的中国信访工作研究》，中共中央党校博士论文，2007。

[4] 应星：《作为特殊行政救济的信访救济》，《法学研究》2004年第3期；张清：《农民阶层的宪政分析——以平等权和上访权为中心的考察》，《中国法学》2005年第2期。

民要赴京上访，上访问题可能北京化、敏感化。这最终不但无法有效治理上访，还可能导致中央政治合法性的流失。离开了基层政府的有效治理，上访问题的解决只能是一句空话。第三种思路的思考重心在于上访人权利的维护，但上访权的进一步法治化并不能解决上访问题，因此无法化解上访治理的困境。

上访问题的有效解决，可以从新中国的历史经验中得到启发，因此需要在新时期加强基层政府的治权。这构成了国家政权建设和现代民族国家建构的一环。现代民族国家需要依赖高度的监控能力，尤其需要对归其统辖的社会体系的再生产的各方面实施反思性监控，包括全民性规范、行政监视、工业管理、意识形态的制约等。[1]正如亨廷顿所说："必须先存在权威，然后才谈得上限制权威。在那些处于现代化之中的国家里，恰恰缺少了权威，那里的政府不得不听任离心离德的知识分子、刚愎自用的军官和闹事的学生的摆布。"[2]目前学界高呼民主与自治，以及权利话语的片面化，大多是从西方国家政权建设的路径出发，主张按照西方政治模式对中国国家政权进行塑造，忽略了中国面临的关键问题，误导了当下中国基层政权建设的方向。

在当前社会背景下，基层治权建设要获得广泛认可，就必须与话语权的建设结合起来。当前权利话语在上访问题上的主流化，这有其合理性的一面。因为基层社会中确实普遍存在着侵害权利现象，基层政府确实存在侵害民众权益问题。然而，上访潮本身很复杂，基层政府的处境本身也很复杂，它常常相当弱势，无法应对无理上访者。权利话语使人们在给定的"侵权—维权"的空间中思考，这不利于上访问题的分类治理。"离开了特定的社会经济结构、政治结构和文化结构，权利话语就会像一本只有词汇和词组而没有语法和句法的书。"[3]因此，对于上访问题存在权利话语之外的认识和解释，可能更加有助于问题的解决，可以务实地推

---

[1] [英]安东尼·吉登斯：《民族—国家与暴力》，胡宗泽、赵力涛译，王铭铭校，生活·读书·新知三联书店1998年版，第19页。

[2] [美]塞缪尔·P.亨廷顿：《变化社会中的政治秩序》，王冠华等译，上海人民出版社2008年版，第6~7页。

[3] 夏勇：《中国民权哲学》，生活·读书·新知三联书店2004年版，序，第12页。

动上访问题解决的法治化。因此，真正意义上解决中国上访问题，一方面，必须加强基层治权建设，在基层政府的治权与民众的权利之间寻求合理平衡；二是要进行治权话语的建设，并以社会主义核心价值观和宪法引导当前权利话语，在治权话语和权利话语之间的寻求合理的平衡。

加强基层治权建设，需要从加强基层政府的配置性资源和权威性资源着手。迈克尔·曼曾区分国家权力的两个不同维度：专制权力和基础权力，前者是国家精英凌驾于社会之上的权力，后者则是指国家实际渗透到社会、在其统治的疆域内执行决定的能力，它是一种国家通过其基础设施渗透和集中地协调社会活动的权力。[1] 当前上访治理的困境，正表明国家对社会的渗透和控制能力仍然有限，国家基础权力的建设尚未完成。因此，基层治权的加强，毫无疑问会加强国家的基础性权力。这样，基层政府才可能有足够的能力应对各种问题，包括有效应对无理上访的能力。为了保证基层政府的专制权力不伴随着基础权力（治权）的加强而膨胀，仍然要对治权加以种种法律约束，防止政府侵害民众的权利。治权的加强，并不意味着否定或减弱民众的权利，因为"在当今世界，作为一种旨在借助权利语言和机制来维护弱势者、受压迫者的尊严和自由的普遍道德权利，人权在价值认受上已然无人敢于公开反对，在制度上已然成为普通法。"[2] 总之，要建基于中国基层社会的现实，并在中国现实的基础上完善基层治权，在基层政府权力与民众的权利之间寻求平衡。

当前基层治权建设，不可能完全照搬阶级斗争背景下的权威性资源。尽管"由于国内的因素和国际的影响，阶级斗争还在一定范围内长期存在，在某种条件下还有可能激化"，但上访是底层人民诉求于党和政府，其中的矛盾属于人民内部矛盾。人民内部矛盾主要适用说服教育的方法处理，但并不排斥强制性的处罚。无论是说服教育还是强制处罚，都应当建立在社会主义法治的基础上。因此，应当以公共秩序而不是阶级斗争为基础赋予基层政府治权，构筑相关强制处罚措施，对上访过程中破坏公共秩序者处以警告、罚款、行政拘留、劳动教养等。法治国家需要

[1] [美]迈克尔·曼：《社会权力的来源》（第二卷·上），陈海宏等译，上海人民出版社2007年版，第68-72页。

[2] 夏勇：《中国民权哲学》，生活·读书·新知三联书店2004年版，序，第14页。

良好的社会公共秩序，不能容忍破坏。对于上访过程中的轻微违法破坏行为，说服无效的，应当采取必要的行政处罚，这也是为了达到积极教育和劝诫的目的。当然，为了防止这些措施被基层政府滥用，应当在法治框架下对基层政府施加必要的监督和约束。当事人对处罚不服的，有权向法院起诉，法院拥有最终的裁决权。

加强治权话语建设，需要对目前的权利话语进行纠偏。上访问题非常复杂，并非权利话语所能简单概括。尽管权利话语可以通过给基层政府施压来解决一些上访案件，但并非全面治理上访的有效长久之计。对权利话语进行纠偏，需要向媒体和社会展现上访潮中无比荒诞的无理上访（特别是谋利型上访），这无疑有助于让媒体和社会全面理解上访潮，从而对政府采取措施进行治理，对基层政府加强治权建设，持更加务实的态度和看法。而且，应当强调权利不是不受约束的自由，强调权利的道德资格。"强调德性并不必然导致降低权利的重要意义，增进权利也非必然会削弱对集体利益的道德关怀。"[1]应当强化责任话语，"强有力的权利话语并不需要排斥一种相当发达的责任语言；权利不需要用绝对化的形式规范，以使之印象深刻、铿锵有力；权利的承载者可以被想象为既社会化又自觉的形象。"[2]权利也作为一种潜在责任而存在，它依赖于"公民道德"。人们拥有权利，仅在他们大体上负责地行为的意义上。[3]这样，可以降低政府进行上访治理的成本，更有利于上访问题本身的解决，也会有利于民众权利的落实和法治进程的推进。当基层政府能够成熟地面对权利话语，就既可以受权利话语的压力而保障上访民众的权利，又不会受权利话语约束以至于无法正常开展上访治理工作。

更重要的是，需要强调中国社会中的权利与西方之不同。目前权利话语受西方理论影响，将权利视作反对所谓政府专制的武器，这是有所偏颇的。因为在中国，并不存在西方社会中权利的社会契约论语境。在西方权利的语境中，权利来源于"天赋人权"，政府权力则出于民众权利的

[1] 夏勇：《中国民权哲学》，生活·读书·新知三联书店2004年版，第128页。

[2] [美]玛丽·格伦顿：《权利话语》，周威译，北京大学出版社2006年版，第188页。

[3] [美]史蒂芬·霍尔姆斯、凯斯·R.桑斯坦：《权利的成本——为什么自由依赖于税》，毕竞悦译，北京大学出版社2004年版，第109—111页。

让渡，权利天然具有对抗政府权力的功能。但在中国语境中，权利来自法律的赋予。权力或权力的正当性、合法性，在形式上来源于宪法。从宪法来看，国家权力来源于历史发展的逻辑。宪法以及宪法所授权力的实质合法性依据来源于历史，是历史赋予的。宪法序言中最先讲述了中国革命史，"通过对20世纪中国历史事件作一番选择与排列，一般性的历史知识或历史事件就演化成或上升为'任何人都无法否认'的历史逻辑与历史哲学。""在这样的历史依据中制定的宪法，其正当性与合法性也是'任何人都无法否认'的。"[1]

中国共产党领导全国各族人民推翻了"三座大山"，建立了中华人民共和国，并确立了社会主义制度，实行人民民主专政。因此，先有革命，后有宪法，宪法是以法律的形式确认了中国各族人民奋斗的成果，而宪法中的权利自然也是对人民奋斗成果的确认。在一般情况下，人民政府是人民权利的代表者和保护者；但在有些时候，政府可能犯"官僚主义"的错误，此时权利具有纠正这种错误的力量。人民民主专政既是基本政治制度，也是宪法权利体系的总括，它"引中国民本文化以为道统，采阶级斗争学说和权利观念以为政统，试图动员和组织最广大的人民群众，让人民中每一分子都起来参与政治、监督政府而形成自己的法统，从而建立和实现最广泛的民主"。[2]

诉诸宪法，可以让我们跳出权利话语的西方迷思，引导中国权利话语的健康发展，进而为基层政权加强治权建设开辟制度道路，最终政府能够从象征秩序和治理资源两个方面有效应对上访（尤其是无理上访）。在话语合法性基础上，享有充分的治权，基层政府就可以对现有的上访案件依法进行分类治理，有效遏制无理上访，并从治理中树立全国性的规则，这样最终必能推进公共规则在中国社会的普及，在务实的基础上推动中国法治建设。

---

[1] 喻中：《法律文化视野中的权力》，山东人民出版社2004年版，第116页。
[2] 夏勇：《中国民权哲学》，生活·读书·新知三联书店2004年版，第37页。

第四章　偏执型上访及其治理的机制

本章沿着分类治理的思路，分析所谓的偏执型上访。在基层调研中，常常听到基层干部和群众说，不少上访人心眼小、认死理，他们将这种上访归结为上访人的性格偏执。偏执型上访，不一定是当事人的法定权利受到了侵犯，常常只是当事人固执于自己的诉求，执着于想象的正义，或者是在缺乏明确法律规定的灰色领域遭遇利益分配不均问题。对此，通常人们多采取隐忍策略，并不会而上访。当事人的上访有其性格偏执的因素，但这不是全部，有些人是在上访过程中变得越来越偏执的。作为一种治理现象和问题，仅仅用上访人的性格加以解释是不够的，需要深入探讨偏执型上访及其治理的机制。本文将以笔者在长期的田野调研中积累的经验质感为基础，试图展现偏执型上访的基本特征，展现其复杂性，探讨其被不断生产出来的体制原因和社会基础。

一、偏执型上访的几种典型

偏执型上访是社会转型期特有的现象，其诉求多元而复杂，但多数缺乏明确的合法性，尽管可能有合理成分，但总体上属于无理的范畴。上访人所反映的问题，政府部门没有能力满足或不应该满足其诉求。当然，明确断定上访人诉求的合法性需要进入个案本身。一些上访诉求涉及市场经济中的风险、诉讼过程中的风险甚至日常生活中的风险，这些风险本该当事人自己承担，信访部门对此无能为力。笔者不止在一个地方调研听说，有村民因妻子在外打工跟人私奔，而向信访部门寻求帮助；有的人做生意亏本了，或者在外受骗上当，都去找信访部门。信访部门当然没有办法也不应该解决这样的问题。很多偏执型上访人属于社会弱势群体，也许他们真的走投无路，但无论如何，强求信访部门解决这些问题，可能都是偏执的表现。具体来说，典型的偏执型上访存在于下列几种情形中：

1.邻里纠纷引发的上访。在众多被基层干部和群众认为偏执的上访人中，很大一部分因为邻里关系和日常琐事而上访的，这些琐事有的不涉及利益争端，有的有所涉及但利益标的并不大。邻里纠纷的缘由各种各样，有相邻关系中排水、灌溉引发纠纷的，有共用围墙引发纠纷的，有宅基地界线引发纠纷的，有采光引发纠纷的，有邻居违法建设引发纠纷的，也有日常口角引发纠纷的，也有因羡慕妒忌引发纠纷的。这些缘由往往成为当事人上访的事由，而这些事由的依法解决并不一定能让当事人息访。上访事由不过是邻里纠纷的一个"出气口"，双方针对的不一定是事由本身。有时上访事由的解决不仅无法平息邻里纠纷，甚至可能激化矛盾，成为另一方当事人的新一轮上访的缘由。邻里纠纷往往具有"延伸性"，纠纷不是由一次矛盾冲突、一个明确的标的所导致的，其背后有深厚的历史渊源和社会背景，投入了当事人的深厚情感或激烈情绪，从而容易导致偏执型上访。正因此，类似的事情发生在不同人身上，会导致不同的反应。通常不会引发纠纷的事由，在有"过节"的邻里关系中就可能成为长期积怨的爆发点，引发激烈的纠纷，甚至导致刑事案件的发生。邻里纠纷适合用"延伸个案"[1]的方式加以解决，需要与纠纷当事人的过去关系状况和未来生活相结合，与村民对纠纷的整体看法相结合。因此，邻里纠纷引发的上访，接访者一般强调通过调解渠道解决，从根源上平息矛盾。

2.村庄派性引发的上访。所谓村庄派性，就是对村庄事务持有不同的看法，这种不同看法因村委会、党支部的选举而在村庄内激发出政治性。派性在村庄生活中导致的上访非常普遍，或者说，在村庄派性的竞争和斗争中，上访是一种具体的可利用形式。村委会选举往往是村庄派性斗争最激烈的平台，村庄对上级政策的实施也可能成为派性斗争的平台。在这些场景中，只要上访可能增强自身派性的力量，有利于派性斗争，

---

[1] 朱晓阳：《"延伸个案"与一个农民社区的变迁》，《中国社会科学评论》第2卷，法律出版社2004年版。

它就可能被用上。这种上访往往针对村委会选举不规范，村庄决策不民主、不透明、不规范，集体土地承包合同不规范、不合法，村务管理混乱，村务、财务不公开，村干部作风问题、贪污腐败问题，等等。这些上访事项往往涉及全体村民的利益，上访人的诉称往往虚实都有，但大多缺乏明确的证据。在地方政治社会生态中，这些违规现象较为普遍，基层干部和群众对这种违规已经建立起了一种"正常化"的特殊"预期"，真正核查起来牵涉面太广，耗费过多资源，影响社会关系的稳定，影响基层当下工作的开展。而且，上访人一派可能也曾经在"台上"担任村干部，同样甚至更严重的存在自己上访声称的那些问题。正因此，在派性严重的村庄里，常常出现轮番上访，两派或几派互相拆台的情形，各派都日渐偏执，投入了自身派性的情感和追求。[1]村庄派性引发的上访中，上访人以法治或政策的名义上访，其最终目的是派性斗争，斗争的双方都是不达目的不罢休的姿态。

3. 偏信"政府责任"引发的上访。所谓偏信政府责任，是指上访人坚持认为，政府或公立事业机构对某事项应当承担责任，而根据通常认识、制度规定或法定鉴定程序，政府并没有明确责任。上访人不接受制度规定或法定鉴定程序得出的结论，也不接受解释和劝说，坚信自己的判断，偏执的要求政府承担责任。例如，武汉山乡的老上访户刘某，1989年其妻在乡卫生院做节育手术一段时间后身体不适，检查后确认为下肢深静脉血栓，但是医院复查后认为与节育手术无关。多家医院鉴定都是相同的结论。但刘某夫妇就是不认可，多年坚持上访，多次赴京上访。再如，同在山乡的老上访户的刘某某，其确诊为食道癌晚期的妻子，在其儿媳妇计划外怀孕二胎被处罚的当天死亡，刘某某一直坚持认为其妻死亡与计生处罚有关，要求政府承担责任。类似这种上访，缺乏政策和法律上的依据，按照程序作出的鉴定也不支持上访人的诉求，政府不可能承担上访人所宣称的那些责任。有些上访案件的发生时间距离未远，尚可能通过各种鉴定程序、调查程序明确责任。一些发生时间久远的事项，政

---

[1] 有学者曾分析富人治村和派性斗争的背景下，农民上访的动力是"出气"。参见陈锋、袁松：《富人治村下的农民上访：维权还是出气？》，《战略与管理》2010年3、4期。

府已经不可能通过鉴定程序、调查程序来确定责任的归结和承担。缺乏法定程序的认定，政府当然不能也不应该主动承担责任。在这种情形下，面对偏执的上访人，政府便无法洗脱"罪名"；信访工作人员很容易陷入无处用力、无法息访的状态。

4.偏信"正义"的涉法涉诉上访。所谓偏信"正义"，是指上访人坚持认为，自己诉求的实现，才是正义的实现；只要自己的诉求尚未得到满足，就会坚持不断上访，声称司法不公正、法官徇私舞弊、警察徇私枉法，要求政法机关重新受理、再审自己的案件。这些上访案件往往经过了各级政法机关多次审查，政法机关难以在法律范围内满足上访人的诉求，这有多方面的原因。有些是正常的诉讼风险，应该由当事人承担不利或败诉的后果，但当事人不理解、不认可法律的风险分配和制度安排，坚持认为政法机关应当不计一切去查明真相。有些是案件发生时搜集、固定证据不及时，导致时过境迁后真相难以查明，这其中可能有当事人自身的原因，也可能有政法机关方面的原因。政法机关方面的原因可能是当时调查取证程序不规范、不完善、不严密，也可能是受当时科学技术水平和应用范围的限制，未能及时取得有效证据，还有可能存在违法、腐败现象，当事人的怀疑合理，但现在又无法证实。从治理的角度去看，各种情形都属于社会正常现象。但在具体案件中，这些"正常"现象导致了当事人生活的重大悲剧，意味着他们生活遭到了重大转折或挫折，当事人从心理上就是不接受，因此坚持上访，寻求自己心中的"正义"。

偏执型上访存在于以上几种典型情形中，但并不是说，以上情形的上访都属于偏执型上访；而且，偏执型上访的案件范围非常广泛，上述典型列举远远不够。偏执型上访，甚至很难构成一个治理性概念，更不可能构成一个法律性概念。它是一个源自实务工作感受的概念，是对社会现象的不精确概括，其外延较难明确，所指事项的边界较为模糊，至少在目前的认识能力范围如此。偏执型上访有上访人心理方面的原因，也与社会转型与发展，应对上访、治理上访的体制变迁密切相关，具有特定的性质，需要从社会科学层面建议剖析。偏执型上访的发生，还因为上访人的期待与制度现实之间的巨大差距，上访人期待从现实制度体系中寻找诉求满足的突破口，而这种期待与制度现实之间的张力是无法弥合的，这也是偏执型上访的治理困境之所在。

二、偏执型上访的特征

从日常生活的遭遇或常理而言，偏执型上访人也许有诸多让人非常同情的事由，很多人也是走投无路，但从法律或政策规范去看，偏执型上访的诉求很难被容纳进法治范围之内。仔细分析这种类型的上访，它具有一些显著的特征：

第一，偏执型上访的诉求属于无理的范畴。根据上访诉求是否符合法律规定为标准，上访可以分为有理上访、无理上访、协商型上访。有理上访是当事人的法定权益受到侵犯的上访，无理上访是当事人诉求明显不合法、不合理的上访，协商型上访是合法性比较模糊的上访，上访人不一定有法定权益受到侵犯，其上访可能改变法律和政策规定。[1]放在上访的这一分类体系中，偏执型上访应属无理上访。这是对上访事项和行为的性质进行规范性的大体判断，不涉及上访人的动机、生活境遇、社会环境等外在情况。

当然，偏执型上访与无理上访中典型的谋利型上访有着巨大的差异。谋利型上访中，当事人的动机和出发点是借上访谋取利益，他们明知自己的上访诉求不合法、也不合理，但因抓住了基层政府的弱点而可以借此谋利。偏执型上访与此不同，他们可能在上访过程中得到了小恩小惠，得到政府的扶助，但他们在理念和动机上是坚信自己上访是追求"正义"，只是这种"正义"基于他们的个人理解，这种理解与制度环境有着巨大的偏差。不过，由于动机是内在于个人的，很难探测，所以有时上访人的心态到底是谋利还是偏执，并不是太容易区分，甚至可能上访人有时两种心态都有。

偏执型上访与维权型上访在性质上截然不同，前者属于无理上访，后者属于有理上访。但两者在上访的理念和动机上有着高度类似之处，上访人都坚信自己的上访行为是维护权益、寻求正义。只不过，维权型上访建立在正确认知的基础上，而偏执型上访建立在错误认知的基础上。接访者往往对偏执型上访人做过多次解释说服工作，并不能改变上访人

---

[1] 陈柏峰：《农民上访的分类治理研究》，《政治学研究》2012年第1期。

的认知偏差。例如，十堰李某长达十多年的涉法上访，起因是其独子傍晚在街头被人故意伤害致死，案件一直未破。李某坚持认为，害死其儿子的是时任某区公安局副局长张某的侄子，案件不能侦破是因张某阻碍办案。这起上访案件曾经几级政府督办，没有实质进展，无法证实上访人声称的事项，也无法说服上访人息访。类似的刑案"失独"者持续、偏执的上访颇为多见，他们一门心思多年坚持上访寻求正义，要求政法机关查明事实、侦破案件。他们"失独"的遭遇非常值得同情，但在法律的框架下，查明事实、侦破案件受诸多因素的影响，存在多方面的风险，并非所有的刑事案件都能侦破，尤其是时过境迁后，上访人所坚信的"正义"很难实现。

偏执型上访与协商型上访有着明显的区别，偏执型上访所针对的事项在法律框架内不具有可协商性，是政府按照既有法律和政策无法解决的。同样是"失独"者的上访，刑案"失独"者上访与一般的失独者上访诉求有所不同，其上访的性质也有所差异。刑案"失独"者往往是要求政府查明案件，为死者伸张正义，只不过受各种条件限制，政府无法满足其诉求；而其他原因的"失独"者上访，往往是要求政府对他们承担养老责任，属于协商型上访，这是政府通过制定政策、修改法律可能做到的。大部分"失独"者因自然和社会风险失去了独生子女，他们明知政府并没有法定责任来完全负责他们的养老，但认为他们年轻时响应了国家计划生育政策的号召，只养育了一个孩子，而今失去了唯一的孩子，因此希望国家承担扶助责任，提高扶助力度和标准。

第二，偏执型上访人的心态是偏执的。本文不是在医学上讨论偏执心态，而是从日常生活、常情常理出发的讨论，因此所谓的"偏执"并不必然是一种病态，也不必然是贬义的，仅仅意味着与通常的认知有所偏差。这种类型的上访中，当事人往往对自己的认识过于自信，难以甚至拒绝进入常情常理的判断逻辑，也难以进入法律和政策的逻辑；对与自己不同的案情理解和观念认识非常排斥，对有不同观点和看法的干部和群众怀有敌意；容易将自己上访或诉讼的失败归咎于他人的刁难和腐败，容易将自己想象的成分加入案情表述中；容易将自己所认定的道理和理解的法律绝对化，不顾及其他人所认定的道理和理解的法律也可能有合理成分。

而且，长期上访的经历会加剧偏执心态。长期上访会使上访人逐渐脱离日常生活的轨道，长期奔波在上访的道路上，会使其在老家的社会关系日渐生疏，以至于成为村庄或社区里的"怪人"，在当地群众中很难获得认可，从而成为被主流社会边缘化的亚社会群体成员。随着他们上访的时间越来越长，当地群众越来越没有兴趣听他们的故事，他们能够被外界倾听的机会越来越少。而上访人在一起则可以建立新的社会联系，成为一个新的社会群体，他们在上访过程中相互照应、相互倾诉，从而强化新的群体生活建构。侯猛对最高法院附近的访民的调查研究证实了这一点。[1]这种群体生活不同于日常的社区生活，是一群有着怨气和不满的人，他们的情绪在互相倾诉和共同行动过程中会被强化，多数人在其中会变得更加偏执。大体来说，上访时间越长的人越偏执。一是性格越偏执，越是会坚持上访，不达目的不罢访；二是上访过程中，偏执性格会不断被强化。

偏执型上访人常常很敏感，对上访事项针对的人、接访者、协调者做过高的要求，又难以相信别人的动机和愿望，容易对他们的行为作过度的负面夸大解读，将正常行为解读为负面行为，将过失的不当行为解读为故意的侮辱和伤害，不能正确、客观地分析形势，出现问题后容易从个人感情出发，主观片面性强。例如，前述武汉某镇知名老上访户刘某，在接受我们访谈时，坚持认为几家医院"与节育手术无关"的复查结论都是政府干预的结果。刘某的妻子还拿出一本医学书籍的复印页来证明其病情与节育手术有关，笔者仔细阅读后，理解书籍中表达的意思是，腹部手术后容易发生下肢深静脉血栓的并发症，在中国其统计概率是0.5%—10.5%。刘某妻子在手术后可能确实有不舒服之处，但其下肢深静脉血栓的发病在很久之后，很难认定其与节育手术有因果关系。当笔者向刘某作如此理解时，刘某顿生敌意。上访人的偏执心态正是这类上访治理的困境所在。

第三，偏执型上访人投入了大量情感。偏执型上访的特别之处，不仅仅在于上访人心态的偏执，更在于其诉求中寄托了很多个人性和感情性的因素；在这些因素的作用下，上访人难以说服自己罢手。一些上访人之所以容易走向偏执，与其生活境遇往往分不开。具体生活境遇使他

---

[1] 侯猛：《最高法院访民的心态与表达》，《中外法学》2011年第3期。

们将上访事项看得非常重，因此投入了过多的精力和情感。情感性的投入，使得上访事项带有了争议诉求之外的丰富意涵。当事人往往将上访事项及其处理，与爱、恨、情、仇、名誉、荣誉、生活意义等紧密联系在一起，从而使诉求本身对当事人的分量加重，问题的解决就更加困难，且诉称问题的解决不一定真能达到息访的目的。由于上访事项附加了太多的情感和意义诉求，不能获得所设想的正义，上访人就似乎走投无路，这种实际处境会强化上访人的持续用力。耶林曾指出，人们诉讼的目的，常常并不在于微不足取的标的物，而是为了主张人格、名誉、法感情以及作为人的自尊。[1]这其实用来形容偏执型上访，也许更为贴切。但无论如何，因自身境遇将情感强加在上访事项之上，进而强求信访部门来满足其诉求，都只能说是偏执的表现。

上访人之所以会在上访事项中投入大量感情，除了个体性的性格原因之外，更主要可能是狭窄单一的社会生活空间导致的。尽管当前社会生活处在高度开放和多元的空间中，但这仅是就整体而言的；对于很多人而言，生活空间仍然较为狭窄，生活形式也远远谈不上多元，对超出自身生活经验和体验之外的事物缺乏理解，甚至本能性拒斥。偏执型上访人多是如此，对超出自身生活体验的现象和说法怀有强烈的抵触和敌对情绪。由于生活空间单一而狭窄，这一空间中小事的分量就变得非常重。邻里之间的小纠纷上倾注了个人、家庭甚至家族性的人格，其胜负输赢变得极其重要；村内的一点小事，都可能意味着不同村庄派系占有风头或受到压迫。在这种社会空间中，传统时代的理念被抱紧不放，风险社会的理念很难被接受，对政府和司法就会按照传统的定势思维来提要求，很多要求在现代社会中实质是一种苛求。而且，由于生活空间单一，意味着缺乏发展机会和上升空间，就很容易导致上访人揪住问题不放手，不达目的不罢休，反正他们没有别的机会，却有大把的时间去消耗。

总结来说，偏执型上访的诉求属于无理上访的范畴，上访人不是法定权利受到了侵犯，其上访诉求也不具有协商性质，却偏执地要求政府满足其诉求。与通过要挟政府来谋利的谋利型上访的主观动机不同，上

---

[1] [德]鲁道夫·冯·耶林：《为权利而斗争》，胡宝海译，中国法制出版社2004年版，第20页。

访人偏执的认为自己在寻求正义。当事人在上访过程中对上访事项投入了大量的情感,这加剧了他们的偏执,给问题的解决带来了巨大的挑战。政府在法律和政策框架内,没有能力满足也不应该满足这些偏执的诉求。

三、依法治访与群众工作

在现有法律和政策的制度框架内,偏执型上访很难解决。偏执型上访的诉求寄托了上访人的很多情感性因素,在这些因素的作用下,上访人难以罢手,会变得越来越偏执。而上访治理体制不可能简单照顾上访人的感情,满足他们的诉求。因此,在上访诉求和政府治理之间会存在巨大的鸿沟,上访人的诉求无法在法律和政策等制度框架内得到满足。而且,上访人常常会将上访过程中所遭受的挫折作为新的上访事由,要求政府承担责任,这种诉求很难获得相关制度的支持。

在邻里纠纷引发的上访中,当事人双方的关系处在长久的时间链条中,他们之间的互动是多面向、多层次的,而法律和制度框架往往只能针对能够被格式化的事项和诉求,其他诉求很难被纳入考量范围,例如双方都明白却不能被证据所证明的事由。这种上访往往需要通过调解方式解决,而上访之前往往已经过多次调解而无效。一旦无法调解成功,问题就会变得非常棘手。在诸多上访中,上访人声称的"政府责任"和"司法正义",常常只是上访人自我定义的,法律和政策框架无法容纳。

在村庄派性引发的上访中,当事人所诉求的事项往往非常多,很多事项年深日久,难以查实,也难以否认,查实或否认的成本也特别高;有些事项相对容易在制度框架内判断是非,但也会遇到更为复杂的问题。在法律和制度执行流于形式的基层社会,按照某个上访人的诉求对特定事项给出制度框架内的规范判断,很可能导致扩大效应,上访所针对的对方当事人也可以对类似事项进行上访。不同派系之间互不相让,派性的背后有群体性的情感和荣誉,这些都会加剧双方的偏执。在这种情况下,相应某一个上访诉求,启动对某一事项的审查,意味着政府会陷入繁重的工作中,从而使得基层政府陷入村庄派性斗争中难以自拔。而且,不管是一个还是多个上访事项的解决,并不能使村庄派性斗争停止,甚至会成为进一步激化派性斗争的导火索。

偏执型上访很难解决，但政府不能不加以回应。无法正面解决问题，信访工作所能做的就是在维稳思路下，不断地做思想工作，力图以情感人、以情动人，并在民生政策范围内，对当事人进行特别照顾；在重要时期，为了确保上访人不赴京，也会采取强制措施来限制上访人的人身自由。2012年十八大召开前夕，笔者在某区调研时，区里正对老上访户开办"法制学习班"，其中的10位老上访户至少有7位应属偏执型上访。基层政府的信访工作措施处于灰色状态，甚至一些措施有违法嫌疑，且容易导致负面后果，扩张了信访诉求，诱导了谋利型上访，加剧了治理困境。站在基层党政的角度，这些问题可以归责于维稳取向的体制及其压力。然而，体制为何要对基层党政施加这种压力？基层党政如果不承担这种压力，高层和中央就可以置之不理吗？既然偏执型上访属于无理上访的范畴，为何不能让整个党政系统都置之不理？在西方社会，每天都有很多社会抗议发生，政府对其中的多数都无需直接进行个案回应。中国的党政系统是否也可以这样呢？答案是否定的，因为在中国，信访不仅仅是法治事业的一部分，更是群众工作的重要组成部分。

在法治国家建设的进程中，信访毫无疑问属于法治事业的重要组成部分，信访的法治化也被提上日程，依法治理信访的口号在学界逐渐成为主流。最近几年，各级政府出台的文件都强调信访工作依法治理。例如，2014年4月，国家信访局印发的《关于进一步规范信访事项受理办理程序引导来访人依法逐级走访的办法》，要求信访部门引导来访人依法逐级走访，推动信访事项及时就地解决。但是，法治化的信访制度设计，大多只能对信访工作部门严格要求，对上访人则作用不够显著。2009年中共中央办公厅、国务院办公厅转发《关于进一步加强和改进涉法涉诉信访工作的意见》，首次从中央层面提出了建立涉法涉诉信访终结制度；2014年中央政法委转发《关于健全涉法涉诉信访依法终结制度的实施意见》，正式建立涉法涉诉信访终结制度。但从湖北J市中级人民法院的实践来看，依法终结案件后，当事人上访的脚步并未停止，信访部门仍需接待。

上述现象表明，信访制度不能完全按照设想的法治机制运转。这背后一个重要的原因是，在新中国的制度传统中，信访从来不仅是一项政法或法治工作，而且是一项群众工作。新中国成立以来，政权的人民性、群众路线、群众工作一直为党和人民政府高度重视，并为领导人不断强调。毛泽东强调，共产党人区别于其他政党的一个显著标志，"就是和最广大的人民群众取得最密切的联系"。[1]"我们的人民政府是真正代表人民利益的政府，是为人民服务的政府。"[2]邓小平指出："群众是我们力量的源泉，群众路线和群众观点是我们的传家宝。""必须同群众打成一片，绝对不能同群众相对立。"[3]江泽民则把"立党为公，执政为民"作为党的目标，将"人民拥护不拥护，人民赞成不赞成，人民高兴不高兴，人民答应不答应"作为工作的衡量尺度。[4]胡锦涛则明确要求"坚持一切为了群众、一切依靠群众，权为民所用，情为民所系，利为民所谋"。[5]习近平强调"群众路线是党的生命线和根本工作路线"，"实现中华民族伟大复兴的中国梦，必须紧紧依靠人民"，"要使全党同志牢记并恪守全心全意为人民服务的根本宗旨"。[6]

　　信访工作从一开始就被当作群众工作的重要组成部分，其人民性不断被强调。1951年5月16日，毛泽东转发中央办公厅关于处理群众来信的报告时写道："必须重视人民的通信，要给人民来信以恰当的处理，满足群众的正当要求，要把这件事看成是共产党和人民政府加强和人民联系的一种方法，不要采取掉以轻心置之不理的官僚主义的态度。"[7]针对进京访增多，胡锦涛曾批示提出"五个必须"："必须提醒各级党委、政府高度重视，必须带着深厚感情做工作，必须坚决贯彻党的政策，必须努力把问

---

[1] 毛泽东：《论联合政府》（1945年4月24日），《毛泽东选集》（第3卷），人民出版社1991年版，第1094页。

[2] 毛泽东：《关于正确处理人民内部矛盾的问题》（1957年2月27日），《毛泽东选集》（第5卷），人民出版社1977年版，第364-365页。

[3] 邓小平：《贯彻调整方针，保证安定团结》（1980年12月25日），《邓小平文选》（第2卷），人民出版社1994年版，第368页。

[4] 江泽民：《深入进行群众观点和群众路线的教育》（1995年12月5日），《论党的建设》，中央文献出版社2001年版，第193-194页。

[5] 胡锦涛：《做好当前党和国家的各项工作》（2004年9月19日），《十六大以来重要文献选编》（中），中央文献出版社2006年版，第317页。

[6] 习近平：《深入扎实开展党的群众路线教育实践活动》，《人民日报》2013年6月19日。

[7] 中共中央文献研究室编：《毛泽东年谱（1949—1976）》（第1卷），中央文献出版社2013年版，第342-343页。

题处理在当地，必须加强协调配合。"[1]2014年2月，中共中央办公厅、国务院办公厅《关于创新群众工作方法解决信访突出问题的意见》则提出，"推动信访工作制度改革，解决好人民群众最关心最直接最现实的利益问题，进一步密切党同人民群众的血肉联系，巩固和扩大党的群众路线教育实践活动成果，夯实党执政的群众基础，促进社会和谐稳定"。

群众工作意味着无限责任。信访作为群众工作，信访部门就不应拒绝来访群众，从而导致其实质上承担了无限的责任。群众工作与法治工作当然有着不同的要求。法治工作要求按照法律规则和法律程序办事，将信访当作法治工作来做，就是要将信访（尤其是涉法涉诉信访）纳入法治轨道、导入行政和司法程序处理，保证当事人合法有据的诉求，在行政及司法程序和时限内得到满足；同时，对于不合法的诉求，可以按照行政及司法程序予以拒绝；对于已经按照程序终结的事项，当事人再提诉求的，可以予以拒绝。但是，信访作为群众工作，这意味着接访人不能将上访人推向社会，有理诉求要满足，无理也要做好说服教育工作。当事人不停止访与闹的步伐，就说明接访人的说服教育工作没有做好。站在群众的立场上，利用信访渠道进行的活动有其政治正确性，即使其违背法治原则，也不能予以谴责或惩罚。这样一来，信访部门的责任实质上就是无限的，不可能停留在法治规则限定的范围内。群众工作，暗含了执政党无限责任的伦理，它不受法治原则和程序原则的约束，这与现代科层运作是有冲突的。

群众工作意味着政治性。从中央的角度出发，信访工作涉及党与群众的血肉联系，承担了重要的政治功能，任何将上访人推向社会的行为都会影响党群关系，从而伤害党和政府的人民性和群众基础。因此，中央要求必须从党群关系的政治高度来做好信访工作。但上访潮确实又越来越接近中央的承受极限，导致上访渠道的拥塞，[2]因此中央只能通过行政

---

[1] 转引自《中共浙江省委办公厅、浙江省人民政府办公厅关于加强和改进信访工作的通知》，浙委办[2003]48号。

[2] 贺雪峰：《国家与农民关系的三层分析——以农民上访为问题意识之来源》，《天津社会科学》2011年第4期；刘正强：《信访的"容量"分析——理解中国信访治理及其限度的一种思路》，《开放时代》2014年第1期。

压力要求地方和基层党政投入更大的精力来解决信访问题，要求基层无论如何都要将问题解决在当地，以缓解中央的压力。如此，政治要求就以治理的形式表现出来。也就是说，中央通过党政体制将自身的政治压力转化成基层党政的治理性压力。在这种压力下，基层政府必然青睐维稳取向，甚至成为维稳型政权。这种压力不仅仅通过党政系统的一系列考评、问责制度来实现，中央还在意识形态上对地方和基层占据话语权，那就是领导人讲话中的一套群众工作话语，要求地方党政领导和信访工作干部"走群众路线"，关心群众疾苦，解决群众的困难。

　　群众工作的话语主要针对领导和信访干部，而法治工作的一套话语则同时对上访群众和接访干部。上访群众则可以"创造性"的运用这些话语，法治话语对自己有利时就运用法治话语，在法治话语无效的地方，继续运用群众工作话语。党政领导和信访干部需要同时承担法治体系和群众工作体系中的双重义务和责任。其实质就是，上访人可以在法治体系和群众工作体系中自由选择有利的权利，信访部门却需要同时承担两种体系施加的双重责任。理想的状态当然是，法治体系和群众工作体系中，上访人和接访人的权力（权利）和义务（责任）是平衡和重叠的，这样就可以以法治的方式来做群众工作。但是一些群众的观念没有变化，他们尚不能普遍接受法治体系的权利义务界定，不愿意接受现代社会和法治体系所带来的种种风险。在这种背景下，他们的诸多诉求，明明是日常生活中应当自己应付的事项，是市场经济中个体应当承担的风险，是法律诉讼中个体应当承担的不利后果，却偏执的要求党和政府负责。那些在法治体系中看起来很荒诞的诉求，群众工作体系却不能回避，因为在这种体系和思维中，党和政府是一切责任的终极承担者，党政系统永远也不能推开群众，不能置群众的苦难于不顾，更不能抛弃群众。

　　群众工作体系最早源自战争时期，建立在"人民—敌人"二分法的基础上，这一分类方式在新中国成立以后就演化成了"人民—坏分子"的结构，人民中有先进分子（积极分子）和一般群众（落后分子），二分法就被具体化为"先进分子（积极分子）——一般群众（落后分子）—坏分子"三分法。群众工作要解决的是人民内部矛盾，对待群众要用说服、教育、批评的方法；但对坏分子，需要用斗争的方法，并依靠广大群众的支持来进行管理，依靠多数人的支持来约束极少数人。[1]其实质就是区分好人和坏人，对坏人实行专政和镇压。然而，法治社会和法治体系是不区分好人与坏人的，无理上访人也谈不上是坏人，何况他们确实有着令人同情的生活遭遇，没有依据也没有道德资源打击他们。他们是社会的失败者，不是坏人，因此需要的是安抚，而不能是打击。在维稳压力下，服务于治理目的，限制上访人的人身自由的做法，那是万万见不得阳光的，因为这些做法政治不正确，也不符合法治，法治方式必定是政治正确的。正因此，应对偏执型上访，信访部门就只能不断耐心地做说服和教育工作，从民生和社会保障的角度进行安抚。这种安抚满足不了上访人的诉求，还导致一系列的治理性问题。但是，除了这样，还能做什么呢？

四、信访功能的再思考

新中国成立后，信访制度的建立，有深化新政权合法性的客观需要。信访制度作为群众工作的一部分而存在，它通过群众动员来实现意识形态认同，从而承担政权合法化功能。群众反映问题，政府调查后予以解决，能实现"为人民服务"的意识形态承诺，它的行为手段本身能使人们看到党"密切联系群众"、"从群众中来，到群众中去"的意识形态效果；信访的互动过程中，社会底层群众与国家会产生直接接触，国家以信件、解释等向上访人直接宣传政策，从而实现社会动员，并由此深化政权合法性。这一效果今天仍然存在，虽然信访形势和信访制度都发生了巨大的变迁，但群众工作这一基本框架并未改变。新时期在新的社会条件下，执政党面临政治合法性流失的风险，因此始终在意识形态上强调其与群众利益的根本一致性，强调"执政为民"，信访依然是党的群众工作的重要组成部分，是社会稳定的基石。

然而，面对新的社会矛盾和社会形势，不再可能通过社会动员来深化政权合法性，而需要通过纠纷解决和权利救济功能来实现。社会底层受到冤屈、有着怨气的群众，通过上访反映各种问题和纠纷，在中央和上级的压力下，地方政府出面协调、着力解决这些纠纷，从民生角度出发

---

[1] 详细解说，可参见陈柏峰：《无理上访与基层治理》，《中外法学》2011年第2期。

对弱势群体进行权利救济。作为一种纠纷解决和权利救济的方式，信访调动了上级政府的资源，可以解决一些不能受法律格式化，不适合诉讼渠道解决的纠纷，相比于诉讼有其优势，尤其对于底层弱势而畏惧诉讼、不适应社会风险的群众而言。在此基础上，学者认为信访的功能从群众动员转向了纠纷解决和权利救济。[1]这种看法有其实践基础，但从偏执型上访的应对来看，当前信访的功能远不止于此。信访工作人员所起到的作用更像是心理治疗，更多属于社会工作的范围，承担了社会工作的心理疏导功能。很多信访干部谈及接访，都强调热情和耐心的工作态度，以及在其中遭遇的种种委屈。综合来说，具体如下：

在接待上访时，要始终热情。偏执型上访人渴望理解与尊严的需求尤其高，温馨的话语可以让他们心平气和；要礼貌接待，门好进、脸好看、话好听，来有迎声、问有答声、走有送声，放下架子、平等相待、专心倾听，同上访群众进行朋友般的交流；要宽宏大量，遇到上访人情绪激动、哭啼吵闹、威胁谩骂，要宽容理解，经得起骂、受得住气、耐心劝慰、细心劝导；要尊重人格，自始至终使上访人感受到受人尊重、被人理解，消除心理隔阂，拉近心理距离，融洽接谈气氛，在心理上产生亲切感和信任感；要始终耐心，善于倾听当事人繁琐的陈述，忍受其中的重复，从中抓住诉求点；要顾及上访人的面子，不直接驳斥批评其错误认识，而注意讲清道理，引导其转换立场看问题；要善于抓住心理需求，做到以情动人，真心为上访人着想，以诚待上访人，力所能及的帮助上访人。对上访人的偏执诉求，要耐心细致地说明情况，体贴入微地解释原因，做好法律、政策宣传解释工作；对上访人的不平衡心态，则要带着感情耐心做好说服工作，通过积极的沟通和劝导，进行有效的心理疏导，引导他们正确看人看事，正确对待困难、挫折和荣誉，以良好的心态面对困难和压力。

从信访部门的工作状态来看，针对偏执型上访，他们实际上充当了心理医生的角色，承担了心理疏导和干预的功能。偏执型上访人存在多方面的心理问题，对小事情耿耿于怀，在社会变革中感到心理不平衡；无

---

[1] 冯仕政：《国家政权建设与新中国信访制度的形成及演变》，《社会学研究》2012年第4期。

法接受现实中的残酷风险，在忙碌的上访中麻木自己；一些人甚至因上访可以让政府官员紧张，从而获得存在感和心理慰藉。信访工作人员常常很难解决具体问题，其工作主要是应对和预防缠访、闹访的发生，做好信访人心理健康教育、疏导工作。优秀的信访工作人员，更多需要运用心理科学，采取科学方式疏导上访人的情绪，帮助上访人克服危险心理倾向。实际上，一些地方已经意识到信访制度承担的心理疏导功能，并作出了相应制度回应，如《北京市信访条例》规定，国家机关可以聘请律师、心理咨询师、相关领域专家、社会志愿者，为信访人和国家机关提供法律和其他专业知识的咨询服务。

心理疏导功能本应该由社会工作来承担，信访渠道却承担了这一功能，这有着社会转型的深刻背景。中国是一个有社会主义传统的国家，党和政府曾经对人民作出了各种承诺，至今仍然不断承诺。在社会主义实践中，国家具有浓厚的"父爱主义"[1]特征，包办一切，包括群众衣食住行、生老病死，对群众、对社会承担了几乎无限的责任。当前，中国正向市场经济国家迈进，国家与社会逐渐出现分化，传统社会主义国家的很多政府职能被剥离，转由社会承担，但这主要发生在制度层面。在意识形态层面，为了增强政权合法性，仍然强调党和群众的紧密关系，强调党和政府的伦理追求，这使得党和国家不能完全卸下无限的责任。处于社会底层的弱势群体可以运用这些意识形态承诺，基于传统社会主义政权的"父爱主义"来向党和政府提要求，从而突破国家法治和政策的制度设计，要求政府承担责任。信访是他们可以运用的重要渠道。对此，背负了伦理责任和体制压力的基层党政信访系统，无法从制度上调和上访人诉求与国家法治之间的张力，无可奈何地陷入了对偏执型上访的应付中，其重点就是永无休止的心理疏导和干预。因此，从外在去看，信访制度就承担了心理疏导功能，充当了现代国家中社会工作的角色和职能。

---

[1] 田毅鹏、李佩瑶：《计划时期国企"父爱主义"的再认识》，《江海学刊》2014年第3期。

第五章　涉诉上访的困境及其机理

新中国的法律传统与共产党的国家政权建设紧密相连，形成了政法不分、互相配合的政法传统。这一传统下形成的信访制度对新中国法律制度和司法实践影响深远。涉诉上访是当前我国司法实践面临的一个重大问题，但尚未引起学者的足够重视，实务界对它的认识还停留在现象层面。这种简单的认识无法使我们将涉诉上访与中国封建社会中某些时代、特定地方民间"好讼之风"[1]区别开来，将涉诉上访与当今社会中受"起诉你的邻人"之鼓动的"滥讼行为"[2]区别开来，将涉诉上访与西方社会某个历史时期的"诉讼爆炸"[3]区别开来。

涉诉上访现象是特定的历史时期的特定"历史事件"，而不是古往今来的普遍法律实践，尽管它正在发生普遍的效应，尽管其中的行动者在心理层面受到了古老传统的熏陶。从这个意义上来理解涉诉上访，决定了我们把哪些要素和涉诉上访放在一起分析。把新中国政法传统中的无节制信访，而不是清代京控制度下的累讼[4]与它放在一起分析。同时，这

---

[1] 关于封建社会民间"好讼之风"问题，可参见陈景良：《讼学、讼师与士大夫》，《河南省政法管理干部学院学报》2002年第1期；陈玉心：《清代健讼外证》，赵岚译，苏亦工校，载《环球法律评论》2002年秋季号。

[2] 关于受"起诉你的邻人"之鼓动的"滥讼行为"，可参见贺雪峰：《新乡土中国》，广西师范大学出版社2003年版，第80页以下。

[3] 关于西方社会的"诉讼爆炸"，可参见范愉：《非诉讼纠纷解决机制研究》，中国人民大学出版社2000年版，第109页以下。

[4] 关于清朝"京控制度"下的累讼，可参见欧中坦：《千方百计上京城：清朝的京控》，谢鹏程译，载高道蕴、高鸿钧、贺卫方编：《美国学者论中国法律传统》，中国政法大学出版社1994年版。

要求我们对这个特殊"历史事件"的分析不能采取化约主义，将它简单理解成一系列宏大要素的产物，不能把它理解成中国古老传统的产物，也不能把它简单理解成新中国政法传统的产物。毋宁说，它既是法律传统的产物，也是当下社会环境中的"事件"。因此，我们采取一种"关系/事件"的分析方法[1]，将"事件"和围绕事件、构成事件的一系列权力关系和行动策略结合起来，关注那些造成微不足道的背离，却导致了有价值事物之诞生的偶然事件，这种方法具备了福柯"权力谱系学"[2]的某些特征。基于这种方法的考虑，本文将通过对实证调查获得的材料和文献材料的分析，将涉诉上访放在新中国政法传统和当代法律转型的背景中进行分析，并与新中国政法传统下的信访制度联系起来理解，揭示涉诉上访问题产生的根源，以及消除这一现象的可能性。

1949年，共产党通过武装革命取得国家政权之后，出于国家意识形态合法化和制度合法化的需要，因势利导，建立了信访制度；并在其后的几十年内，通过种种方式塑造并最终驯服了这一制度。被驯服后的信访制度作为一种成熟的权力技术装置，服务于国家对社会的治理。然而，在这一权力技术装置内部，作为治理对象的社会个体也在积极行动，实施各种策略，争取合法性资源，以实现自我利益。因此，信访制度为社会个体涉诉上访留下了制度空间。今天，当国家意欲实现法律制度转型时，转型的目标司法体制与信访制度发生了冲突，两者之间存在着悖论和巨大张力。在这种张力下，信访制度成了笼中之鸟，消除涉诉上访现象也任重道远。

---

[1] 关于这种分析方法的运用，可参见强世功：《"法律"是如何实践的》，赵晓力：《关系/事件、行动策略和法律的叙事》，载王铭铭、王斯福主编：《乡土社会的秩序、公正与权威》，中国政法大学出版社1997年版；强世功：《权力的组织网络与法律的治理化》，载《北大法律评论》第3卷第1辑。

[2] 关于福柯的"权力谱系学"方法，可参见福柯：《尼采·谱系学·历史学》，苏力译，李猛校，载刘小枫、倪为国选编：《尼采在西方——解读尼采》，上海三联书店2002年版；[英]帕特里克·贝尔特：《二十世纪的社会理论》，瞿铁鹏译，上海译文出版社2002年版，第156页以下。

一、涉诉上访问题概述

在社会调查过程中，我们很少听到诉讼中败诉方当事人说他/她服从判决，倒是经常见到这样的例子：判决生效后，胜诉方到处找关系，申诉，上访，称法院不执行生效的判决，判决书成了一纸空文；败诉方更是积极的到处找关系，申诉，上访，声称法院判决不公正，或法官徇私舞弊，埋怨法官素质太低等。他们都打着维护司法公正与法律尊严的旗号，去党委、政府、人大要求领导批示干预，去法院要求领导"发现错误"以启动再审程序，去检察院要求抗诉支持，去新闻单位要求曝光等。我们把这种在判决生效后，当事人千方百计通过各种渠道和手段，要求否定生效判决和裁定，启动再审程序的一系列行为称为涉诉上访。涉诉上访的多是败诉方当事人，但也有不满足判决结果的胜诉方当事人。涉诉上访日渐增多，成为各级相关国家机关面临的一个严峻问题，[1]目前，实务界已开始探讨其原因，并寻找解决问题的办法。

在分析涉诉上访的原因时，有人认为"一些公民法律意识较为淡薄及少数案件裁判不公"，[2]有人认为"现行的申诉和申请再审制度由于相关法律规定不尽完善，在申请的主体、时间、审级、次数及理由等五个方面存在着无限制性"，[3]还有人将涉诉上访的原因具体归结为司法不公、案件承办人工作简单、当事人曲解条文、借涉诉上访规避执行等。[4]

---

[1] 仅1998—2002年，湖北省法院系统共接待来信来访1652787件（次），受理各类申诉32735件（参见湖北省高级人民法院院长吴家友2003年1月29日在湖北省第十届人民代表大会第一次会议上所作的工作报告）；检察系统1998—2002年共受理不服法院生效裁判的民事行政案件的申诉19295件，其中立案审查8044件，提出抗诉3308件（参见湖北省人民检察院检察长靳军2003年2月13日在湖北省第十一次检察工作会议上所作的工作报告）。另外笔者从调查中得知，湖北省高级人民法院来访接待室，每周接待来访30至50人，其中续访的占近一半；常年缠讼的有近20人。

[2]《忻州市中级人民法院成功破解缠访缠讼问题》，新华网2002年11月4日。

[3]《让确有冤情者及时申冤　让无理缠讼者停止纠缠　深圳法院将改革申诉和再审制度》，《深圳特区报》2002年10月10日。

[4] 吴希凤、杨标：《当事人缠诉上访为哪般》，《法制日报》2000年6月10日。

从社会调查所涉及的案件来看，实务界所归纳的原因有一定说服力。司法不公是当前我国司法实践中存在的问题，但它到底具有多大的普遍性，目前还无法得出确切的实证结论。在涉诉上访中，当事人经常指责法官腐败，或者法官与对方当事人有关系等，这种指责在大多数案件中既不能证实也无法证伪。[1]另外，即使当事人能从具体案件判决中感受到行政干预或地方保护主义等，但也无法证实政府领导以打电话、批条子等方式对审案的法官施加了压力。同一案件的几次审判中，不同法官对证据采信不一，裁判的结果也不一样，因而导致当事人涉诉上访或循环上访的现象也时常出现。[2]

审判人员工作方法简单，对当事人心理产生的影响不可低估。办案法官对当事人不热情的态度容易使当事人产生逆反心理，当法院作出的裁判对其有利时，当事人心理尚能平衡；一旦作出的裁判对其不利时，当事人就可能猜测办案法官有接受吃请或贿赂行为，有意偏袒对方当事人，即使法院作出的裁决正确，也难以消除这个想法。[3]他们往往将这种猜测当作事实，纠缠法院进行改判，在目的达不到时，就层层上访。办案法官对当事人反映的意见未做细致的解释工作，加上我国法院判决书制作

---

[1] 笔者调查中遇到这样一个案子：童某因故意伤害罪被判有期徒刑5年，但没有被收监，有关部门的理由是童某年纪较大，且患有高血压等疾病。受害人熊某因此反复到政法委、人大、法院、监狱局等部门上访，共计140余次，后来有关部门对童某进行法医鉴定后，将其收监。熊某认为已被判刑的罪犯迟迟不能投进监狱是司法腐败所致，继续上访，要求赔偿"上访损失费"。这一案件的确有司法不公的嫌疑，罪犯被判刑后，需要受害人上访140多次才能重新鉴定，进行收监，这怎么说都有些蹊跷，背后是否另有原因，实在可疑。而法医鉴定后"可以收监"的结论，又加强了这种猜疑的合理性。此后，受害人要求法院等部门赔偿其"上访损失费"，当事人日后进行更长时间的缠访缠诉几乎是可以预见的。

[2] 调查中我们接触到这样一个案子：在2家有多年业务合作关系的公司间的一起经济纠纷中，法院根据基本相同的会计师鉴定，作出了2份大相径庭的判决。按照2002年9月10日通过的《最高人民法院关于规范人民法院再审立案的若干意见（试行）》第8条第4款之规定，判决矛盾的，可以再审。因此败诉方现在到处申诉，希望启动再审程序；而胜诉方也不甘示弱地表示要以各种方式维护已执行的既定判决的效力。

[3] 加上司法界的确存在这个问题，新闻媒体也经常报道司法腐败的具体案件，这些都容易强化当事人的这种想法。

一般比较简单，判案理由写得并不详细，这些都容易导致当事人心中的"疙瘩"得不到解除，引起缠讼或上访。[1]

当事人故意借涉诉上访规避执行的现象在司法实践中也存在。一方当事人败诉后，通过缠讼或上访可以引起法院多次审查，拖延强制履行期限，利用这个时间差赚取额外利益；[2]或者在拖延履行期限内转移财产，逃避执行；或者通过领导签字批条，给法院施加影响，使生效裁判的执行不了了之。

在对涉诉上访及其原因的认识基础之上，全国各地的法院以及其他相关国家机关采取了很多办法来解决这一问题，从笔者掌握的有限材料归纳起来具体有以下几种方法：

1. 负责受理信访、控诉、申诉等工作的机构将工作做细，落实经办人的责任，[3]要求经办人耐心做好疏导工作，积极与涉诉上访人沟通。[4]

2. 实行领导接待制度。1998年5月，最高人民检察院就开始实行领导干部轮流接待上访群众的制度，并要求各级检察院普遍建立和完善这一

---

[1] 调查中我们发现，某案件一审判决书的正本与副本居然不一样，正本判决依据是1999年10月1日生效的《合同法》，副本援引的却是《技术合同法》和《最高人民法院关于正确处理科技纠纷案件的若干问题的意见》，而判决书上却赫然盖着"本件与原本核对无异"的字样；而且判决书中连当事人的身份都没有写清楚，把某公司的法定代表人写成"代表人×××，负责人"。而二审判决驳回上诉，维持原判，整个判决书中没有援引一条实体法。在此缠讼案中，这2份草率的判决书很大程度上是当事人日后缠讼的"主要动力"。当然，中国的判决书质量不高，受很多因素的制约，具体可参见苏力：《判决书的背后》，《法学研究》2001年第3期。

[2] 这种情况在专利侵权中表现最为突出，侵权而缠讼者获利也巨大。参见《专利侵权者缘何有恃无恐》，http://news.2618.com/article/2003/2003-6-19/42787.html，2003年8月11日访问。

[3] 最高人民检察院2003年7月11日向省级检察院印发了《人民检察院控告、申诉首办责任制实施办法（试行）》，要求在整个检察系统内实行首办责任制。对属于检察机关管辖的控告、申诉，控告申诉检察部门按照"分级负责，归口办理"的原则，分送有关部门办理，要求首办责任部门指定首办责任人，负责办理案件。

[4]《崇文院检察长亲自解决"两户"息诉问题》，http://www.bjjc.gov.cn/page_news/news_20030318_5.htm（2003年8月11日访问）；甘振辉：《屏南检察院做好申诉人的息诉服判工作》，http://www.fujian-window.com/Fujian_w/news/mdrb/021202/1_16.html，2003年8月11日访问。

制度。[1]我们在调查中得知，湖北省某些法院也实行了类似制度。[2]

3.改变工作方式，对涉诉上访案件进行调解。[3]

4.决定再审之前，实行听证制度。[4]

5.对"上访老户"进行清查，多个部门综合治理解决。[5]

6.实行重大案件快速反应机制和重大涉诉上访案件特别处理制度。[6]

7.实行民事诉讼风险告知制度。这一制度最先由上海市中级人民法院推出，[7]不久，有其他法院推行，[8]武汉市两级法院也实行了这一制度。

8.从制度上对申诉、再审进行限制。最高人民法院2002年9月10日通过的司法解释《关于规范人民法院再审立案的若干意见（试行）》，从具体案件的性质、申请再审时间、主体资格、再审法院等多个方面对再审进行了限制。2002年10月9日深圳市中级人民法院推出了《关于申诉和

---

[1] 参见最高人民检察院检察长韩杼滨1999年3月10日在第九届全国人民代表大会第二次会议上的工作报告，《人民日报》3月21日。

[2] 如武汉市中级人民法院制定了《院长接待日制度》；天门市法院制定了《领导接待制度》和《领导干部联系群众制度》（见《天门市人民法院制度汇编》，2001年9月编印）。

[3] 如丹东市中级人民法院对一起缠诉长达8年的案件，经复查，原判正确，但考虑到"如果简单地驳回申诉，可能使本案的矛盾更加激化，成为社会不安定因素"，因此"下大气力展开调解，经耐心细致地思想疏导工作，双方当事人自愿达成了调解协议，并当场履行完毕"。参见郭靖、王卫平：《院长亲自出马 八载诉案"拿下"》，http://www.lnfzb.com/tpzx/SEP/I24c3.htm，2003年8月11日访问。

[4] 从2001年开始，最高人民法院开始了以"变无限申诉为有限申诉"为核心的审监制度改革，出台了一系列的司法解释。2002年，海南省和湖北省高院制定了《民事申请再审案件复查听证暂行规则》，要求在案件进入再审之前，法院组织听证，以决定是否应提请再审。

[5] 《大港区委政法委关于上访缠诉案件专项执法检查工作情况总结》，http://www.dglaw.gov.cn/doc/docshow.asp?id=362，2003年8月11日访问。

[6] 吴学婵：《本市检察机关服判息诉工作成效显著 维护司法权威社会稳定》，《天津日报》2002年12月2日。

[7] 黄凯：《民事诉讼风险告知制度 提高司法公信力的有效举措》，http://www.jfdaily.com.cn/gb/node2/node17/ node18/node3646/node3656/userobject1ai30070.html，2003年8月11日访问。

[8] 卢军：《哈道里法院推行诉讼风险告知制度》，《黑龙江日报》2002年12月4日。

申请再审的若干规定（试行）》，对申诉和再审进行了诸多限制。[1]

上述8种方法反映了两种不同的态度，前面6种对涉诉上访采取尽力疏通的态度，后面2种方法采取从制度上堵截的态度。笔者认为，这两种截然相反的态度，都能在一定程度上减轻涉诉上访的压力，但无法达到彻底解决涉诉上访问题的目的。因为他们对涉诉上访的认识停留在现象层面上，对涉诉上访原因的探讨还没有深入涉诉上访赖以产生的制度内部和法律传统，也缺乏对涉诉上访人的心理状况的分析。[2]

当我们将涉诉上访放到新中国政法传统这一大的历史背景中来理解，就会发现它与信访制度有着天然的联系。涉诉上访与其说渊源于现代法律中的上诉制度，不如说内生于新中国的信访制度。信访制度是共产党人的创造，但这个创造并非毫无实践基础的玄想式创造，我们可以说它是对实践经验的总结。但是，如果不理解这种实践的残酷性，不理解信访制度背后的权力斗争以及其中的技术和策略，这样的说法又有什么实质意义呢？

二、信访制度的出现与新中国法律传统

中国共产党在建党初期就鼓励人民用来信、来访等方式向党表达各种意见。1921年，安源煤矿的2个工人给毛泽东写信，建议他像关心农民运动一样关心工人运动，毛泽东非常重视，亲自去煤矿了解情况，后来党组织派刘少奇去安源开展工人运动。在苏维埃政权初创时期与抗日战争时

---

[1]《让确有冤情者及时申冤　让无理缠讼者停止纠缠　深圳法院将改革申诉和再审制度》，《深圳特区报》2002年10月10日。

[2] 在调查访问中，湖北省高院的一位法官分析缠讼的原因说："由于我国正处在世纪之初，开创中国特色社会主义新局面的改革和发展已经处在关键时期。社会关系的变化，利益格局的调整，社会矛盾的交织，起诉到法院的案件大幅度上升。人民法院的立案信访工作和整个审判工作一样，面临着前所未有的复杂局面。到人民法院上访和缠讼的人数日益增多。……这里的原因是多方面的。有社会大环境的原因，也有当事人的文化程度、法律知识及目前的生活处境等诸多原因。"笔者认为这官样的话语具有很大代表性，它揭示了诸多原因，但唯独没有涉及制度和法律传统上的问题。

期，许多来信都是中央领导人亲自批阅回信的，许多来访都是他们亲自接待的。1938年，毛泽东还亲自处理了1起伤员要到延安集体上访的事件。

虽然共产党一向鼓励信访，但信访真正形成制度还是在新中国成立之后。1949年3月，中共中央迁到北平，当年8月就正式成立了中央书记处政治秘书室，[1]负责处理群众来信来访。新中国刚成立时，来信来访很多，中央人民政府系统几乎同时成立了3个单位受理群众来信来访，即中央人民政府委员会办公厅、中央人民政府政务院秘书厅和总理办公室。不久全国人大常委会办公厅又设置了"人民接待室"，作为专门处理人民来信来访日常工作的具体办事机构。到1954年，中央人民政府各部委和直属机构大多建立了信访机构或配备了专、兼职信访干部，全国有很多省和县也按照中央的要求建立了相应机构。这一时期逐渐形成了"分级负责，归口办理"原则，即根据来信来访反映的问题的性质，按照各级各部门的职责和业务范围，确定由哪级组织、哪个部门处理。1954年至1957年，来信来访猛增，信访机构进一步完善，中央有接待任务的50多个机构都建立了信访机构，配备了信访干部。这一时期，信访机构开展了若干重要的信访工作活动，创立了领导接待来访日、县市长定期接见人大代表、与调解委员会合作、对集体上访妥善处理等方法。[2]很多地方信访部门还专门制定了工作规定。

在接下来的运动中，更多的是上面的工作队下来，抛开各级党政机构，直接由上下访，然后是受到鼓励的农民再纷纷把"情况"（主要是对基层干部的不满）反映给他们，这如果算是信访的话，应该是一种特殊类型的信访。而这段时期，正常的信访量急剧下降，到"文革"开始后，党的各级组织普遍受到冲击，信访机构也大多处于瘫痪与半瘫痪状态，信访工作难有作为。"文革"结束后，国家机关逐渐恢复了信访机构，并制定相关工作规程，如1980年6月20日发布的《最高人民法院信访处接待来访工作细则》、1986年12月10日发布的《最高人民检察院发人民检察

---

[1] 这是共产党历史上最早的专职信访机构，参见刁杰成：《人民信访史略》，北京经济学院出版社1996年版，第25页。

[2] 刁杰成：《人民信访史略》，北京经济学院出版社1996年版，第85页以下。只要作简单的对比就可以发现，当今司法机关遇到缠讼问题时还在运用这些方法。

院控告申诉检察工作细则》。1995年国务院颁布了《信访条例》，随后中央各政府部门、全国很多省市政府也陆续发布了条例、信访工作办法、暂行规定、守则等。

作为一种制度，信访形成于新中国成立之后不久。为什么信访制度会在这一时期形成？难道仅仅是出于偶然？仅仅因为这一时期信访量大？在信访制度出现之前不久，共产党新政权宣布了"废除国民党六法全书，确立解放区司法原则"，"废除伪法统，建立人民民主新法制"。因此，可以断定，信访制度与国民党政权的法律制度没有任何血统关系，与共产党人"深恶痛绝"的封建法律制度也没有血统关系。实际上，共产党人从来都没有将它们联系起来。从这个意义上说，信访制度是共产党人的一个发明，只有被放入共产党人建立的新中国法律传统中才能被正确理解。

强世功的研究表明，共产党在国家政权建设过程中，为了统合社会，尤其是广大乡村社会，发明了一套全新的组织和动员技术——权力的组织网络。这个网络包括组织技术、民主动员技术、化解矛盾的技术等一套权力技术组合。在这种技术组合中，共产党政权的法律形成了自己的新传统。[1]正是在这个技术组合的背景之下，新中国成立前零星的群众来信、来访表达意见，才会在新政权建立不久时被制度化为"信访"。

1951年5月16日，毛泽东作了《必须重视人民的通信》的批示，指出："必须重视人民的通信，要给人民来信以恰当的处理，满足群众的正当要求，要把这件事看成是共产党和人民政府加强和人民联系的一种方法，不要采取掉以轻心置之不理的官僚主义态度……"[2]1953年1月5日，毛泽东在党内指示《反对官僚主义、命令主义和违法乱纪》中对官僚主义进行了有力批判，并要求结合整党建党及其他工作，从处理人民来信工作入手，整顿官僚主义作风。[3]《人民日报》也发表了一系列社论批判官僚主义，鼓励人民信访。[4]

---

[1] 强世功：《法制与治理》，中国政法大学出版社2003年版，第101页以下。

[2] 转引自刘絜、聂玉春主编：《信访工作手册》，高等教育出版社1988年版，第26页。

[3] 《毛泽东选集》(第5卷)，人民出版社1977年版，第72页以下。

[4] 如《人民日报》1953年1月19日发表的《认真处理人民群众来信 大胆揭发官僚主义罪恶》，1月23日发表的《压制批评的人是党的死敌》，11月2日发表的《把处理人民来信工作向前推进一步》等。

从领导人的意见中，我们可以看到，制度化的信访，一开始就被纳入共产党"权力的组织网络"之中，被当成了"共产党和人民政府加强和人民联系的一种方法"，"结合整党建党及其他工作……整顿官僚主义作风"的方法。下面这段代表国家在"路线正确时期"信访观的社论也表明了这一点：

> 实践经验也证明，认真地处理人民来信和接待人民来访，有很大好处：可以经常地同成千上万的群众建立联系，了解各阶级、阶层的情绪和要求；可以宣传政策，教育群众，可以根据这些情况正确处理人民内部的矛盾，及时解决当前工作中一些突出的问题，这就能够帮助领导机关随时发现问题，克服官僚主义，改进工作。[1]

信访制度是作为国家机器中的一种权力技术装置出现的，它具有诸多功能，详言如下：

（一）深化政权合法化。1949年，共产党通过武装革命夺取了政权，在形式上取得了合法性，因为自辛亥革命以后，暴力革命成了确立政权合法性的常规手段。[2] 新中国成立后，共产党政权的合法性还需要论证，或者说，此时问题才浮现出来。如何确保国家政权对社会，尤其是广大乡村社会的合法性，确立意识形态的合法性，确立国家制度的合法性，这些都是新政权所面临的问题。群众来信来访，体现了共产党政权与民间社会的交流与互动，反映了社会对新政权的认同状况。而信访作为一种常规制度的出现（Entstehung）[3]，则反映了共产党人建立政权合法性的努力。信访制度，通过群众反映问题，政府调查后予以解决，能实现"为人民服务"的意识形态承诺，它的行为手段本身能使人们看到党"密切联系群众"、"从群众中来，到群众中去"的意识形态效果。因此，作为一种

---

[1]《人民日报》1957年11月25日。

[2] 强世功：《法制与治理》，中国政法大学出版社2003年版，第48页。

[3] 我在福柯意义上使用"出现"一词，它指事物在诸多力量构成状态中兴起，参见福柯：《尼采·谱系学·历史学》，载刘小枫、倪为国选编：《尼采在西方——解读尼采》，上海三联书店2002年版，第288页。

具体制度，它能自证其合法性，同时还能以自身的合法性贯彻意识形态的合法性。

同样的道理，"文革"中淹没在"砸烂一切"狂潮中的信访制度，在"文革"后能迅速恢复并被完善，也出于当时新一代领导人急于确立合法性的需要。"文革"刚结束时，群众大规模上访，很快就超出了行政系统所能承受的限度。中央加大力度，在较短的时间内解决了很多遗留问题，加上农村的改革顺利推行，吸引了农民的注意力，上访潮消退。然而，随着农村改革的停滞，吏治问题逐渐突出起来，而运动方式已被中央明令宣布退出政治舞台，持续的信访就成了农民解决冤屈的主要方式。作为一种制度化装置，它证明着政权的连续性和新一代领导人的合法性。

（二）对官僚体制的非常规控制。在共产党政权建立初期，最高领导人就非常警惕官僚体制的腐败问题，并以各种方式监督官僚体制，防止其腐败堕落、脱离群众。最常用的办法是开展运动，信访制度在控制官僚体制方面只处在边缘的辅助位置上。在"文革"结束，运动方式被宣布退出政治舞台后，信访作为对官僚体制的非常规控制功能凸显出来了。新中国有特定的思想和政绩考评标准对官僚进行控制，但这种控制会遇到很多障碍，比如官员之间的互相庇护、虚假的政绩工程等。这些障碍使得中央和上级官员无法准确了解下级官员的信仰坚定程度、行政能力、道德水平等。而信访制度可以作为中央和上级官员了解下级官员的一个非常规窗口。对信访所涉及的重大案件，中央和上级国家机关会派人到基层调查，这种调查也是对基层涉案官员的调查和了解。它绕过了中间的官僚阶层，实现了中央和上级对基层官员的直接控制，这种控制是非常规的。

（三）化解剧烈社会矛盾。新中国形成了一种特定的科层制：一方面，科层组织取代了各种传统组织，高度集权；另一方面，科层组织的各种理性化规范程序又未能充分发育。[1]这种情况下，政策制定者和监督执行者的治理目标过于庞大，而掌握的信息又大量残缺，因此，变通就成为这种科层制十分普遍、在相当范围和程度内被认可的运行机制。当中央对信访不堪重负时，便鼓励地方各级国家机关"将矛盾消灭在基层"，地方因此获

[1] 应星：《大河移民上访的故事》，生活·读书·新知三联书店2001年版，第368页。

得了解决问题的主动权，但它所付出的代价是自行承担政策风险并处理实际问题。问题应当就地解决，这是上级的要求，随意将问题上交意味着要被上司指责无能。这样，变通处理就成了常规，"报喜不报忧"就成了各级机关之间的默契，大家都知道报告中有水分。然而，这样中央和上级机关就无法从官僚体制内部获取足够信息，以认定当前社会的剧烈矛盾和最需要解决的问题。此时，信访制度就充当了一种非常规的信息获取渠道。中央和上级国家机关，通过对群众来信来访的接待，绕过官僚体制，获取信息，认定当前存在的问题及其严重程度。

（四）贯彻政策、实现社会动员功能。信访中，社会下层群众与国家官僚体制上层会有直接接触，官僚上层会以回信、说服解释等方式向他们宣传政策，还会动用相应的信访配套措施让信访群众明白国家的政策取向，同时实现社会动员。这一点，我们可以从后文叙述的国家与信访群众的具体互动中看到。

三、信访制度的具体运作

信访制度的运作机制是怎样的？它如何实现作为一种权力技术装置的功能？当某个时期的遗留问题较多，"信访爆炸"，超过国家行政的承受能力，信访制度是如何应付问题、解决矛盾的呢？制度的初建与其后的实践之间往往有差距，这种差距在信访制度中也存在吗？若是存在，又是怎样弥合的呢？福柯曾指出："人们往往在不间断的连续性中寻找出身（Herkunft），所以也常把出现（Entstehung）当作最终时刻……谱系学寻找重新确立各种不同的征服体制：不是意义的预见力量，而是支配的偶然游戏。"[1]因此，要回答以上诸问题，就必须从国家和信访者的具体互动来进行考察，考察其中围绕着具体事件所进行的具体斗争、交涉与互动。

（一）国家与信访者之间的斗争与互动

新中国成立初期，信访量很大，来访反映的很多问题国家一时解决不

---

[1] 福柯：《尼采·谱系学·历史学》，载刘小枫、倪为国选编：《尼采在西方——解读尼采》，上海三联书店2002年版，第288-289页。

了，因此很多来访人滞留北京，并采取了一些过激行动，如到中南海纠缠，拦首长、外宾的汽车等。[1]为了让来京上访者尽快离开，稳定首都的治安，[2]国家有关部门曾在一段时间对确有困难的人提供食宿，发给路费。但这种人道恩惠不仅没有使来京上访人数减少反而见增，有一部分人甚至骗取路费后长期滞留北京。国家既在经济上不堪重负，又疲于应对个别上访者所增添的社会骚乱乃至犯罪。后来，为消除首都的治安隐患，有关部门对那些赖着不走的上访者、那些自动脱离社会治理秩序的"盲流"采取强行驱逐出京的办法。然而实际效果很差，一些上访人与国家开展灵活的"游击战术"：你前脚赶，我后脚又来；风声紧我回家，风声松我进京。

于是，国家开始考虑加强上访的配置工作。国家鼓励的是合理的上访，排斥的是无理缠访和有理取闹。然而，无理缠访和有理取闹常常就是从合理上访演变而来的。因此，要整顿上访秩序，就不得不将合理上访也纳入日常管理之中。经与北京市商定，国家先在德胜门外建立了农民服务所，专门解决上访者的食宿问题，分为免费和自费2种，免费由有关部门开介绍信，自费的标准比外面的旅馆、餐厅都便宜，这个农民服务所一直存在到1966年底。后来又在永定门火车站附近建立了接济站，并一直延续至今。接济站的设立在上访制度的配置上是一大创举，它一方面提供了一个与首都的中心空间区隔开来的独立空间，将那些可能流窜在首都各处街头、桥下、河边、车站里的上访者集中起来管理，甚至把来京上访者的住宿地与各个上访接待单位都尽量压缩在一条公共汽车线上，从而大大化解了首都的治安隐患；另一方面又以免费或低价的食宿在合理上访者与缠访者、取闹者之间划出了界限，引导人们合理上访。

然而，如果将缠访者、取闹者或上访已经结束却声称没有路费的流浪者从接济站排斥出去，任其在首都"流窜"，那不是恰恰将危险的火种撒出去了吗？不用担心，国家已经专门为他们准备了另一个空间，一个将禁闭和放逐结合在一起的空间，一个集消除游手好闲与塑造共产主义新

[1] 刁杰成：《人民信访史略》，北京经济学院出版社1996年版，第63页。
[2] 信访者给首都带来治安问题，这是新中国特有的，也许是因为现代的交通设施使得人们大规模涌向首都更加便利，成本更低了。

人这双重功能于一身的空间。1958年8月，内务部在卢沟桥建立了永定砂石厂，组织来访群众中有劳动能力而无路费还乡的人员参加劳动自挣路费，并在劳动中接受政策教育。它的创造性在于通过确立一种在法院之外裁决、审判和执行的准司法权力来方便有效地解决了治安问题。这个办法既消除了不安定的因子、保证了首都治安，又为社会提供了廉价的劳动力、减轻了国家负担；既解决了上访者的路费问题，又有利于对这些"异常者"的规训。值得注意的是，禁闭的实践与必须工作的主张之间并不是——至少不仅仅是——由经济条件规定的。1961年内务部明确指出，主要组织来访人中的一部分无理取闹、骗取路费和不愿参加生产劳动，经常流向城市的人员。强制劳动的规定实际上是作为道德改造、塑造"新人"的一种练习而被制度化的。永定砂石厂这个独特的创制一直坚持到1966年，我们不清楚它为什么在"文革"中消失了，也许是"砸烂公检法"的狂潮将它席卷而去。

然而，在政治局面开始恢复以后，首都对安定秩序需要更甚。1978年8月，一些上访者组织起来，喊着"反迫害、反饥饿、反官僚主义"的口号在新华门前游行。为此，国家逮捕了为首者，并发布文件明确规定："对于来访人员中已经接待处理完毕、本人坚持不走、说服教育无效的，可以由信访部门出具公函，公安部门协助，送民政部门管理的收容遣送站收容送回。"[1]此后，在各国家机关的信访工作规则中都可以见到类似的规定。[2]但如何对付那些与政府"打游击战"却又构不上法办的人呢，那也自有办法。1983年底，国务院办公厅、中央信访部门、政法部门都专门颁发了关于认真处理长期滞留北京的上访人员的文件，规定"对上访问题已经解决，本人在京流窜，不务正业，坚持过高要求和屡遭屡返教育无效又不够依法处理的人，可以建立一个劳动场所，把他们集中起来，

---

[1] 见1980年8月22日发布的《国务院关于维护信访工作秩序的几项规定》第3条。

[2] 如国务院1980年8月22日发布的《国务院关于维护信访工作秩序的几项规定》第3条，最高人民法院1980年6月20日发布的《最高人民法院信访处接待来访工作细则》，1986年12月10日发布的《最高人民检察院发人民检察院控告申诉检察工作细则试行》第12条，1996年1月1日起施行的《信访条例》第22条等。

加强管理，边劳动，边教育，直到他们不再到处流窜为止。"[1]

从上面的规定来看，收容遣送或强制劳动（并非法律意义上的）主要是为了解决缠访和无理取闹的问题。然而，首都对秩序的要求并不仅仅是由动荡骚乱、违法犯罪的治安形势所决定的，而常常是由对首都形象的要求所决定的。因为全国性的仪式活动主要在首都举行，所以，国家的形象也就首先体现在首都的形象上，而国家形象的建构和维护在新中国的制度安排中是国家进行治理的一个重要基础。因此，虽然信访制度的设置是为了"密切联系群众"，但每逢重大节日、重大会议和外国重要领导人来访，首都更需要的是国泰民安、安居乐业、繁荣昌盛的形象，信访的重要性就相对下降了。为此，警察、纠察、民兵甚至居委会的老太太都会被广泛动员来清理外来人口。这个时候收容遣送的对象也就自然会被大大延伸。[2]

从国家和信访者的斗争与互动中，我们可以说，信访制度被"驯服"了。国家通过在实践斗争中发展起来的禁闭、收容遣送、强制劳动等配套措施驯服了它。信访制度仍然存在，国家可以通过它"密切联系群众"，群众也可以通过它"反映问题，要求解决问题"。但是信访行为，尤其是进京上访行为的合法性还是不可避免的模糊了。在这个过程中，信访制度结合从斗争实践发展起来的配套措施，变得复杂成熟，成功实现了它作为权力技术装置的功能。

（二）围绕着信访的策略

在调查过程中，我们经常发现信访者不"诚实"，在信访材料中将问

[1] 转引自海帆：《国家对进京上访现象的治理》，http://www.guanzhong.gd.cn/subwebsite/yw_web/shouwang/ yuedu/jiaoshicankao/sixiangqianyan/wenhuazhongguo/shangfang.htm，2003年8月11日访问。

[2] 在"孙志刚事件"的推动下，自2003年8月1日起施行的《城市生活无着的流浪乞讨人员救助管理办法》取代了1982年5月12日国务院发布的《城市流浪乞讨人员收容遣送办法》，废除了流乞收容遣送制度（信访收容并没有废除，最近有人对此进行质疑，参见《两公民质疑"信访收容"》，《南方周末》2003年10月9日）。这当然是个历史性的进步，但给在重要日期保证"首都形象"和"社会稳定"带来了困难。

题夸大，或加进一些道听途说无法证实的内容，如官员腐败等，[1]这是为什么呢？因为信访反映的实际问题有的很重大，有的则很琐碎，但为了尽快使问题得到解决，夸大情况的紧迫和问题的严重性，成了一种必要的策略。在这种策略驱动下，信访者有时还会采取一些极端的方式，以引起国家和社会的关注与重视。但是，对于中央和上级机关来说，这样的问题太多，每个来访者都强调自身问题的严重和紧迫，但哪些问题是必须马上解决的呢？如何从中判断呢？依赖官僚体制本身注定无所作为，因为它缺乏对每个来访者核实的能力。这时拖延就成了国家的一种策略，几乎制度化了，成了一种信息过滤机制。同时，地方各级官员也许并不完全真心解决问题，他们把上访者当作官僚生涯的障碍；或者受地方财政能力等因素的影响，很多问题根本无法解决。但是中央和上级又要求他们"把问题解决在基层"，并以此来衡量其政绩。在这种问题无法解决但又不得不解决的压力下，地方官员也只有以拖延来应付。

国家机关的拖延，使得群众信访的成本大大增加，使人们的时间、精力和金钱在上访中大大消耗，很多上访者经不起这种消耗，中途退却，放弃上访；而部分人坚持下来了。他们纠缠很长时间后，或以极端的上访行为引起了国家的注意，其问题被国家认定为严重，非解决不可。在信访实践中，国家机关形成了一套判断事件紧急与否的标准，即"来访比信访紧急，缠访比一般上访紧急，越级上访比一般上访紧急，进京上访比省内上访紧急，集体上访比个人上访紧急"。[2]这个标准说明了上访所受的重视程度与上访者所付出的成本基本成正比。

这意味着，上访若想得到重视，就必须经过一个痛苦的筛选过滤过程，通过几次上访就将问题解决的情况即便有，也是很偶然的。要想问题得到重视，要么不停地缠下去，要么采取一些极端的手段，如在国家机关门口静坐、下跪、哭闹，乃至自残、自杀，甚至攻击公务员，砸公

---

[1] 实际上，并非每个信访者所针对的官员都是罪恶的腐败者，或许由于他们在一个容易产生矛盾的官僚体制下工作。

[2] 转引自应星：《大河移民上访的故事》，生活·读书·新知三联书店2001年版，第371页。

务用车，揭机关的牌子等。[1]但使用极端手段的风险和成本也是很大的，不说自残自杀的身体健康危险和砸公务用车等的犯罪风险，即便是一般的静坐哭闹，甚至去信访机关次数多了些，都可能被收容遣送、强制劳动[2]。从某种程度上说，这些都是国家设置的功能障碍，尽管设置时是基于"首都形象"、"安定的大好局面"方面的考虑。这些设置显然使得国家在与上访者围绕着信访所展开的斗争中处于支配地位。在这些障碍面前，上访不可能一访就灵，但它却给解决问题留下了一线希望和曙光。如何跨越这些障碍，让曙光落在自己身上，就成了决心上访到底的人所面临的问题。

　　因此，仅以语言强调问题严重或单纯花更多的时间是不够的，它需要一套策略。只有掌握策略的人才会取得斗争的最后胜利，正在这个意义上，出现了所谓的"信访精英"、"上访能人"[3]。他们有见识，有魄力，尤其在集体上访中，能看到农民的共同利益所在，将这种分散的共同利益变成组织化的表达，因此很容易被推举为"上访代表"。"上访能人"懂得用策略与国家曲回斗争，这些斗争策略可以分为两类：第一，信访时掌握合法与非法的界限。精明的上访人会用一切合法或半合法的手段，如以法律政策为后盾进行纠缠，不停地找官员反映或说理，要求解决自己的问题，直到官员厌烦，无可奈何地解决问题，但他们决不会采取国家明确反对的非法手段。再比如"风声紧我回家，风声松我进京"的游击战术的运用。第二，尽力争夺话语上的合法性。如几乎所有的信访人都会在信访材料末尾写上"中国共产党是英明伟大的党"，"希望你们按照江

---

[1] 有人将这些极端的行为称为缺乏理智的变态行为（参见蔡燕著：《信访心理学》，中国卓越出版公司1989年版，第48页），这样的说法显然没有意识到信访中的斗争以及围绕着斗争所存在的策略。在信访面对的特定官僚体制下，采取这些行为也许并非缺乏理智，而是一种无可奈何的策略和"理智"。

[2] 收容遣送制度曾经是一种救助制度，但后来却演变成了一种惩罚措施。且不说大量收容遣送侵犯基本人权的例子，从与因信访受过收容遣送的群众的交谈中笔者也坚定了这种看法。这些人很多在当地人眼中是"上访英雄"，但他们却耻于提起这段历史，偶有提及，痛苦亦溢于言表。

[3] 赵树凯：《上访事件和信访体系——关于农民进京上访问题的调查分析》，http://www.ccrs.org.cn，2003年8月13日访问。

主席的'三个代表'办事"之类的话语。这些看起来与信访内容毫不相干的话语，构成了信访者对自身行动的合法性证明，信访者通过将个人事件与共产党的意识形态联系起来，证明自己并非无理取闹，将信访事件纳入了一个宏伟叙事中。有些上访人甚至在采取非法行为时也要尽力建构话语合法性，如冲击国家机关的上访者可能会抬着毛泽东的画像进行。从某种程度上讲，这些方法是"弱者的武器"。

（三）信访的动力：在制度与意识之间

被驯服后的信访制度模糊了信访行为的合法性，其相关配套措施给信访者带来了很大的威胁和痛苦。但为什么这些威胁和痛苦只是促进了人们对策略的运用，而不足以平息涉诉上访的浪潮，不足以阻拦人们信访的决心呢？上述的信访制度给人们留下的博弈空间是个重要因素。信访给人们留下了非程序性交涉的空间，以精明妥当的方式坚持到最后，总会引起高层对问题的重视，因此一切在上访途中的"遭罪"才会有最终的意义。希望不在于所有信访的问题都会被解决，而在于问题被解决的那线曙光上。正是这线曙光，使得围绕着信访进行的斗争，以及斗争中使用的策略，具有了意义。

另外一个坚定人们信访、缠讼决心的因素，也许存在于人们的意识层面。当然，只有当意识与制度构成互动后，意识才能构成信访和缠讼的动力。体现在信访中，一物两面"青天意识"和"臣民意识"不可忽视。在接受访问时，信访群众感叹最多是现在清官难找，他们常说"中央是好的，下面的把经念歪了，县里的官员要查起来十之八九非贪即贿"。应星在调查中将下层民众心中的国家形象归纳为："闪着神奇光辉的党中央+损公肥私的多数地方贪官+为民做主的少数清官"。[1]曹锦清在河南调查时得出了类似结论。[2]我们访问的很多涉诉上访当事人也表达了类似看法，

---

[1] 应星：《大河移民上访的故事》，生活·读书·新知三联书店2001年版，第405页。应星调查地的民谣"中央是恩人，省里是亲人，地区有好人，县里多坏人，乡里尽敌人"也极好证实了这个归纳。

[2] 曹锦清：《黄河边的中国》，上海文艺出版社2000年版，第70页、第210页、第645页。

某法院干部也说："如今，涉诉上访的人总觉得上面才有青天，下面都在胡闹，因此就跑到省里、北京上访去了。"

在传统中国民众的眼中，清官是可亲的，但他们却总在遥远的地方，只有上访才能找到的地方，抽象地存在于人们的生活当中；而身边更多的是贪官污吏，是具体的存在。这种"抽象的清官，具体的贪官"与法定权利和习惯权利在传统社会中的不同运用相对应。[1]"法定权利"体现的是帝王的利益，它用普遍法律的神圣光环加以装点，显示出凛然不可侵犯的样子；而"习惯权利"体现的是官吏阶层的利益，它总是企图在帝制法定利益之外追求超额的剥削，而皇权的威严不足以遏止他们这种利益欲望，[2]这也是皇权依靠官僚体制维持统治所付出的代价。结果贪污就变成了官吏的生活方式，像海瑞那样的清官在帝制时代不过是一个"古怪的模范官僚"。[3]这样，普通民众建立在"法定权利"基础之上的正义观，就成了指责贪官污吏的话语基础。

普通民众用这种"清官/贪官"划分方法去看待新中国的国家权力时，图景与传统的"皇帝—清官—贪官"有很多神似之处：同样是为最高层的光环所笼罩，同样是贪官遍地、恶吏横生，也同样在百折不挠地寻找"青天"。正在这个意义上，虽然新中国的信访制度与传统中国的京控制度没有任何血统关系，却在功能上具有某种相似性和替代性。有所区别的是，现代社会的社会动员使得下层民众可以利用各种策略，借助国家政策法令，借助权力之光的反射去寻觅光明正大的清官形象。信访制度就是这样一个可资利用的国家政策资源，涉诉上访实质上就是当事人在诉讼中对信访制度资源的利用。

在"青天意识"的另一面，中国下层民众存在一种"臣民意识"：既惧怕权力，又有亲近权力的欲望。[4]这种"臣民意识"使得人们处于一种矛盾的心理之中：因为惧怕权力而远离权力所以远离权力的工具法律；但同时又因为别人畏惧权力，只有用权力才能威慑别人，因而亲近权力

[1] 应星：《大河移民上访的故事》，生活·读书·新知三联书店2001年版，第406页。

[2] 王亚南：《中国官僚制度研究》，中国社会科学出版社1981年版，第117-122页。

[3] 黄仁宇：《万历十五年》，生活·读书·新知三联书店1997年版，第138-166页。

[4] 王海涛：《中国农民法律意识现状探讨》，《政法论坛》2000年第5期。

以规避法律，同时壮大自己的力量以胜过别人的力量。信访就为这种亲近提供了一种制度化渠道。这样法律就处于尴尬境地，而信访制度却大行其道。

四、涉诉上访与法律转型

在新中国的信访中，上访针对的是行政还是司法，当事人是上访还是缠讼，是无法区分的，这种区分也是没有必要的，这取决于新中国行政与司法不分的传统。在中国的帝制传统中，皇帝既是官僚行政的总头目，也是一切法律之源，各级地方官也是既掌管税收等行政事务，又掌管司法事务。自晚清修律以来，行政和司法才从形式上实现分离。新中国创立的人民代表大会制度将司法和行政在体制上的区分沿袭下来了，但这种区分仅仅是功能性的。在整个国家体制中，司法只是高度集权的国家机器的一个组成部分，法律运作的逻辑所服膺的是党政权力运作的逻辑。这种逻辑在改革开放以来，尤其是1990年代末以来有所减弱，但依然不可小觑。至今，中国民众遭遇利益的争端、感受不公的侵袭时，很少会想到运用法律的武器，而实际中法律也往往威力孱弱；他们习惯诉诸的是为民做主的党政官员，而党政官员的批示和关注也往往有效。因此，到各级党政机关"找青天"、"讨说法"的上访作为特殊的法律实践（实际上是一种反法律实践）形式，得到广泛的运用；而到法院或者检察院上访，反而只是附带的了。

信访制度出现于新中国法律传统，是新中国法律制度合法化中的一个环节，有着深厚的社会基础和意识形态基础，但其存在往往以抑制法律的自主性为代价。因为它敞开大门向民众提供了一种在法律系统外部解决问题的途径，同时它为党政、行政对司法活动的干预提供了制度化空间和正当渠道。而且，由于司法状况不尽如人意，国家、社会、下层百姓几乎一致认为对它进行体制性的"约束"是必要的，因此，信访制度的重要性不断被强调。这就形成了一个恶性循环的怪圈：一方面，通过比法律中"上诉"更广泛、更有"玄机"的制度性安排，法律正义的目标可以部分地得到实现；但另一方面，这一过程恰好是以牺牲法律的自主性和现代法律赖以取得合法性基础的程序性价值为代价的。

　　近年来，国家已经着手从很多方面进行改革，努力改善司法机关的地位，加强其独立地位，越来越多的问题被当作法律问题而不是行政问题解决。民众也逐渐意识到，有些问题不再是行政机关和工作单位所能解决的了，而是一个法律问题。正如学者所说，在社会转型时期，旧的经济结构、经济体制受到强烈冲击的情况下，原有的许多纠纷处理机关已经无法适应新的形势，从而使法院不得不更多的承担处理纠纷解决问题的责任。[1]因此到法院和检察院上访要求解决问题的就多起来了。司法机关解决问题的方式主要是判决与执行判决，因此解决问题最有作为的办法就是提起诉讼或对已经判决的案件提起再审。[2]但不可能所有的再审要求都很顺利得到满足，一旦群众不停地以信访的形式要求重新启动审判程序，这就是涉诉上访了。信访具有模糊的合法性，正是这种模糊的合法性使得涉诉上访人通过信访重新启动诉讼程序成为可能，也正是它给了涉诉上访者"缠"的动力和制度空间。

　　涉诉上访是在当代政治和法律转型的新时期，生长于过去土壤的信访制度以及这种制度背后的权力技术装置的产物。政治体制和法律已经实现一定程度的转型，但是下层民众的意识不可能快速转变，而过去的那种可以利用的信访制度依然没有被社会转型的目标法律体制所完全放弃。当拥有传统"青天意识"和"臣民意识"的人，按照惯性运用新中国成立以来有效，今天依然有效的信访制度，试图向转型时期的法律体制寻求保护时，涉诉上访几乎是不可避免的了。

　　另外，当代法律转型中，审判风格的变化也加剧了涉诉上访的发生。高见泽磨研究认为，无论是传统中国的固有法还是毛泽东时代的新中国的法律，其审判风格都是"说理—心服"型的；[3]而自1980年代以来，我国司法改革的目标是要建立起"判决—执行"的审判模式。由于原来适合"说理—心服"型审判方式的社会环境出现了深刻变化，出现了要求建立"判决—执行"型审判模式的要求，我国司法改革也正循着这一要求进行。但

---

[1] 王亚新：《社会变革中的民事诉讼》，中国法制出版社2001年版，第2页。

[2] 由于我国司法遵循"有错必纠"原则，因此，无论在理论上还是实践中，再审次数都不受限制。

[3] ［日］高见泽磨：《现代中国的纠纷与法》，何勤华等译，法律出版社2003年版。

是，社会变化在空间、时间和构成要素等多方面发展并不平衡，这导致了适合不同诉讼模式的条件同时并存，从而构成了审判模式必须同时面对种种互相矛盾要求的不安定局面，这给整个诉讼体制带来了紧张。当生活在前一时空下的当事人无法"心服"时，而司法机关按照转型后的目标司法体制进行"说理"，坚持要按照判决"执行"便困难重重，无休止的纠缠也在所难免。

如果不能在短时间内改变整个诉讼环境，看来就只有2种办法缓解涉诉上访的压力了，一是积极对涉诉上访者做说服疏通工作，让当事人心服口服；二是在诉讼前进行风险告知，不给涉诉上访者留下口实。这也是当下各司法机关采取的办法。但这些办法既不能改变内生于新中国法律传统中的司法制度与信访制度的紧张，也无法一时消除信访制度给人们心理投下的阴影，更不能消除信访制度给人们带来的博弈空间。

因此，要彻底消除涉诉上访现象，可能需要完全否定并放弃信访制度。然而，正如苏力所说："一种制度得以长期且普遍地坚持，必定有其存在的理由，即具有语境化的合理性；因此首先应当得到后来者或外来者的尊重和理解。"[1]正在这个意义上，我们必须对信访制度给予"同情的理解"。在新中国历史上以至今天，信访制度确实为受冤屈和不公对待的下层民众提供了一个申诉渠道，为国家消解社会矛盾提供了一个制度渠道。但是，同情未必能够同意。信访制度能够在政法不分、相互配合的新中国法律传统中运作并有其合理性，却无法在法律转型的今天有效运作。它与作为法律转型目标的现代法治所要求的政法分离、程序正义等理念格格不入，导致了涉诉上访，导致了行政对司法的制度化干预。当然，笔者决非主张立即废除信访制度，在社会结构尚未转变的情况下，依照一个"先进"的理念和良好愿望，废除信访制度，势必带来更多的问题。或许可行的办法是按照现代法治的要求建立功能上可替代的制度，并以制度为依托，逐步培养司法途径的有效性。

---

[1] 苏力：《送法下乡》，中国政法大学出版社2000年版，第90页。

第六章　群体性涉法闹访及其法治

在当前基层法治实践中，普遍存在这样的现象：上访人利用信访制度，以行使信访权利的方式提出诉求，并以群体聚集、闹事等极端手段要挟地方党委政府解决问题。这种现象可以被称为"群体性闹访"。上访是公民的合法权利，但是上访应在法律规定的范围内进行，然而闹访人却罔顾法律规定，在上访中采取过激行为，围堵政府机关、静坐、打横幅、呼口号，妨碍政府工作秩序和社会秩序。近年来，闹访现象尤其是群体性闹访有愈演愈烈的不良倾向，其中群体性涉法闹访更是有明显增多的趋势。涉法闹访是指本该依法由法院、特定行政机构依法处理的案件，当事人却不找相应的机构，甚至拒绝这些机构的介入，而是坚持找党委政府和信访部门，通过闹访表达诉求、促进问题解决。目前，涉法闹访在很多地方不断出现，交通事故、医疗事故、校园伤亡事故中尤其突出，这些纠纷本来应当依法由交警队、卫生局、教育局、法院来处理，但当事人往往直接找党委政府闹事，要挟政府作出有利于自己的处理。

当代中国虽然早已确立了建设社会主义法治国家的目标，但由于转型期法律体系的不完善、社会矛盾的复杂性、民众诉求的多面性，并非所有的社会事务被纳入了法治范围，很多事务是在人治环境和非法制手段下获得解决的。那些很难通过法律途径、经由专业法律机构、依据法律程序进行处理的非涉法事务，通过信访渠道甚至以闹访的方式得到解决，这还好理解。问题是当前社会中大量的涉法事务，仍然是通过信访渠道甚至闹访的方式得到解决的；甚至过去依据法律程序解决的涉法事务，人们也越来越青睐于通过闹访来吸引党委政府的关注，而往往只有通过闹访将事情闹大，党政领导人才会高度重视并解决问题。

涉法闹访是透视基层法治的一面镜子，也是一种需要理论解释的法治现象。为什么遇到问题后人们不依照法律办事，而是要进行闹访？为什么党委政府不能将问题引导到法治轨道上？为什么会不断反复出现群体性涉法闹访事件？涉法闹访带来了怎样的法律后果和社会后果？它给基层法治带来了怎样的深远影响？如何才能避免涉法闹访及其恶性循环？涉法闹访带来了怎样的法治后果？这些都是需要基层法治研究给予回答的问题。回答这些问题就必须要深入剖析涉法闹访现象，本章将以2011年7月在江西义县的调研为基础展开分析和论述。

一、群体性涉法闹访及其特征

在江西义县的2个乡镇调研期间，我们遇到的群体性涉法闹访非常突出，主要体现在交通事故、医疗事故、校园伤亡事故中，其中都牵涉人身伤害或人员死亡。在当地，这些纠纷过去很长时间曾经由特定行政机构（交警大队、卫生局等）协调解决或提交法院审判，现在却几乎都要通过群体性涉法闹访倒逼当地乡镇政府协调解决；而且，不可思议的是，若无法让双方当事人达成协议，乡镇政府还需承担赔偿或补偿责任。

案例一：2010年，古楼村村民刘某被电动三轮车撞死，目击者报警后，县交警队去现场处理事故，刘某的亲属根本就不理会。刘某的亲属将刘的尸体抬到出事路段，后来又抬到县政府并在政府大院里摆灵堂。最后在县政法委的协调下，刘某亲属获赔30万元，肇事者赔偿28万元，肇事者所在的龙津镇政府赔偿1万元，刘某所在的石鼻镇赔偿1万元。

案例二：2011年5月，新建镇有2个人被石鼻镇的王某开摩托车撞成一死一伤，死伤者家属坚持要求赔偿20万元，但是王某家里很穷，根本拿不出钱。死伤者家属于是到石鼻镇政府挟尸闹访，严重影响镇政府办公秩序，镇领导出面调解也无济于事。最后市政府领导协调决定，石鼻镇赔偿5万元，新建镇赔偿5万元，肇事的王某借钱赔偿10万元。

案例三：2010年，杨希恒之妻在义县人民医院做子宫切除手术时被划破尿管，杨希恒要求医院进行医疗赔偿，承担后续治疗费用并支付精神损失费，医患双方在赔偿金额上存在分歧。杨希恒及其亲属于是多次到县市政府上访。有一次，杨希恒召集30多人在县政府门口聚集静坐，县信访局局长出来安抚，杨的一个亲属在情绪激动下拉扯了该局长的衣袖，县里立马派人把这名家属抓起来，并将这起事件定性为聚众闹事，问杨希恒是"先拘留再谈判，还是先谈判再拘留"。杨见势头不好，态度才有所软化，后来接受了县里的处置意见：义县人民医院承担杨希恒之妻的后续治疗费用，并赔偿3万元，镇政府发放抚慰金4万元。

案例四：2011年，南水村村民李某骑摩托车撞死了东山村的村民王某。李某家里很穷，只同意赔偿3万元，王某的亲属当然不接受这么低的赔偿金额，但无法给李某施加更大的压力。于是，王某的丈夫就在村口的公路上拦车，凡是南水村村民，一律不准通行，试图通过这种方式逼迫乡政府出来调解。最终在镇政府的调解下，李某答应赔偿12.5万元，镇政府给王某丈夫解决了低保。

案例五：石鼻镇有个学生在县高中读书，2011年高考前因心理压力太大而跳楼自杀。家长及亲属几十人到县高中聚集讨说法，因处于高考期间影响极坏，县公安局只好将聚集人群强制驱离。家长和亲属于是换地方到县政府大院去闹访。最终在县政府的调解下，县高中支付死者家属6万元的补偿。

案例六：2010年10月，石鼻镇二中学生刘柯兵与同学刘行杏、刘信等人因争执而打架斗殴，刘柯兵被刘行杏用水果刀刺穿肺部而倒地，后抢救无效死亡。刘柯兵的父母和亲戚多次到学校、县信访局闹访，抬着死者的遗像在教学楼前和教室烧纸、燃鞭炮。县政法委书记、纪委书记、副县长、县教科体局局长、县公安局副局长、镇党委书记等多人在六天五夜的不断调解下，才达成协议：死者家属获赔45万元，刘行杏的监护人赔偿18万元，刘信的监护人赔偿12万元，石鼻二中赔偿13万元，石鼻镇政府支付抚慰金2万元。

类似的案例在石鼻镇还可以列举更多。在当地，现在已经形成了一种风气，每逢有人员伤亡，接下来必定发生群体性涉法闹访事件。在我们调研中，石鼻镇政法委刘书记说，"现在只要听说本镇出了交通事故，或者出现了死人的事情，我就会做好心理准备，吃顿好饭，好好睡一觉，因为我知道，第二天肯定没时间吃饭休息，要与闹访的人耗一整天。发生事故后的第一天，死伤方肯定会动员全家族到县里镇里闹访，而且情绪激烈、要求高，很难轻易接受调解方案。"群体性涉法闹访事件具有一些鲜明的特征：

第一，群体性涉法闹访事项的性质。闹访事项有一定的道德震撼力，其中的当事人遭遇在生活上值得同情，强硬对待有违道德和社会主义意识形态。大多数闹访事件的发生都以人员死伤为前提，是"人命关天"的事情，此时政府若以维护社会秩序的名义采取过分的强制措施，群众在心里也不会赞成。而且，尽管政府干部对群体性涉法闹访烦不胜烦，但对当事人的遭遇一般也保持同情心态。例如，参与案例六中事件处理的石鼻镇综治干事杨显就说："一方面，我很理解死者家属的闹访行为，毕竟一个年轻的生命就这么没了，家长多要点赔偿也很正常，人家抚养一个小孩不容易；学校做得也确实不合理，学生死后立刻就拉到殡仪馆，太草率，家长当然想不通；但另一方面，学校如果不把学生尸体拉走，肯定会发生群体闹访事件，到时候局面更难收拾，义县最近两年已经发生了多起挟尸闹访的事情，影响很恶劣；死者家长虽然有理，可是在维护自己合法权益的过程中却又有不合理的诉求。"由于群体性涉法闹访所针对的事项有道德震撼力，得到干部和群众的同情，因此即使在闹访中有不合理诉求，也能被群众理解，被政府官员容忍。

第二，群体性涉法闹访事项的处理机构。现在，群体性涉法闹访的处理机构是县乡两级党委和政府，而之前这些事项主要由相关行政机构或司法机构处理。虽然以前党委和政府也介入一些具体案件的处理过程，但远远没有现在这样普遍。调研时，我们听说案例一中的刘某在交通事故中死亡，而交警部门居然没有出场，就非常诧异。后来专门去交警大队调研，事故科的陈科长接受了我们的访谈，他说："去了也没用，交通事故双方都不会认可交警大队的事故认定。现在事故科已经无事可做了，出了交通事故，人们直接找党委政府。"而由于"逢死必闹"，不管交通事故还是医疗事故，只要死人的，一定会闹访。与交警大队事故科"无事可做"形成鲜明对比的是，乡镇政法委书记"累得要死"。一位镇书记最近3年处理了十几起重大的群体性涉法闹访事件，访谈中他颇有情绪地反问："为什么法律上的事情，却要我来处理？这是什么样的法治社会？！"

第三，群体性涉法闹访的处理结果。群体性涉法闹访的处理结果往往带有一定的反法治性。首先，群体性涉法闹访人的违法行为并未被追究处理。如果严格按照国家法律规定，群体性涉法闹访中的很多行为，完全应该成为《治安管理处罚法》乃至《刑法》的处罚对象。即使在一些案件的纠纷调解过程中，政府官员也许提出了闹访行为的违法性，并指出要依法处罚，但往往并非真心这样去做，而只是借闹访人行为的违法性来给他们施加压力，最终目的在于迫使他们息访并接受调解方案。其次，闹访人的诉求得到了满足，而且一般超过了根据法律规定所应当得到的赔偿。从江西义县的闹访事件来看，尽管赔偿没有达到闹访人最初的要求，但也超过了法律规定的赔偿/补偿标准。李本在中国医疗纠纷研究中发现了类似现象：大量的医疗纠纷的处理过程中，抗议和暴力起到了重要影响作用，医院在摆平纠纷中支付了比法律规定更多的赔偿金额。[1]贺欣的经验研究也表明，在社会稳定压力下，法院甚至通过"创造性地适用法律"来满足当事人诉求，加重当事人所针对的行政部门的责任。[2]不少闹访事件的处理结果甚至明显缺乏法律依据，或根本不符合法律的逻辑，其中最典型的是，政府在无关案件中承担了责任。从法律上讲，政府不应该承担任何责任，甚至从道义上讲，政府也没有责任；很多闹访事件根本就与政府无关，是社会主体之间的纠纷，但政府为了息事宁人，往往通过主动补偿来换取闹访人接受调解协议。其中一些案件中，政府是在上级的压力下不得不承担了责任。

　　近年来，江西义县的群体性涉法闹访现象不断增多。尽管闹访古已有之，但其增多还是表明，当前的群体性涉法闹访不仅仅是历史的延续或法律文化的传承，还有政治法律生态方面的原因。而且，群体性涉法闹访现象导致了相关事项处理机构的去法律化、处理结果的反法治性，这明显从机构和规则两个方面缩小了"法治的领地"。众所周知，改革开放以来，中国的法学空间和法治空间是从政治中逐渐生长出来的。[3]在改革开放初期及之前，法律一直从属于政治，此后，由于市场经济发展、政治的主动转

[1] Benjamin Liebman. *Malpractice mobs*：*medical dispute resolution in China*. Columbia Law Review（2013）：181-264.

[2] 贺欣：《法院推动的司法创新实践及其意涵》，《法学家》2012年第5期。

[3] 苏力：《也许正在发生——中国当代法学发展的一个概览》，《比较法研究》2001年第3期。

型、依法治国理念的确立，以及律师业发展的推动、法学专门知识化的推动，法律才从政治中开辟出了相对独立的空间。虽然法治还没有达到一些法律人所期待的那种完全与政治分离的独立程度，但毕竟是大大拓展了空间，与政治之间形成了一种既有依存也有竞争的关系和局面。然而，越来越普遍存在的群体性涉法闹访现象，显然缩小了"法治的领地"。可以说，这与时代潮流是相违背的。为何会如此？

二、闹访群体的行为逻辑

（一）为什么信闹不信法

通常人们倾向于认为，集体行动的参与者容易激动，感情用事，他们的行为表现为"受感染的情形"，他们是"大规模催眠"予以征服的目标。这些人完全是非理性的，他们目无法纪，冲动地行动，不遵守法律。这种简单的认识源于理论的贫困，完全忽略了行动者的理性，不理解行动者的实际处境。"局外人认为行动者的行为不够合理或非理性，并不反映行动者的本意，用行动者的眼光衡量，他们的行动是合理的。"[1]其实，每个人都是优先关注自我利益的理性人，尽管每个人的认知能力有所差别。当然，由于集体行动情景中，个体行为互相影响，可能使群体从整体上缺乏足够的责任，产生某些冲动的攻击性行为，作出过激行动，甚至有时由于大量利益无涉的人在闹访现场的参与，使得最初闹访群体对闹访局面失去控制。但毫无疑问，群体性涉法闹访的行动大体上是经过理性算计和控制的。在所有解决问题的可能途径中，人们通常会选择成本最小、风险最低、最容易操作的方法。虽然一些群体性涉法闹访行为可能是没有其他办法的迫不得已的选择，但至少在江西义县的相关案例中，大多数情形下，闹访人都是直接采取了闹访行为，之前几乎没有尝试用其他方法来解决问题。为什么会这样？从田野研究来看，至少存在以下几个方面的原因：

第一，法律系统的低效。这里的法律系统包括司法系统和专业行政系

---

[1] [美]詹姆斯·科尔曼：《社会理论的基础》，邓方译，社会科学文献出版社1999年版，第22-23页。

统，它们属于韦伯意义上的官僚体系。从常理而言，遇到问题时人们愿意通过常规途径来解决，而且也都希望常规途径能够顺利地解决问题。然而，江西义县调研的经验却表明，常规维权途径并不通畅，不能充分保障当事人的利益。其背后既有人们认知的问题，也有法律系统、官僚体系自身的问题。当很多农民在认知上相信法律系统腐败（不管这是否符合事实），不能维护合法利益时，他们当然不会首先求助于法律系统。法律系统、官僚体系本身也会存在官员腐败、办事拖沓、执行难等多方面的问题。2008年，石鼻镇曾经有过一起交通事故的诉讼案件，一位教师被撞伤后，镇里调解不成功，教师起诉到法院，法院判决肇事者赔偿30万元，但是判决下达3年也未能成功执行。类似的案例很能"教育"人，这个案子让周围人们对司法系统丧失信心，对其解决交通事故纠纷的效度产生怀疑。在正常的法律系统阻滞、失灵，给人们留下心理阴影时，群体性涉法闹访因此既是人们遇到问题的"救命稻草"，也往往成为其首选。

第二，闹访人对既有规则的不满心理。现有的人身侵权致死的相关赔偿规则存在"同命不同价"的问题，这一问题经过新闻媒体的放大效应，加深了民众与司法之间的观念对立。于是，在法律规范难以改动的情况下，民众往往寄希望于通过涉法闹访来改变个案结果，以实现其"同命同价"的诉求。在民众看来，生命既然是平等的，那么丧失生命所得到的赔偿应当相同，他们将死亡损害赔偿假定为对生命损害本身的赔偿。[1]但在主流法律理论上，死亡赔偿针对的并非受害人，而是其近亲属，因为受害人生命的消失导致了其权利能力的丧失，由于受害人近亲属的情况各不相同，赔偿因此不同。虽然法律和各地的地方性法规不断回应"同命不同价"问题，试图在一定范围内弥合城乡差别和地区差别，但全国范围内的"同命同价"尚难实现。一个在上海打工的农民回到义县，他会质疑为何上海人和义县人的"生命价值"是百万元与几万元的巨大差别。对所谓"生命平等"的追求，很容易导致人们对现有法律规则的反感，这种反感在转型期社会矛盾交织背景下被不断强化，最终可能促使他们走上闹访

---

[1] 此种观点可参见麻昌华、宋敏：《论死亡赔偿的立法选择》，《暨南学报（哲学社会科学版）》2009年第2期；石春玲：《死亡赔偿请求权基础研究》，《法商研究》2005年第1期。

之路。

第三，闹访人法律维权能力不足。权利的实现需要诸多条件的支持，除了外部条件，还需要当事人自身的条件，比如权利意识和维权能力。群体性涉法闹访人多数是处于社会底层的农民和城市平民，他们的法律知识非常有限，对法律系统有所畏惧，尤其是对繁琐的程序缺乏信任和信心；他们不知道如何在法律系统内准确表达诉求，或者在初步表达受阻后不知道如何采取进一步措施；也因为对律师陌生而缺乏信任，因为贫穷而缺乏雇佣律师的经济能力，因而很少会通过律师去表达合法诉求。总体而言，他们缺乏通过法律系统解决问题的能力，因此面对难以解决的问题，往往寄希望于通过闹访来打破既有的权力和资源格局，寻找解决问题的政治资源。而且，正由于人们维权能力不足、心理弱势，反而会使他们在闹访行动中表现出先发制人的激烈。

第四，群体性涉法闹访可以带来较大收益。当前人们越来越被裹挟进入了全球化体系，地方社会的陌生化程度正在加剧，人们对与自己利益无涉的地方事务的兴趣越来越低，地方事务只有足够轰动、刺激才能激发人们的兴趣和热情。一旦群体性涉法闹访以激烈的方式吸引了地方民众的眼球，闹访人就可以占领道义制高点。因为闹访以人员伤亡为前提，是"人命关天"的事情，容易获得民众同情。这种同情的情绪，与民众平时的不满情绪叠加在一起，就在舆论上对政府相当不利，政府行为稍有不慎，都可能激起与闹访事项没有利益关联的群众的反弹，从而影响社会稳定。贵州瓮安事件、湖北石首事件都是在这种情况下发生的。[1]正因此，面对闹访，地方政府往往会尽量快速满足闹访人的诉求，即使处理结果违反法律。江西义县的实践就证明了这一点。借助群体性涉法闹访，闹访人可以跨越具体行政机构和冗长繁琐的程序，将问题直接呈现在决策者的面前，大大加快了问题解决的速度，在法律规则之外获取利益。对当事人而言，与其被法律体系和官僚体制复杂繁琐的程序所羁绊，耗时费力地等待充满陌生性和不确定性的法律处理，就不如通过群体性涉法闹访直截了当地引起政府及其领导人的重视。认为闹访都只是被动的

---

[1] 吴伟：《贵州瓮安事件始末》，《新世纪周刊》2008年7月8日；刘胜萍：《石首市群体性事件已得到处置》，《楚天都市报》2009年6月22日。

无计可施的办法，这只是一种局外人的眼光，没有体验到当事人所面临的处境和理性计算，没有洞察其中的利益机会和结构。

在法律系统低效的情况下，闹访人对法律规则有所不满，自身维权能力不足，闹访又有较大收益和机会，当事人通过群体性闹访来"扬长避短"，超越规则和程序，这种诱惑几乎不可抵挡。

（二）群体性涉法闹访的微观机制

群体性涉法闹访的目的是要让党委和政府领导人着手处理当事人的问题，从而跳过繁琐的法律程序和僵化的官僚体制。通常，地方党委政府要将民众诉求纳入议程，需满足下列条件之一：着手解决是必要的，否则就会使问题恶化和复杂化，从而要承担更大的政治责任和社会压力；上级党委政府施压要求解决；事情若不尽快解决，就可能陷入被动的舆论漩涡，甚至会引起上级政府的注意。[1]群体性涉法闹访就是要制造和促成这些条件，为此，闹访人就要动员可利用的资源，并采取诸种有利策略。

学者在讨论"闹大"现象时将动员过程概括为三个层次：个人的自我动员、集体行动的内部动员、对外部资源的动员。[2]从江西义县的群体性涉法闹访来看，这三个层次很难被仔细区分，往往同时发生，因为群体性涉法闹访往往是在群体互动中突然被发起并付诸实施的。交通事故、医疗事故或校园伤亡事故发生后，死者亲属闻讯后纷纷赶到现场，大家的冤屈或不公情绪在悲愤中互动强化，只要有"见多识广"的某个亲属一提议，群体性涉法闹访行为就会获得高度赞同并被付诸实施。这个过程中个人动员与集体动员很难区分，初期的集体动员往往依赖强大坚固的亲属纽带，表现为短时间就形成群情激奋的局面，甚至其中的"积极分子"和"动员"都不明显。在群体性涉法闹访过程中，如果死者亲属将利益无涉的围观群众动员起来进入闹访队伍，这一集体动员过程就十分明显，其中的积极分子主要是死者的近亲属。

群体性涉法闹访首先需要群体性聚集，群体聚集规模是衡量闹访强度的重要因素，对闹访诉求能否满足有着重要影响，闹访群体的人数规模

---

[1] 杨华、罗兴佐：《农民的行动策略与政府的制度理性》，《社会科学》2016年第2期。
[2] 韩志明：《利益表达、资源动员与议程设置》，《公共管理学报》2012年第2期。

本身就是力量，身体在场本身就是抗议姿态的表现，是力量的展示，因此闹访需要通过"人多"来展示"力量大"。闹访的规模和强度越大，就越能引发社会的关注和更大范围的支持，诉求被政府满足的概率也就越高。正因此，闹访往往不仅仅是利益相关主体的聚集，还需要吸引公众的注意和参与，有时仅仅吸引公众在场围观就可以了，围观本身也可以构成闹访群体的同盟力量。围观、关注和支持，都能形成巨大的舆论，出于同情弱者的一般思维，舆论的矛头通常会指向政府。因此，对于政府而言，群体性聚集是危险的。群体性聚集由某些社会矛盾引发，特定群体或不特定多数人聚合临时形成的偶合群体，群体中的个体可能产生心理交互影响，在"行为性相互依赖"[1]模式下，产生破坏性群体行为，[2]包括语言行为或肢体行为上的冲突，甚至群体打砸抢等违法犯罪行为。因此从社会秩序的角度看，这种聚集群体具有不稳定性和非理性特征，对社会秩序和社会稳定有潜在的负面影响。

为了吸引社会公众的注意力，引起政府的充分重视，除了群体性聚集之外，涉法闹访还需要更引人注目的手段，"挟尸"就是其中之一，这在江西义县及全国都表现得相当突出。[3]"挟尸"抗争或图赖，是中国历史和今天都较为普遍的现象，众多的研究展示了此类事例在古代和当代中国之时空坐落中的通贯性分布。[4]上田信曾经指出："中国社会的常识是，尸体对社会来说是危险的。"[5]尤陈俊进一步指出，"在那些藉尸抗争或图赖

[1] James Friedman，*Oligopoly and the theory of games*，Amsterdam，New York，Oxford：North-Holland publishing company，1977，p5-6.

[2] 科尔曼详细解析了这种群体行动的结构，参见[美]詹姆斯·科尔曼：《社会理论的基础》，邓方译，社会科学文献出版社1999年版，第264-267页。

[3] 由于挟尸闹访问题非常突出，有人大代表甚至建议立法强制火化非正常死亡尸体。蒋娜："四川两会代表建议立法强制火化非正常死亡尸体"，http：//news.163.com/13/0128/21/8MB8FSH00001124J.html。

[4] [日]上田信：《被展示的尸体》，王晓葵译，载孙江主编：《事件·记忆·叙述》，浙江人民出版社2004年版；段文艳：《死尸的威逼：清代自杀图赖现象中的法与"刁民"》，《学术研究》2011年第5期；尤陈俊：《尸体危险的法外生成》，《华东政法大学学报》2013年第1期。

[5] [日]上田信：《被展示的尸体》，王晓葵译，载孙江主编：《事件·记忆·叙述》，浙江人民出版社2004年版，第129页。

事件中，被利用的尸体之所以能成为一种相对有效的手段，是因为附着其上的是通过不同中间机制和中间观念相互缠绕形成的复合性'危险'。尸体的出场和在场，不仅将意味着生物学意义上的污染；而且在人类学意义上，还体现了由于无法通过一定的仪式从社会中正常消失而产生的'死亡污染'；更重要的是，在社会学意义上，尸体还因为负载了'非理死'所蕴含的'冤'，而很可能在群体性事件中产生持续动员能力的'象征符号'。"[1]正因为尸体是危险的，"藉尸"的群体性涉法闹访才具有重大的社会影响和政治影响，才需要基层政府积极应对。

涉法闹访的最终目的是通过各种方式引起社会和政府的关注和重视，引起社会关注的目的也在于引起政府的重视，从而最终解决问题。从手段上说，闹访的诉求对象包括一切不确定的个人和组织；从目的上说，闹访最终是要引起政府及其官员的重视。闹访者在引起社会关注的同时，必须得到公众的同情和支持，激发公众的正义感和公平感。"挟尸"的目的就在于激起公众对生命的重视。为了激发同情，不少闹访者甚至会编造、歪曲或夸大事实，并借助一定的假象来误导公众。他们可能利用某种合法性声称，将闹访行为描述为"合法维权"，可能将自己的无理要求被拒归结为政府打压。在成功整合同情力量的基础上，闹访者甚至可以采取破坏行为来扩大影响。破坏行为能够散布不确定的事，给弱小的行动者提供对抗强大对手的方法，是闹访强有力的武器。对于具有自保主义倾向的官僚体系而言，破坏行为能改变博弈关系，达到"倒逼"政府解决问题的目的。围攻政府、堵塞交通、打砸等行为因为严重干扰政府秩序和社会秩序，而容易得到关注和重视，因此政府不得不积极应对。

尽管闹访过程中可能会伴有破坏行为，但闹访人的诉求还是经济性而非政治性的。他们会提出经济利益方面的要求，但几乎没有政治上的权利要求；他们在政府大院里闹事，只是希望政府出来解决问题，不会挑战政府的权威。在闹访过程中，他们使用的主要是中国传统民本政治和当代社会主义政治的意识形态资源。他们可能在词汇上使用"权利"、"公民"、"法治"等自由主义法治话语，其实质却是古代政治及社会主义革命

---

[1]　尤陈俊：《尸体危险的法外生成》，《华东政法大学学报》2013年第1期。

的继承，这些话语只是文化资源库中可供利用的文字性和符号性资源。[1]
闹访人群可能一方面声称"维权"，同时却使用与古代政治或社会主义意
识形态相一致的话语来建构闹访的合法性，从而避免政府的打击，这些
话语包括"当官要为民做主"、"社会主义"、"人民利益"、"和谐社会"、"以
人为本"等。在本质上，闹访人群的"规则意识"大于"权利意识"，正如
裴宜理所言，人们向政府反映社会问题，并希望获得更好解决的"例行化
抗议"不过是一种传统抗争方式的现代版本，这种行动是对国家权力和合
法性的确认，它反映的是抗争者带有历史相似性的规则意识。[2]

三、政府治理闹访的逻辑

群体性涉法闹访不仅是闹访人理性算计的行动，还是法律系统和党
政机构治理逻辑的产物，党政官僚体系的制度安排和内在治理机制为群
体性涉法闹访提供了现实可能性。在应然层面，官僚体系的制度安排具
有制度理性，制度安排及其内在机制应当保证制度的连续、稳定与公平。[3]
在实然层面，由于官僚体系的制度理性是有限的，甚至有诸多非理性成
分，无法充分吸纳民众的诉求，有时也难以保证公平和效率，因此其治
理逻辑有着孕育群体性涉法闹访的内在机制。这种治理逻辑体现在两个
方面，一是日常治理中的规则依赖和选择性执法倾向，二是危机管理中
的问责制度和稳定偏好。

在日常事务的治理中，官僚体系及官员很容易生发"规则依赖"倾
向。规则依赖是西方官僚体系普遍存在的问题，在中国也越来越成为普
遍问题。随着法治观念的深入人心、公民权利意识的发育、传媒力量的
日益强大，党政官员的工作面临着越来越多的约束和风险，动辄引发争
议，搞不好还会遭到社会和官僚体系的惩罚。为了不将自己过于暴露在

---

[1] 赵鼎新：《社会与政治运动讲义》，社会科学文献出版社2006年版，第224页。

[2] Perry, Elizabeth, *Chinese Conceptions of Rights*: *From Mencius to Mao—and Now*, *Perspectives on Politics*, Vol. 6 (1)：46-47, 2008；Perry, Elizabeth, *A New Rights Consciousness?*, *Journal of Democracy*, Vol. 20 (3), 2009.

[3] 王海峰、郭素华：《制度理性：政府公共治理的价值源起》，《理论观察》2007年第5期。

风险境地，官员就自然学会了自我保护，尽量少做事、少说话，在照章办事的官僚主义逻辑中寻求免责的"避风港"。因为只要说话做事就可能出错，从而受到损害和责罚，因此就尽量少说话、少做事。既有的法律法规、规章制度，既是官员所应该遵循的行为规则和标准，也是可以确保其行为安全、避免承担责任的"防护罩"。严格遵守规则和程序既是依法行政，体现了程序正义，也可以让官员得到保护，避免错误。"对程序的依赖是公务员逃避责任的一种方法。当发生什么错误的时候，他们至少可以主张是严格按照既定程序进行的。"[1]这样，规则就成为党政官员自我保护的"挡箭牌"，那些需要以积极行动去保护的权利和利益就在照章办事的名义下被视而不见。

规则依赖本质是一种不做事就不会出事的逻辑，是新时期党政官员"官僚主义"的表现。在交通事故、医疗事故、校园事故等涉及人命的纠纷中，死者的近亲属悲愤而不安，其诉求亟需得到积极回应，其心情是非常迫切的。但由于人命案件的复杂性和重大性，及其可能引发激烈社会矛盾的特性，党政官员怕言语不慎或行为不当而承担责任，出于自保而不敢轻易表态，不会对案件的实质轻易作出评价。这显然与死者近亲属的期待相违背，不能积极回应他们的诉求，很容易激发他们的情绪反弹。同样，当法官面对人命纠纷的司法审判时，也很难积极回应死者近亲属的情绪，工作评价和职业习惯都使他们更需要重视法律证据。这种状况下，纠纷的正常解决渠道必然是低效甚至无效的。受其他类似个案的"启发"，死者近亲属就很容易走上群体性闹访之路。[2]民众总是期望党政官员又快又好地解决其问题，满足其诉求；相对于民众对法律系统和党政系统的需要而言，官僚体系面临着资源限制。面对资源不足的内在压力，减负就成为党政官员的理性选择。面对不同人群的不同需要和利益，官员必然根据状况进行理性算计，优先对那些最紧迫的问题进行执法，而对不那么重要的事项采取拖延策略；优先对产出最高的事情进行执法，避免纠缠于事倍功半的问题；优先选择典型问题被动执法，很少

---

[1] [日]青木昌彦：《市场的作用·国家的作用》，林家彬等译，中国发展出版社2002年版，第42页。

[2] 戴治勇：《选择性执法》，《法学研究》2008年第4期。

主动出击，即使某些问题进入执法者的视野也被搁置起来。这种选择性执法的逻辑就在实际中转变成为一种"放任小问题成长"的机制。[1]而且，实践中当事人的需求也可能扩张，党政官员越是积极解决问题，当事人诉求越是"水涨船高"。因此，选择性执法和拖延几乎成了制度性的。"他们可能缺乏资源在所有事项上一致地来实施规则，他们的反应可能就是'治疗类选法'，也就是在最有益的地方投入他们的时间和资源。""他们可能忙于'表面事务'，努力做那些容易处理和让他们的绩效看上去更好的工作。"[2]

选择性执法也是官僚体系内部管理的产物。在官僚体系内部，上级要考核下级哪方面，下级就会在这方面作出反应。选择性执法常常就是在下级应对上级考核中作出的。当前我国党政体系中，目标管理责任制度和绩效考核制度量化程度越来越高，建立了明确化的考核体系来约束官员的行为，评估其工作成效。在考核的指挥棒下，那些可计量的"硬指标"自然受到了重视和严格执行，而那些模糊不清、不能量化的"软指标"则被选择性忽略，这些软指标只有从意识形态上得到不断强调。与群体性涉法闹访相关的法治观念、服务热情、关心群众等要求，很难得到官僚体系的重视，而群体性事件、不正常上访率则得到了严格对待。

在规则依赖和选择性执法偏好下，对于解决问题而言，官僚体系的常规治理是低效的。这种背景下，为了使问题尽快进入官员视野，当事人的群体性涉法闹访行为就可以理解。群体性涉法闹访之所以可能吸引官员注意力，将闹访事项纳入政府议程，是因为党政系统的维护社会稳定的目标管理责任制及其延伸的行政问责制。维稳的目标管理责任制就是将维稳的目标和任务进行分解，逐级下达维稳工作责任目标，签订目标管理责任书，并定期进行考核。其中最重要的是特别规定了严厉的"一票否决"制，只要维护社会稳定的工作做得不好，一级政府和主政官员的工作绩效就被否定，政府评优、官员晋升都无指望。现在，各地各级政府及其职能部门都按照"属地管理、分级负责、谁主管谁负责"的原则，逐

---

[1] 韩志明：《行动的选择与制度的逻辑》，《中国行政管理》2010年第5期。

[2] [美]戴维·罗森布鲁姆、罗伯特·克拉夫丘克：《公共行政学：管理、政治和法律的途径》，张成福等校译，中国人民大学出版社2002年版，第386页。

步建立起维稳的目标管理责任制，一级抓一级，层层抓落实。在乡镇基层，目标管理责任制甚至演化成人身关联性质的"包保责任制"。[1]行政问责制是对目标管理责任制的延伸和强化，当党政官员不履行或者未正确履行法定职责，造成了不良后果，就要受到责任追究。在群体性涉法闹访事件中，如果党政官员处置不当，造成严重后果或恶劣社会影响，就会承担"一票否决"的后果，主政官员通常会遭遇停职处分。

不少学者认为目标管理责任制度并非如设想的那样有效运作。有学者指出，在目标责任制的实施过程中，如果制度设计和激励机制设计不当，往往容易产生事与愿违的后果，正式激励机制力度越大，目标替代的现象越严重，基层政府间共谋行为的驱动力便越强。[2]也有学者指出，目标管理责任制构建出了一整套以"责任—利益连带"为主要特征的制度性联结关系，这对基层政权的运行和地方治理产生了非常复杂的影响。[3]无论如何，目标管理责任制度，尤其是行政问责制度有力地强化了维稳职责，增强了各级党政领导的维稳责任心。"对于中国政府官员而言，目标管理责任对他们行为的直接影响，远大于很多正式的法律和管理规范。"[4]在日常治理中有规则依赖倾向和选择性执法行为的官员，一旦碰到"一票否决"的事项和问题，神经就会紧张起来，丝毫不敢松懈，运作效率明显提高。因为此时的工作效率及成效，直接决定了一级政府的荣誉和公务人员的前途。至于即使努力工作，"一票否决"的事项还是成为现实后，政府间的共谋及其他复杂结果，又是另外一个层面的问题了。

对于群体性涉法闹访事件，上级政府在评价下级政府的工作绩效时，标准不仅仅限于事件本身的性质，还要看其所造成的社会后果。甚至有时不问事件本身的性质，而是奉行"摆平就是水平"的官场哲学。由于实行属地管理原则，只要一个地方的稳定出了问题，当地主政官员就被推定负有责任，至于问题的具体原因，上级政府似乎没有多少兴趣关

---

[1] 田先红：《基层信访治理中的包保责任制》，《社会》2012年第4期。

[2] 周雪光：《基层政府间的共谋现象》，《社会学研究》2008年第6期。

[3] 王汉生、王一鸽：《目标管理责任制：农村基层政权的实践逻辑》，《社会学研究》2009年第2期。

[4] Carl Minzner, *Riots and Cover-ups*: *Counterproductive Control of Local Agents in China*, University of Pennsylvania Journal of International Law, Vol. 31(1), 2009.

心。[1] "压力型体制"下，决策权力高度集中，以行政强制力推进政策执行，下级政府需要对上级政府负责，因此对上级政府的偏好比较敏感，而上级政府可以不关心下级政府的偏好。[2]在当今社会，社会后果还包括媒体传播的舆论后果。群体性涉法闹访的目的是促使政府将事项纳入议程，其手段包括直接促使政府，也包括通过上级政府的行政压力，还包括通过传媒的舆论压力。上级政府是否施加行政压力，常常也要根据传媒的舆论形势来作出判断。因此，一旦群体性涉法闹访成为传媒关注的对象，政府尤其紧张，其处理的节奏会明显加快。在群体性涉法闹访事件的处理中，政府必须将传媒舆论放在十分重要的位置。

在传统社会中，传播手段非常有限，闹访事件的影响一般不会超出事件所在的地区，政府甚至可以通过封锁消息来进行治理。而在当今的信息传播时代，传媒作为"第四种权力"，具有巨大的影响力和渗透力。而且，随着信息技术的发展，互联网普及率的提升，尤其是近年来自媒体的发展，使每个人都可以拥有"麦克风"，传媒也进入了一个多中心时代。自媒体具有低门槛、开放性、交互性等特征，民众可以在其中自由进行表达，这大大增加了群体性涉法闹访的力量，既可以增加群体闹访的围观群众，又可以突破地域范围去寻求更广泛的支持。与此同时，给基层政府增加了诸多风险和不确定性。因此，政府在治理中需要紧张面对舆论话语权，这甚至可能成为群体性涉法闹访事件处置成败的关键之一。政府不仅需要面对具有公信力的媒体、网站、论坛，甚至需要面对不确定的自媒体，任何媒体都显示出议程设置的强大力量。群体性闹访事件一旦得到媒体关注，政府需要立即处理，无论采取何种手段，首先要使当事人息闹息访，然后才可能平息负面舆论。

正是政府的上述治理逻辑，群体性涉法闹访才更有生产的空间。群体性涉法闹访以激烈的方式吸引了社会和媒体的注意力，从而在诉求表达上具有了优势。借助媒体和社会舆论的强大话语权，闹访可以跨越冗长

---

[1] 这一点在特定职业群体上访的治理中表现得更加突出，参见陈柏峰：《特定职业群体上访的发生机制》，《社会科学》2012年第8期。

[2] 荣敬本等：《从压力型体制向民主合作体制的转变》，中央编译出版社1998年版，第17-27页。

繁琐的法律程序，将问题直接呈现在党政领导面前，加快其解决的速度。闹访是一种"问题化"策略，问题的严重性和紧迫性得到夸大陈述，政府的拖延和敷衍受到制约。正因为对于当事人而言，闹访有所成效，对于政府而言，闹访是必须立即回应的事项，因此它不断被再生产，以至于逐渐成为本应诉诸法律途径的诸种案件的常态解决方式。这一过程中，政府不断在维稳方面投入资源。在江西义县的乡镇一级，综治办的力量不断加强，其机构和编制不断扩张，权力也相应扩大。在维稳压力下，这是不得不作出的选择。与此同时，法院和一些执法机构（包括负责交通事故纠纷处理的交警队、可以负责医疗纠纷处理的卫生局、负责学校管理的教育局）也乐于退出这种纠纷的解决，严格遵守"不告不理"的原则。棘手的群体性涉法闹访让这些机构唯恐躲之不及，但党政系统最终是无处可躲的。

四、涉法闹访治理的法治后果

闹访本是一种古已有之的社会现象，曾在法治进程中得到了一定程度上的解决。而在江西义县，群体性涉法闹访近年来重新出现，且有愈演愈烈的趋势。显然，群体性涉法闹访是新的社会条件下，传统社会现象的再现和回归，这反映了传统意识的延续，也反映了制度环境的延续性。闹访现象的回潮，虽然也有一些积极意义，例如，暴露了社会中普遍存在的问题，释放了社会的紧张和焦虑，发挥了"安全阀"的作用，引起领导人的高度重视和积极解决，倒逼政府改进工作作风，促进社会整合。但从根本上来说，在建设社会主义法治国家的当下，群体性涉法闹访是一种反常的社会现象，它对法治造成了相当负面的后果。

第一，民众维权成本和政府治理成本同时攀升。群体性涉法闹访中，当事人不积极走法律途径而找没有直接解决纠纷职能的党委政府，并以集体闹事的方式对政府进行要挟。在当前制度环境下，这种"问题化"策略是上访者理性选择的结果。"成功"的闹访带来了广泛蔓延的示范效应，在江西义县的闹访中，已经形成了一种"比谁声音大"、"看谁动静大"的趋势。因为群体性涉法闹访成功满足诉求的现实告诉人们"会哭的孩子有奶吃"，闹访就有甜头。因此，只要一出现纠纷，当事人就会觉得，要想得到重视，迅速得到解决，就必须找政府闹访；他们甚至觉得，不找政府、不闹访就会吃亏。而在个案中，政府为了尽快平息闹访，不惜自掏腰包，"花钱买平安"，满足闹访者的过分要求。这造就了争相闹访的社会氛围，刺激人们用群体性涉法闹访来要挟政府解决问题。一旦陷入闹访的恶性竞争，就使原本可以依法进行的维权普遍变成了成本高昂的闹访维权，最终实质上增加了每个案件当事人表达诉求、维护权利的成本。虽然群体性涉法闹访对解决个案问题可能有收效，却由此导致了闹访的"扩大再生产"，使当事人为了解决原本相对较小的问题，而不断人为地制造更大的问题，如静坐、堵塞交通甚至暴力对抗。在不少闹访事件中，当事人以自残、自焚、自杀要挟政府，却出现意外，"擦枪走火"，进而酿成悲剧。不少群体性涉法闹访事件代价惨重，许多人的命运都发生不可逆转的改变。这些悲剧不仅是当事人的人生悲剧，也是社会的苦果和损失。此外，在一些地方，闹访还可能遭到政府官员的打击报复，这些官员非法动用警力，或者借用混混、黑社会对闹访人进行人身侵害。据笔者所知，武汉市的一些医院就曾雇佣街头无业人员对"医闹"人群进行暴力攻击，政府对此采取不干涉的默许态度。

党委政府应对闹访和解决纠纷的成本大幅攀升。以前文提及的案例六的闹访平息过程为例：

> 10月20上午，死者近亲属到学校提出质疑，校方和县刑侦大队当场作出了解释。11时，县委常委、纪委书记在镇里与死者亲属见面，表示将合法、合情、合理的解决此案。10月21日上午10时，死者亲属10多人在殡仪馆看望遗体时情绪激动，试图强搬尸体回学校，受到镇、村干部劝说阻拦后，到学校教学楼前和教室烧纸、燃鞭炮。下午4时，副县长、县政法委副书记、县教科体局局长、县公安局副局长、镇党委书记、镇长一同在镇里与死者亲属协商，未果。政府官员指出，如果按法律程序解决，按律师计算赔偿总金额在17万元左右；但死者亲属要求赔偿150万元。10月22日上午9时，死者亲属10多人继续在教学楼前烧纸、放鞭炮，并有打砸等过激行为。10月25日上午10时，死者亲属10多人打着横幅，举着死者遗像再次来学校烧纸、放鞭炮，并将正在上课学生赶出教室。下午3时，镇党委书记、镇长和县教科体局

副局长在镇里与死者亲属再次协商，死者亲属提出至少100万元赔偿，未果。10月26日上午，死者家属30多人打着横幅，举着死者遗像到县信访局上访，2位副县长接访。死者亲属提出要80万元赔偿金，协商未果后，死者亲属遂在县城某购物广场打横幅、举遗像，向群众诉说，后被公安机关制止。11月3日上午10时，死者亲属30多人继续到县信访局上访，县委常委、政法委书记接访，死者亲属仍然提出要80万元赔偿金，协商未果。11月14日上午，死者亲属30多人到县教科体局上访，局长接访，死者亲属仍然提出要60万元赔偿金，协商未果。下午1时，死者亲属再次到学校教室烧纸，不准学生上课，派出所民警出面制止。镇党委书记、镇长和县教科体局副局长继续与死者家属协商，死者家属提出至少要70万元赔偿金，未果。11月6—7日，镇领导与死者亲属反复协商，提出赔偿50万元。11月8日，2位副县长、县政法委副书记、县教科体局局长、镇党委书记、镇长与死者家属在县政府召开协调会。11月11日下午3时，最终达成45万元的赔偿协议（具体分担，前已提及）。

在群体性涉法闹访案件的解决中，政府需要投入的时间、精力和资源，大大高于根据法律程序处理时的投入。在上述案例中，参与协调解决的县委常委、副县长就有4位，各局局长、乡镇领导则有10多位，干部们轮番上阵，持续、紧张地工作了20多天，随时要应对可能出现的意外事件。出现意外事件，党政官员、警察还需要大规模出动。政府综治机构的不断膨胀，从一个侧面表明了政府处理闹访案件的成本不断增长。在纠纷解决的过程中，党政机关有时还要承受具体的财产损失，包括办公场所的损毁和破坏；有时要承担官员或警察的受伤医疗费，因闹访激化导致人员伤亡的医疗费、赔偿费；甚至常常需要无端支付"安定团结费"——"花钱买平安"的支出。党政机关支出的成本还包括形象的破坏、公信力的流失等。如果将上述各项都累加计算，全国群体性涉法闹访的治理成本支出将是天文数字。

第二，闹访和息访的第三方介入导致灰色暴力蔓延。由于群体性涉法闹访的不断发展，吸引政府注意力的门槛不断抬高，闹访有恶性竞争的趋势，这就导致了一个新兴的"代闹"职业的诞生。据笔者所知，武汉市的多家医院长期盘踞着一些混混和闲散人员，一旦出现医患纠纷，这些人员就会主动去找患者家属，表示可以提供有偿代理医闹服务。在湖北汉川，地方混混势力介入各种原因致人死亡的闹访事件。即使自己打架死人，农民也在混混的策划下找政府闹，这导致农民逢死必闹，闹事就是要政府给钱。混混进行一条龙"产业化"经营，帮死者家属策划，组织人员闹访，最后赔偿金收入分成。对此，政府毫无办法。[1] 而几年前在湖北荆州，一些混混成立公司、团伙，专门以代理医闹为业；医院和政府不厌其烦，遂铁腕整治，出台规定"对医闹人员不问缘由先拘留再调查"，这才基本遏制了医疗闹访的发展势头。

同时，由于闹访治理难度大，政府部门也借用混混进行治理，或默许医院、学校等单位利用混混应对闹访。武汉市的一些医院就雇佣混混和街头无业人员对"医闹"人群进行暴力攻击，见到群体性闹访，不问缘由上去就打，政府对此也不干涉介入。在河南周口，派出所困于应对混混所代理的闹访，因此干脆找了另外一些混混来帮忙协商，希望借助这些混混的面子来息闹。据报道，济南甚至有社会势力成立公司，与医院合作，承包医疗纠纷处置，应对医闹。公司派驻医院的"安保队"，队员标准为"身高一米八以上，警校生、运动员、退伍军人优先"，"有过在夜总会看场子经验的优先录用"，还要"长得吓人"，"主要看脸上有没有横肉"。公司的秘密在于"充分利用医疗纠纷"："该夸大夸大，该虚构虚构，实在没有就人为制造。""调解人员在调解中，必须有数名安保队员在场，保持对患方的施压状态。如患方离开调解办公室，须有安保人员伴送，继续保持施压状态。"保安人员有时甚至对医闹人员采取暴力行动，在一起医闹中，死婴的姑父就在医院大门口突遭袭击而受伤入院。[2] 显然，混混和社会势力的介入，依靠的是暴力和暴力威胁，这导致了灰色暴力蔓延。

第三，法治"领地"的萎缩。现在群体性涉法闹访的处理机构是地

---

[1] 贺雪峰：《乡村的去政治化及其后果》，《哈尔滨工业大学学报（社会科学版）》2012年第1期。

[2] 柴会群：《"承包"医疗纠纷：医患通吃的驻院安保公司》，《南方周末》2012年5月31日。

方党委政府，而之前相关案件主要由政府相关行政机构或司法机构处理；闹访人的违法行为不受追究，得到的赔偿超过法律规定，而政府承担了本不应承担的赔偿责任。法治领地的萎缩体现在处理机构和处理结果上，这一点前已提及。法治领地的萎缩还体现在案件处理方式上。有学者研究认为，劳动纠纷的街头闹事，吸引了法庭与相关行政机构的注意，这导致了有利于闹访人的结果。"街头作为法庭"是政府建设和谐社会运动下法律系统成长的微弱空间。[1]在劳动法律普遍不被遵守的情况下，一些个案通过闹访得到了法律救济，但如果考虑问题解决的方式，它显然带有强烈的反法治特征，未必就表明法律有了成长空间。与此相反，不少学者认为，社会稳定关注使得中国官方更多运用政治杠杆来改造司法，而不是法律杠杆来应对民众诉求，这降低了法律和司法的重要性，已经改变了中国的法治进程。[2]

在闹访事项的处理方式上，党委政府对社会问题和社会冲突的处理是非制度化的，其处理原则不是普遍主义和原则化的，主要不是根据问题本身的性质、是非曲直，而是取决于民众的反应，有没有闹，闹得有多大。因为"闹"关系到政府的重要治理目标之一——社会稳定，从而可以把当事人诉求转化为政府不得不解决的问题。问题解决始终是个案性的、非制度化的、有风险的，党政官员有时会积极解决问题，有时敷衍了事，有时甚至会打压。他们对问题的关注和处理是通过闹访机制在筛选和过滤的，这是一种选择性执法而非普遍执法。即使问题到了非介入不可的地步，也没有制度化、原则性的解决机制，只要能够"大事化小，小事化了"，而不论解决方案本身是否符合法律规范和政治原则。政府和闹访群众都是机会主义的，案件解决过程变成了2个或多个机会主义者的博弈，法律规范和政治原则都是工具性的。在访谈中，义县的一位政法干部感

---

[1] Su Yang, He Xin, *Street as Courtroom*: *State Accommodation of Labor Protest in South China*, Law & Society Review, Vol. 44(1), p157–184, March 2010.

[2] Carl Minzner, *China's Turn Against Law*, American Journal of Comparative Law, Vol. 59(4), p935–984, Fall 2011; Benjamin Liebman, *A Return to Populist Legality*: *Historical Legacies and Legal Reform*, in Mao's Invisible Hand: The Political Foundations of Adaptive Governance in China(Sebastian Heilman & Elizabeth J. Perry eds), Harvard University Asia Center, 2011.

叹："现在的闹访事件，只有违法才能解决。只有违法惊动了公安，政府才会重视；只有违法，公安做了材料，传唤闹访人，要拘留他们，闹访人才会冷静下来协商，接受政府方案。这是一件很悲哀的事情，为什么非要闹到这一步才能解决呢？"

群体性闹访的处理过程，实质是运动式治理方式的回归。韩志明将闹访所启动的解决问题的路径概括为四个内容：（1）（越级的）领导批示：党政领导人自上而下地层层作出批示，要求相关政府部门采取措施去解决问题；（2）调查（工作）组：由政府主要领导人牵头成立由多个政府部门和社会力量组成调查组来开展工作；（3）运动式治理（执法）：政府高度重视，整合各方面的资源和力量，大刀阔斧、雷厉风行去解决问题；（4）权宜性治理：在维稳的政治高压之下，地方政府以息事宁人为主，解决问题的做法往往是权宜之计。[1]闹访本身很难转化成要求普遍合法权利的社会运动，最终导致运动式治理方式的回潮，它虽然能够解决一些个案问题，但大体上只是息事宁人的权宜之计，很难积累成系统解决问题的制度化成果。运动式治理的回潮从另一侧面表明了法治领地的萎缩。

第四，群体性涉法闹访大大削弱了国家能力和党政权威。群体性涉法闹访的初衷是促使政府出面解决问题，其结果是使政府面对的问题不仅增多了，而且更加复杂，政府自身不断丧失超越性地位，卷入社会纠纷中，甚至看起来与纠纷的一方当事人站在一起，如交通事故中的肇事者、医疗事故中的医院、校园事故中的学校。在这种情势下，社会纠纷很容易激化为官民冲突，从而使社会问题政治化。这会耗散国家的合法性资源，动摇政权的社会基础。而且，由于闹访所用的意识形态话语不分青红皂白，普通民众经由媒体获得的认知通常将闹访与维权、抗争、申冤等同，这造成了国家合法化能力不断丧失。同时，由于闹访挟持舆论，政府很难依法有力执法，这造成了国家强制能力不断减弱。合法化能力和强制能力是国家能力的重要维度，[2]它们的弱化就意味着国家能力的弱化。

政府本应是社会冲突的协调者和仲裁者，但群体性涉法闹访使政府频

---

[1] 韩志明：《利益表达、资源动员与议程设置》，《公共管理学报》2012年第2期。
[2] 王绍光：《安邦之道：国家转型的目标与途径》，生活·读书·新知三联书店2007年版，第5页。

繁地陷入社会纠纷中。面对此起彼伏、源源不断的闹访，政府必须进行公共成本极高、公共收益极小的协商谈判，政府日程被无效率的事务占满，既有法律得不到尊重、人们对行为后果没有稳定预期。这种情形下，政府协调能力无法保障，其权威难免受损。同时，闹访使政府及其官员面临公众广泛的质疑、传媒的批评、上级政府及官员的责难，这在一定程度上削弱地方政府及其官员的权威。对一些社会纠纷，基层政府依法解决有难度，只好推诿、拖延，但在闹访引起社会和上级党委政府注意后，很快以特别方式快速加以解决。这个过程中，党委政府依靠"闹"来识别问题，被动地进行局部而非普遍性的治理，导致公共资源的不公平配置，实际上会进一步加剧民众对政府的不信任，有损政府权威。

五、社会稳定与法治关系之反思

群体性涉法闹访是当前社会转型期的一种特殊法治现象，有着颇为复杂的生产机制，它虽有一些积极功能，但总体上导致了诸多消极的社会后果。任何对群体性涉法闹访的简单认识都可能有所偏颇，既不能仅仅抱着对闹访者的同情就认为群体闹访一定是维权抗争，也不能因片面固守党政权威而将群体性闹访简单斥为挑战社会秩序。群体性涉法闹访的行为逻辑和治理逻辑，从根本上反映和体现了法治进程的复杂性和反复性，提出了转型期法治建设的诸多问题，其中重要的问题之一是社会稳定与法治的关系。"压倒一切的是稳定"是邓小平1980年代末在非常特殊的国内外环境中提出的，后来维护社会稳定成为政府的一项重要工作。1990年代以后，随着改革的深入，各种社会矛盾日渐加剧，政府逐渐扩大了"稳定"的范围并通过压力型体制维稳。诸多问题不断被纳入社会稳定范畴，并纳入行政绩效考核体系，通过行政压力在政府间进行考核。在绩效考核的指挥棒下，社会稳定就被地方党委政府片面理解成刚性稳定，将社会矛盾视为社会稳定的完全对立面。实践表明，完全刚性的社会稳定观念给政府增加了很大压力，不利于社会矛盾的依法处理，造成了法治领地的萎缩，甚至造成了"越要稳定越不稳定"、"越想和谐越不和谐"的局面。不稳定因素蕴含在社会稳定的"讨价还价"过程及其心理效应之中。

从社会稳定的达成过程来看，群体性涉法闹访的息访，党政官员和闹访群体之间存在讨价还价，并不是完全自由的协商和表达过程。过程中双方都感受到了压力，受到了制约甚至强制，闹访民众受到了政府权力的制约，党政官员则受到了社会稳定的考核压力。党政官员需要保持良好的政绩记录，以免受到"一票否决"，闹访群体就利用官员对群体性事件的压力，要求获得更多的补偿，闹访及其处理中双方的目的决定了讨价还价的常规化。人们可以利用社会稳定压力进行闹访，同时也要受到政府权力的制约，这造成了两种似乎截然不同的结果：一方面是人们常说的"大闹大解决，小闹小解决，不闹不解决"，另一方面却是媒体经常报道的截访甚至侵犯公民权利。其实，前者是常规状态，后者是非常规状态。常规状态下，政府会积极地与闹访人谈判，无论多么情绪化的闹访甚至对抗，党政官员都会努力冷静地去处理解决。虽然在闹访现场，安抚闹访人的情绪非常重要，但整个过程的核心却是利益让步和利益诱导，这在侧重经济利益的闹访群体的合谋下是有效的。官员深知闹访群体的情绪背后的"理性"，即极端手段只是提高谈判地位的方式和筹码。而一旦常规手段无效，党政官员也可能会动用截访等非常规手段。非常规手段并不常见，却构成了闹访民众讨价还价的压力。讨价还价的过程就像是心理博弈，在每个闹访个案的处理中，社会稳定的达成，都经历了令双方都备受折磨的谈判过程。

从社会稳定达成的心理效应来看，一旦协议达成，社会不稳定的紧张感消失，党政官员和闹访人双方又都感觉到委屈和不甘。在调研中，党政官员不断抱怨，现在"刁民"越来越多，政府责任越来越重；抱怨信访治理为何不能实行法治，而要党政官员去处理闹访事件。从闹访民众角度来讲，虽然通过讨价还价得到了经济补偿，但也感受到了讨价还价过程中的强制，因此会认为社会稳定的达成是一种"不平等条约"。他们总是幻想也许本来可以得到更多。由于经济补偿是针对特定事件，而且是任意的，极易受事件的地点、手段和时间的紧迫性所影响，而且由于讨价还价过程中权力、信息的不对称，闹访民众总是感到他们得到的补偿是不公平的，即使得到超过法定利益的好处，他们仍然感觉到吃亏。农民常常说类似这样的话："我们这些普通老百姓怎么可能成功斗赢政府"，"有权的人能够用尽各种方法来对付我们"。当然，其中的很多人也承认

"满意的补偿"是没有底线的。这些情绪可能使他们在拿到经济补偿后继续上访，由于时过境迁而丧失了闹访的环境，则可能成为让官员极为头疼的个体缠访。

讨价还价后的社会稳定达成俗称"买稳定"，其本质是政府权威和公民权利的商品化，[1]政府权威和民众权利可以被理解为波兰尼意义上的"虚拟商品"，[2]因为它们本质上不能被交易侵蚀，一旦商品化，其性质就发生了改变。"买稳定"的过程中，政府权威的商品化和民众权利的商品化相互配合，成为讨价还价进程的基本支柱。这一进程中，无论是政府权威还是民众权利都不强大，也绝谈不上神圣。"买稳定"的前提就是政府权威和民众权利虚构的商品化，从而可以成为交易的对象。"买稳定"的破坏性后果就是同时削弱了政府权威和公民权利的基础。当政府意志只有在花钱之后才能得到贯彻，政府权威必然受损；当民众权利只有通过闹访和讨价还价后才能兑现，那法律权威必定无存。这个过程中，法治沦为了市场交易般的讨价还价，闹访者借机要挟政府获取利益。

然而，政府权威和民众权利的虚拟商品化，只能获得社会稳定的表象，因为这种维稳机制恰恰会再生产社会不稳定因素。政府权力商品化，正是党政官员不从根本上解决问题的表现。在社会稳定的目标管理责任制下，上级政府通过规定目标向下级传递着科层制压力，却没有给定达到目标的手段，给下级留了变通的空间。出于目标管理中"一票否决"及其职位和利益诱导，党政官员必然严肃看待维稳工作。但是，由于党政干部的轮换、升迁，他们重视即时的绩效指标，追求短期解决维稳问题，没有动力去解决社会不稳定的根源，甚至为了眼前稳定不惜牺牲远期稳定。政府权力的商品化，就是刚性维稳下政府官员对制度权力的任意使用。同时，借助刚性维稳体制对政府的压力，民众也急于以商品化的方式兑现法定权利。它们主张法定权利却认识到权宜性的利益回报是最佳

---

[1] 张永宏、李静君：《制造同意：基层政府怎样吸纳民众的抗争》，《开放时代》2012年第7期。

[2] 波兰尼曾用虚拟商品来描述劳动力、土地和货币，它们并不是为出售而生产的，一旦将它们变成市场上标价的商品出售必然会改变其性质和用途。参见[英]波兰尼：《大转型：我们时代的政治与经济起源》，冯钢、刘阳译，浙江人民出版社2007年版，第63页。

选择，政府对社会不稳定因素极端重视并进行地毯式清除的压力创造了这种权宜性利益回报的机会。一旦这种利益结构被更多的人知晓，没有合法权利诉求的人也会混迹其中，通过闹访获利。得利的闹访者事后也会有被剥夺感，觉得本来可以得到更多，不断重复访的不在少数，闹访群体因此更加难以驾驭。

在刚性维稳机制下，政府似乎用权力和技术巧妙地化解了群体性涉法闹访，表面上看起来相当精细和有效的维稳机器本质上却加剧了不稳定因素的不断再生产，这种再生产对社会稳定具有侵蚀性，它会不断冲击社会稳定。也就是说，刚性的维稳机制，本身具有自毁性。其本质在于，建立在利益让步和利益诱导基础上的稳定本质上具有不稳定性和易变性，因为它会造成期望不断提高，这种动态变化具有潜在的不稳定性。从长远来看，还是必须依赖法治来维护社会稳定。法治的最大好处，就是能够通过法律规范的确定性和普遍效力，来为维权、闹访等行为提供后果预期，对诉求表达、纠纷解决过程进行规范，促进问题解决的连续性和一致性，从而减少恣意和压力下的讨价还价，为社会生活创造统一、稳定的秩序，避免刚性维稳过程中政府权力和民众权利的商品化。也就是说，法治机制具有对社会稳定的长久生产能力。虽然现实中的法治机制也存在诸多问题，但是，通过法治来维护社会稳定，这应当成为共识。具体建设怎样的法治机制，则是需要在实践中进一步讨论的问题。面对这些问题，需要从多方面着手加强法治建设。

第一，群体性涉法闹访个案处理的法治化。要将群体性社会闹访引导到法治的渠道来，就需要降低闹访渠道的效用，提高法治渠道的效用。对于闹访渠道，要采取"堵"的办法，提高闹访解决问题的门槛和代价，对闹访中违法行为严格处罚，杜绝通过闹访获得法外利益的渠道。"堵"的办法至少可以使人们不敢轻易闹访，但如果没有相应的更顺畅的法治渠道，就会造就掩盖社会矛盾、压制正当维权行为的局面。因此，在"堵"的同时需要"疏"，提高解决纠纷的法律渠道的效率，让闹访变得没有必要。这需要规范权力运作，强化法律解纷渠道的回应性、公正性和可信任度，降低法律体系渠道的运作成本，并对弱势群体提供及时必要的法律援助。

第二，党政系统内部管理的法治化。党政系统在日常执法中的规则依赖、选择性执法，在群体性闹访的应急治理中的社会稳定偏好，都与党政系统内部管理模式有关，包括目标责任管理、行政问责等一系列具体制度。政府及其官员在履行职责中，是否选择性执法，是否只"对上负责"，是否在出事后"花钱买平安"，都是具体管理模式下的理性行动。要促使政府及其官员依法行政，正确使用权力和资源，就必须有科学的内部行政管理模式，必须摆脱"摆平就是水平"的管理和评价模式。目标责任管理、绩效考察、行政问责等，都必须符合法治精神。下级政府和官员承担责任应当与其不当行政行为紧密联系起来，不能让政府和官员为其他组织或个人的过错"买单"，不能让不确定的"运气"左右对政府和官员的评价。

要做到政府内部行政管理的法治化，就必须科学正确地理解"社会稳定"与"社会和谐"。"压倒一切的是稳定"是邓小平1980年代末在非常特殊的国内外环境中提出的，后来维护社会稳定成为政府的一项重要工作。1990年代以后，随着改革的深入，各种社会矛盾日渐加剧，政府逐渐扩大了"稳定"的范围并通过压力型体制维稳。"和谐社会"是21世纪以来党中央与时俱进地提出的新理念，但在实践中被地方党委政府片面理解成绝对和谐，将社会矛盾视为社会和谐的完全对立面。实践表明，完全刚性的社会稳定、社会和谐观念给政府增加了很大压力，不利于社会矛盾的依法处理，甚至造成了"越要稳定越不稳定"、"越想和谐越不和谐"的局面。因此，必须辩证地看待社会矛盾与社会稳定、社会和谐之间的关系，在社会矛盾的正确依法处理过程中促进社会稳定与社会和谐，在政府内部行政管理制度中将社会稳定和社会和谐置于恰当的位置。

第三，政府财政预算的法治化。政府在处置群体性涉法闹访事件时，常常为了尽快平息事端而"花钱买平安"，这是闹访屡屡获得法外利益的重要原因。要从源头上杜绝这种没有原则的反法治现象发生，就要从源头上限制政府的不合理财政支出。因此需要发展财政预算制度，建立预算法制，让政府所有的收支都必须依法进行，并接受上级政府和人民监督。目前我国还不存在现代意义上的预算制度，尤其是基层的乡镇政府，几乎没有财政预算。现有预算制度存在诸多问题：只包括预算内资金，不包括预算外和制度外资金的使用计划；预算草案往往只列举几大类的开支；预算对政府的行为没有有约束力，挤占挪用资金现象普遍；预算内容和预算过程缺乏透明性，随意调剂资金现象普遍。[1]因此，迫切需要建立现代预算制度，并得到严格执行。倘若政府财政严格遵循预算，预算监督依法进行，基层政府的法外支出就非常困难，其"花钱买平安"的空间就会消失，反法治的维稳就丧失了财政基础。

第四，传媒监督的法治化。近年来的许多群体闹访事件，新闻媒体和网络都在其中扮演着重要的角色。法治新闻传播通过戏剧化的闹访剧目，引发舆论的爆炸性释放，并以此吸引社会的关注、帮助和支持。这对于民众依法维权、监督政府，起到了积极作用。但受传媒介入特性、追求商业利益、政治力量等多种特性影响，法治新闻报道也容易出现偏差，一些法治新闻的信息存在瑕疵，甚至有造假嫌疑，这有违新闻报道的基本要求，不能坚持中立立场，没有兼顾政府与闹访人双方的话语权。[2]甚至有新闻工作者为了获得爆炸性素材，故意煽动、协助组织当事人进行群体性涉法闹访。这种背景下，新闻传播的法治化，就显得十分必要。一方面，要保障法治新闻依法报道的自由，加强对信息公开的行政问责，切实保障新闻媒体的舆论监督权利；另一方面，要对法治新闻传播进行职业伦理约束和法律规制，对违反职业伦理的传媒监督行为进行公开的批评，对违法的新闻传播行为进行严厉制裁并昭示于众。

---

[1] 王绍光：《安邦之道：国家转型的目标与途径》，生活·读书·新知三联书店2007年版，第114-137页。

[2] 陈柏峰：《传媒监督权行使如何法治》，《法学家》2012年第1期。

第七章　特定职业群体上访的发生机制

特定职业群体的上访，是指目前全国各地多发的退伍军人、民办教师、下岗工人、政府分流人员等特定群体的上访。这种上访是社会转型期特有的现象，其诉求的合法性比较模糊。很难明确说上访人的诉求是合理的维权，当然也很难明确说上访人的诉求无理。在分类研究的谱系中，特殊人群的上访属于协商型上访。本章试图展现这种类型上访的复杂性，解释这种类型上访被不断生产出来的体制逻辑。

一、特定职业群体上访及其一般特征

退伍军人、民办教师、下岗工人、政府分流人员等特定群体的上访，并非法律术语，但在基层政府文件中经常使用。新中国成立以来，历次政策变动所牵涉的人群，都可能通过上访来表达对旧制度体系中法律和政策的不满，要求按照新的法律和政策处理自己的问题；或者对旧的和新的制度体系都不满，要求重新制定法律和政策来处理自己的问题。特定群体上访的原因非常复杂，存在多种可能性，多种原因可能复杂地搅在一起。在基层政府看来，特定群体的上访常常意味着，时间跨度比较长，情况相对复杂，非因本届政府的政策或具体行政行为所导致，无法完全按照现行的法律和政策处理的棘手社会问题。目前，历史遗留问题的上访较为集中地出现在以下几个职业人群中：

第一，下岗工人。中国在1990年代所进行的企业改制过程中，产生了近5000万下岗工人，其中一部分逐渐成功实现了再就业，而另外一部分则未能成功实现再就业，或者就业后再失业。1990年代中后期至今，下岗职工问题不断突显，引起社会各方面普遍的广泛关注，国家花费了大量的财政经费来着手解决下岗工人的社会保障问题，收到了巨大的成效，下岗工人的社会保障近年得到了明显改善。但是，这种改善同下岗工人的物质生活的主观需求还存在着相当大的距离。尤其是社会普遍存在的不公平现象，激发了下岗工人的不平衡心理，他们因此基于各种各样的原因而上访。

第二，政府分流人员。中国的政府机关曾经人浮于事、机构臃肿，造成巨大的浪费和财政负担。尤其是在县乡基层，有的单位本来一个人能干的事几个人干，公务员是"一杯茶，一支烟，一张报纸看半天"。因此，为了精兵简政，减轻财政负担，政府机关也实行了下岗分流的改革。改革之后，一些分流下岗人员基于不同的原因而上访，有的反映分流过程中的竞岗未能做到公平公正，有的反映政府欠款问题，还有的反映生活困难，要求政府补助，等等。

第三，退伍人员。包括转业干部和退役军人。转业军人是指部队官兵直接从部队转入地方工作的。目前军人要符合一定条件的才能选择转业，转业军人可以选择国家分配和自主择业，自主择业的可以拿到一次性的补偿。对于普通义务兵和低级别士官而言，他们离开部队只有退役的选择。近年来，涉军人员上访苗头明显加强，上访频率明显增加，涉及人数越来越多。一些转业、退役军人生活困难，向政府求助；一些涉军人员以过去的退役补偿偏低，要求政府增加补偿；还有一些涉军人员以自己曾在部队奉献青春为由，要求政府给予补偿，等等。

第四，民办教师。民办教师是中国教育史上颇具特色的"产物"，是自1960年代起就广泛分布于广大农村、边远地区的一个特定职业群体。他们是村里和地方教育系统从农民中聘用的教师，但不是享有一般国家正式教师的工资待遇。他们既是农民又是教师，身份比较模糊。改革开放以来，一直就有民办教师因各种原因而上访。近年来，民办教师上访有增多的趋势。他们中有些为被辞退的原因而不断上访讨说法；有的因被学校或基层政府辞退而没有符合政策的手续而上访；有些因被辞退时没有任何补偿或对补偿不满而上访；有的因生活贫困而上访要求落实政策。

特定职业群体的上访是当前社会发展过程中特有的现象，它是社会转型中由于体制变迁或政策变化而造成的问题，具有特定的性质，需要从社会科学层面加以认真对待。特定职业群体之所以上访，由于他们感觉到不公正，在现实制度体系中难以获得支持，找不到明确的合法依据和政策依据，或者相关政策依据难以得到地方政府的执行落实。这些问题源于特定的改革环境，但在当时并没有表现出来，而在当前社会变迁的背景下才凸显出来，或者虽然当时就有所表现却一直未能得到有效解决。受国家意识形态、法律和政策变化的影响，特定职业群体上访问题的合法性在现行制度框架下存在相当的模糊性。因此，特定职业群体的上访很难说是维权的上访，而多是具有政策诉求的协商型上访，上访人期望能够通过上访来改变政策，从而满足诉求。对于政府而言，要真正彻底解决此类问题，常常需要制定新政策，探寻可行的解决办法。

在特定职业群体的上访中，每个人的情况都比较复杂，案情具有"延伸性"。"延伸性"一词取自"延伸个案方法"，[1]表示上访事由不是由一次矛盾冲突、一个明确的政策过程所导致，而是有着复杂的前因后果和政策背景。无论是上访的直接原因，还是上访的最后平息，都要与上访人的过去和当前的具体状况联系起来，与周围人对上访行为的看法相结合。在上访时，当事人叙述的原因往往就是个人及其家庭的一部生活史，从中厘清哪些问题是与政策相关的，哪些是无关的，都不是一件很轻松的事情。解决问题就更不容易了，不但需要花费人力查明事实，可能还需要花费财力来切实解决问题；不但涉及个案诉求，还涉及同类情况的处理。

特定职业群体上访之所以成为当前上访中的具有重要影响的问题，更为重要的原因可能是这类上访牵涉面广，相关牵涉人员过去处在一定的社区或组织网络之中，互相之间可以方便地取得联系，互通信息，因此很容易发动大规模的群体性上访，相关问题处理不当也可能会引起群体性事件。这些问题本身处理难度大、牵涉关系多、历史包袱重，处理起来必然要耗费大量的人力、物力和财力，因此相关上访是基层政府最不

---

[1] 延伸个案方法最早是西方法人类学家对菲律宾和非洲的部落社会中的一种地方性的纠纷调查和处理办法所作的概括；它从整体论视角出发来发现"事实"，确定"性质"，并作出相应裁决；它将"事实"放在社会—文化情境的整体中，并与纠纷的"前历史"和可能"社会后果"联系才能定性。M. Burawoy, *The Extended Case Method*, Sociological Theory, vol. 16, no. 1（March 1998）, pp. 4–33；朱晓阳：《"延伸个案"与一个农民社区的变迁》，《中国社会科学评论》第2卷，法律出版社2004年版。

愿意面对的。在没有新的法律和政策时，相关问题的制度化解决几乎是不可能的。

二、特定职业群体的上访之路

在江西安县的2个乡镇调研期间，我们遇到了的特定职业群体上访中，退伍人员、民办教师和政府分流人员的上访表现得相对较为突出。在当地，相关人员上访，有从零星的个体访，发展到成规模的群体性上访和有组织的代表访的趋势。而无论是群体访还是个体访，基层政府解决起来都颇为费力、为难。

（一）民办教师上访

民办教师曾经是农村基层教育工作者的主流。1970年代，安县有1100多名教师，其中正式的公办教师只有不足20名。那时，学校办学条件不好，民办教师工资不高，工作却非常辛苦，常常是一个教师带一个甚至几个年级的课程，语文、数学，体育、美术等都要上。有时白天给学生上课，晚上还要对农民进行扫盲教育。而这些民办教师中，只有极少数最后转为了正式的公办教师。以车头镇三排村为例，1980年代有15个民办教师，最后只有2个转为了公办教师，其中1个还是因为自费到县师范学校接受了再教育。与公办教师相比，民办教师所受到的待遇与他们的贡献并不相称。这些民办教师中的大多数，最后被政府的一纸政策而清退，几乎没有得到任何补偿。从车头镇的情况来看，在被清退后很长一段时间，民办教师中的大多数无怨无悔，只有少数人觉得自己比较委屈，但并没有上访的愿望和行动。

车头镇的民办教师上访是从2008年开始的。这一年，一个偶然的机会，一些民办教师得知邻镇的有个民办老师王某享受了公办老师的待遇。王某有个哥哥在县政府工作，他通过关系和职权将已被清退的王某从民办教师改为了公办老师，王某因此领上了退休工资。这个非法操作已经过去了一些年，但一直处于保密状态，直到王某的哥哥安全地从县政府退休。之后，王某觉得不会再损害其哥哥的利益，因此就向别人透露了自己的非法操作。消息传开后，迅速在周边乡镇产生了爆炸性影响，从而成为当地民办教师上访的导火索。车头镇的民办教师正是在这种背景下走上上访道路的。

2008年冬天，车头镇的一个民办教师唐某，开始串联、召集、组织全镇的民办教师去赣州市上访。2009年，当组织好的全镇民办教师准备赴赣州上访时，在安县车站被镇政府截住，因为民办教师中出现了"内鬼"，有人向乡政府泄露了上访计划。2010年1月24号，《南方都市报》发表了一篇文章《被清退的代课教师理应获得回报和补偿》。这篇报道，引起了民办教师的高度重视，他们中的很多人将其当作《人民日报》的"社论"来对待。在这篇文章的鼓励下，车头镇的民办教师准备再次上访。他们重新组织了一个15人的上访支持团体，每人出资100元作为上访经费，这次又因有人向县政府告密，上访队伍未出安县就被政府截住。

2010年3月，安县民办教师组成了"县早期民办教师联谊会"，起草了《告全县早期民办教师的一封信》。2010年5月，唐某结识了邻镇的民办教师谢某，谢某又与邻县的民办教师有所联系，此后不久唐某又认识了安县另一个镇的民办老师，这样，上访民办教师的组织规模不断扩大。最后，赣州市18个县市的民办教师有了松散的联系，他们准备共同上访。他们起草了一份上访信——《承认历史 还我尊严 讨回公道——为我赣州地区十八个县市早期民办教师离退待遇至今尚未得到解决而向中央提出的申诉报告》，要求拿到补贴或退休金，以安度晚年，并印刷网上的博文《祖国，请给他们足够的补偿和尊严》作为鼓励大家上访的文本。不过，18县市的民办教师并没有串联集体上访，而是以县为单位组织上访。

2010年年底，安县的民办教师经过周密的组织，终于成功到达北京上访。由于县里、市里对问题一直没有答复，民办教师中的骨干最后计划直接去北京上访。他们没有将消息透露给被怀疑向政府告密的民办教师李某，因为李某有亲戚在县政府工作。全县共组织了70个民办教师，其中68人每人交了100元的上访路费，每个镇里都安排了1个上访代表。上访队伍没有选择在安县坐车，而是先去了邻县，转道去北京。负责信访的一个处长接待了民办教师代表，让他们把材料交上，答应第二天给答复。第二天，处长又说事情不容易办理，让他们先回去等待结果。但此后，大家也就冷静下来了。

这次上访之后，车头镇的上访组织者唐某被安排到了镇政府看大门。

其他一些乡镇也请上访的人吃饭。按照上访民办教师的说法,"他们被收买了"。其他一些民办教师,上访的动力也有所减弱,一些人觉得"活不了几年了,不想折腾了"。邻镇还有民办教师准备上访,在我们调查结束时,尚未闹出大的动静来。

(二)退伍军人上访

车头镇退伍军人上访的突出典型是王某,已有65周岁,1969入伍,1976年退伍。他本来是要被安排参加抗美援越,后被抽调进行工程建设。退伍回来后,王某做过民兵连长、生产队队长,干过大队支书,做过稀土生意。生意亏本后,就不再工作,搬到县城的二儿子家住,参加了县里的一个退伍军人联谊会,这个联谊会有成员250人左右。联谊会在县城里租了一间房子,买一些扑克、象棋、麻将等,平时总有20多人在其中娱乐,交流一些生活和生意信息。2008年,联谊会中有人听说邻县的退伍军人有了补贴,城镇户口每月300元,农村户口200元。于是,他们就开始查找相关政策,进而得知江西省在2007年时,就有政策要求给参加抗美援越战争的退伍军人一些生活补贴。于是,王某就走上了上访之路。

2008年初,他不断向镇里反映,要求享受相关退伍老兵的待遇。他先后去县里上访近10次,几乎每个月都去。民政局、社保局、信访局、县政府他都去过,这些部门给他的回答是没有相应的退伍老兵补助政策。2008年年底,退伍军人联谊会的250多名成员聚会,每个人交了200块钱。王某拿着会餐之后剩下的钱作为上访经费,就去了北京,他找到了国家信访局,没进去就被接访干部接回了安县,此后政府工作人员就经常注意他的动向。

2009年8月9日,王某安排2个老兵到江西省政府上访,最后辗转来到民政厅,民政厅回答说没有相关政策。2009年8月20日到9月2日,王某等3人集体到北京去上访,乡村干部24小时不停地打电话要求他们回家,说60周年国庆时机不适合,要求他们回来商量,家里人也特别担心他,于是就自己买票回家了。回来以后,车头镇开始做工作,镇党委书记让王某到镇上做门卫,后又让他到敬老院当领导。王某不同意,说自己需要在家带孙女。后来,县政府给包括王某在内的一部分退伍老兵每月补助300元钱。王说,现在中国还是发展中国家,好政策不可能一下子普及到所有的人，慢慢来。但是，作为退伍军人联谊会的负责人，他还会继续为老兵争取福利。

（三）政府分流人员上访

车头镇的政府分流人员上访也普遍存在，镇企业办和畜牧兽医站都比较典型。1997年乡镇企业改革，车头镇乡镇企业办等一批政府事业单位随后也进行了政府机构改革。据曾是企业办主任的镇干部付某说，当时省里出台文件要求，分流人员的待遇由县财政统一解决。而县委竟然秘密扣压了文件，不愿意解决乡镇分流人员的待遇问题。虽然当时就有分流人员不满，但最终还是被乡镇政府说服而没有上访。直到2003年，付某去市里开会，得知其他各县已按照省里的政策解决了分流人员的待遇问题。于是，他联合一批分流人员去县里反映情况，县长回应说"县财政比较困难，解决不了这么多人的问题"。后来付某2次动员组织了30多人的队伍去市里上访。县里一直想把财政负担转嫁给乡镇政府，让乡镇来解决问题，但乡镇财政也捉襟见肘。一直到2006年，当付某又去县里上访了10多次，并再次组织赴市里群体上访之后，县里终于松口答应逐渐解决问题，后又经多次协商，终于彻底解决了问题。县里给政府分流人员解决社保，要求分流人员将每个月工资的28%交到县社保局，其中乡镇垫付20%，县里垫付5%，个人支付3%，到达退休年龄后分流人员就可以到社保局领退休金。

与此对照，几个农业站所的问题至今也没有得到较好解决。原车头镇农业五站杨某等人，分别于1964—1991年经县畜牧水产局批准进入镇水利、畜牧等站所工作，每年度按县局规定交纳积累，2003年划归乡镇管理站后，成为无编人员，60岁以上的没有退休费，年轻的没有工作。农业五站现有离退休人员30多人，一年只有退休费300—400元，有些人一辈子为畜牲站服务，老年时却连基本的生活费都无法保障。他们曾经到过省、市里上访，多次县访，要求解决编制和社保。他们认为，畜牧水产局集体讨论批准下进入农业站所工作，职工每年按工资比例上缴管理费，理应得到社保或提高退休金。但政府认为，因目前国家尚无相关法律与法规明文规定，故难以满足上访者诉求。但镇长承诺在合情合法合理且镇财政实际情况允许下，将逐步适当提高退休老干部的退休工资，并在必要时民政救助。虽然目前站所人员暂时息访了，但问题本身并没有得到解决。

上述上访事件的过程可以分为两类。一类是改革中一直没有解决的问题，改革的利益丧失者一直在上访要求解决问题，而问题的解决总是与上访人上访的强度和烈度相关，上访人不断上访，引发群体性上访，最终可能引起政府的重视，从而促进问题的解决。车头镇的政府机构分流人员上访就属于这类。这一类问题源于改革中政策的不公平，或者基层政府没有落实上级政府的政策。另一类是改革中本来不成为问题的问题，随着时间的推移，由于偶然的机遇而逐渐成为问题，从而引发上访，伴随着上访强度和烈度的增大，政府不得不着手制定政策来解决这一问题。车头镇的民办教师和退伍军人上访就属于这一类。这类问题往往又不是基层政府所能轻易解决的。甚至可以说，前一类问题的存在和解决，给后一类问题的上访提供了动力。仔细观察上述特定职业群体的上访之路，可以发现一些显著的特征：

第一，特定职业群体上访虽然是改革开放之后就开始存在的问题，但是近年来有不断增多的趋势。在车头镇，政府分流人员的上访开始于2003年，因为这一年他们发现了县乡政府的问题；而民办教师和退伍军人的上访则开始于2008年，因为直到这一年，当地的民办教师和退伍军人开始意识到可以向政府要求补偿和照顾。在当地，几乎所有的特定职业群体最初并没有打算为了自己的利益而去上访，即使政府分流人员等个别特定职业群体有强烈的不公平感和被剥夺感，而民办教师和退伍军人则基本上没有强烈的不公平感和被剥夺感，他们上访的理由来源于偶然的发现。

第二，特定职业群体都觉得自己是弱势群体，曾为国家作出了突出的贡献，现在国家富裕了，自己理应得到国家的照顾和保障。可以说，所有特定职业群体的上访都从国家的政治大气候中获得了某种信息，那就是政府越来越重视民生问题。他们看到国家近些年经济迅猛发展，看到政府在回馈为国家作出贡献的弱势群体，他们觉得自己也为国家作出了突出的贡献，因此应该得到补偿和照顾。黄陂村的林某说："我们曾为国家付出了青春，奋斗了多少年，现在国家那么有钱，为什么不照顾我们这些做过贡献的人？"国家近年来也确实从政策上向弱势群体倾斜，出台了许多照顾历次改革中受损群体的具体民生政策，着力解决利益受损群体的生活困难和社会保障问题。这也让人们确实感受到了中央政策的转变，这种政策转变的信号，在媒体的宣传攻势下，让各种特定职业群体有了利益诉求，这些利益诉求一般也与社会保障相关。

第三，特定职业群体上访的导火线，往往是得到了其他地方同类群体得到政策照顾的信息，从而产生了心理不平衡。特定职业群体所看到的其他地方，往往是经济发展状况比当地要发达一些的地方。比如，安县在赣州属于经济发展较为落后的县市，而诱发当地特定职业群体上访的都是来自赣州经济发展较好的县市。这几乎是各地特定职业群体上访的普遍状况。我们在南昌附近经济发展较快的义县调研时，当地退伍军人上访就是因为听说湖南、江西与河南的补贴标准都比江西高，因此认为江西省对退伍军人的照顾没有落实政策。各个地方经济发展水平不一样，地方官员对民生问题的重视程度也不一样。有些地方的特定群体得到好的待遇后，其他地方的特定职业群体就感到不平衡。正是这种不平衡感，唤醒了或许早就存于特定职业群体心中的不公平感。

第四，特定职业群体上访受到了传媒和维权话语的激励。几类特殊的群体上访都受到了媒体的影响，首先是从媒体中获取信息。退休民办教师的学习能力很强，是村里的知识分子，虽然劳动能力已经不行，但头脑比一般农民更清醒；而退伍军人和政府分流人员一般也有一定的知识程度，他们对政治、政策有高于一般人的敏感嗅觉。特定职业群体上访的组织者和带头人更是比较精明，有足够的知识，经常看报看电视，甚至上网了解相关信息，能够主动从媒体中寻找所需要的信息，经常关注政策动向。传媒对特定职业群体上访的影响，还体现在传媒上的维权话语无疑会影响到特定职业群体的上访行动。正如吉登斯所言，行动具有反思性和二重特征，行动者能够以话语意识的形式了解自身的作为，理论话语因此会对行动产生影响。[1]在调研案例中，车头镇的民办教师拿着《南方都市报》的社论去上访，就是明证。

第五，特定职业群体上访有广泛的组织基础，并有带头的精英人

---

[1] [英]安东尼·吉登斯：《社会的构成》，李康、李猛译，王铭铭校，三联书店1998年版，第91–92页。

物。特定职业群体的上访一般都有自己的组织，例如退休民办教师联谊会、退伍军人联谊会。这些组织有的还设有常设会长、理事会之类的机构，这些机构甚至还专门安排人打听、研究退伍军人的相关政策和信息，安排人与外县外省的退伍军人联系、走访。即使没有明确组织形态的，也有其组织性基础，相同的特定职业群体成员互相之间比较了解，甚至有着广泛的联系，对自己的身份有一定的认同。有了上述认同和组织性基础，特定职业群体成员之间就可以方便地交流信息，沟通感情。例如，在退伍军人中，开始上访时，一般是互相打电话通知，后来渐渐形成上访习惯，只要一个短信发过去，就会坐车去目的地；开展活动，或发生事情时，只要通知到人，大家都会义不容辞地去。特定职业群体之所以可以拥有广泛的组织基础，很重要的原因在于其中有带头的精英任务，能够活跃地组织群体、研究政策、动员上访。

总结来说，特定职业群体的上访发生历程可以这样概括：在历次改革或政策变动中受到冲击的各种群体，也许早就有所不满，但常常并未通过上访来公开表达诉求；在国家向民生政策转型的大背景中，他们得知其他地区的同类群体得到补偿和照顾时，不公平感油然而生。他们认为自己曾经为国家作出了牺牲和贡献，而现在国家越来越强调民生，强调对弱势群体的扶助，强调对有贡献群体的补偿，因此自己应当受到补偿。在媒体权利话语的支持和激励下，他们毫不犹豫地走上了上访之路。由于他们往往拥有广泛的组织基础，他们的上访很容易受到政府注意，相关诉求也相对较为容易地得以满足。

三、基层政府的应对措施及其不良效应

面对特定职业群体的上访，基层政府所能做的其实比较有限，因为基层政府常常面临着多方面的困难。例如，每个个体上访时所陈述的事实本身不好厘清，当事人的诉求是否符合既有政策也不好确定。更重要的是，每个问题的解决都需要财政能力的保障，而中西部基层政府的财政常常举步维艰。如果基层政府不遇到这些困难，也就是说，上访人所诉

求的"权利"的满足不需要成本,[1]基层政府没有理由不满足这些诉求。

特定职业群体的上访,可能有两种情况,一是国家暂时没有相关补偿和照顾政策,基层政府很难找到政策依据对上访人进行补偿或照顾;二是国家虽然有相关补偿和照顾政策,但政策规定需要基层政府提供财政支持,基层政府缺乏财政能力或不愿意为此支出财政。由于特定职业群体的上访,往往不只涉及一个上访人,而是有很多情况类似的上访人。政府只要满足其中一个上访人的诉求,当其他上访人上访时,就没有理由不同时满足。如果所有上访人的诉求都满足,那对于基层政府的财政来说,就是一笔不小的压力,尤其是对于并不宽裕的中西部基层政府而言。在这种情况下,如果国家没有明确的补偿和照顾政策,基层政府当然是不愿意为相关特定职业群体有所支出的,除非其面临的上访压力实在太大。如果国家有相关政策,只要相关特定职业群体闹得不凶,基层政府没有足够的上访压力,它也倾向于隐瞒政策,并搪塞相关特定职业群体。

退伍军人、民办教师等特定职业群体的上访往往是全国性的问题,其中大部分上访所针对的事由与乡镇政府无关。具体而言,不管特定职业群体的上访诉求是否合理,是否有政策依据,其实都与乡镇政府无关。不过,对于乡镇政府而言,与其无关并不意味着它毫无责任,因为只要辖区内有人上访,乡镇政府都必须负责接访,而且还要负责息访。因为在政府上下级的信访管理体制中,实行的是属地管理原则。只要当地有人上访,属地政府就必须承担责任,而不问事情本身与当地政府是否有关。这样,乡镇政府就很尴尬。

同其他地区一样,安县的信访也归属于社会稳定问题,实行一票否决制,"对发生影响社会稳定问题的地方和部门,视情节责成限期整改,予以黄牌警告或实行一票否决,凡被一票否决的,当年不得评为综合性先进单位,负有责任的领导干部不得评为称职公务员,不得提拔任用,不得晋升工资级别;凡被限期整改、黄牌警告的,当年不得评为综合先进单位,负有责任的领导干部不得评为优秀公务员,在整改工作未通过检

---

[1] 参见[美]史蒂芬·霍尔姆斯、凯斯·R.桑斯坦:《权利的成本——为什么自由依赖于税》,毕竞悦译,北京大学出版社2004年版。

查验收合格前，不得提拔任用"。具体说来，不能有到北京、省、市的集
体上访（5人以上）；赴北京单访的次数不得超过2次；赴省访不能超过3
次；赴市访的不能超过5次。除此之外，辖区内农民的每次上访都会使
乡镇政府在年终的评比中被扣分，得分排在最后3名的乡镇会有很大的麻
烦，党政主政官员3年之内不能得到提拔。发生有重大社会影响，严重威
胁社会稳定的上访事件，实行一票否决，主政官员会被免职。

即使不发生严重威胁社会稳定的上访事件，日常上访维控的压力也不
小，一份安县委办、县政府办的通报文件（〔2009〕114号），可以为证：

> 为做好6月23日部分越战退役士兵可能赴南昌参与到省政府群
> 体聚集上访的处置工作，县委政法委从6月19日开始布置摸排、稳
> 控工作，22日上午和下午又分别以发送维稳短信和电话告知乡镇
> 党委书记的方式进行了高密度的跟踪过问和督促检查。绝大多数乡镇
> 都能按照县委县政府的部署，认真负责地做好人员去向的摸排，安排
> 足够力量，采取管用措施将绝大多数重点对象、骨干人员有效稳控在
> 当地。但是，版石镇的陈文进、车头镇的唐东林两名越战退役士兵却
> 脱离工作视线，于22日下午离开我县前往定南，晚十时许在火车站
> 乘火车前往南昌时被定南县稳控工作组拦截。在接到县委政法委的
> 情况通报后，版石、车头两镇主要领导立即按照县委政法委的措施要
> 求，安排人员连夜前往定南县寻找陈文进、唐东林两人，并将两人劝
> 返，使其没有成功赴南昌参与23日的群体上访。陈文进、唐东林的失
> 控事件充分暴露出版石、车头两镇的稳控责任制落实不到位，麻痹大
> 意思想严重，稳控措施软弱，情报信息不及时，对人员去向核查不严
> 密，以致稳控对象离开本辖区数小时竟毫无察觉，造成工作被动局面。
>
> 为严格落实维护稳定领导责任制、"谁主管、谁负责"和"属地
> 管理"原则，经县委、县政府研究，决定对版石镇和车头镇党委、政
> 府给予全县通报批评，版石镇党委书记×××，党委副书记、镇长
> ×××和车头镇党委书记×××，党委副书记、镇长×××分别于
> 7月5日前向县委、县政府作出书面检查。……

正是因为有这种信访治理压力，县乡政府对上访人员进行了高强度

的监控。在上访中，上访群体不断受到县乡政府工作人员的干扰和阻挠，具体方法至少包括以下集中。第一，县里专门有人在北京负责接访、截访；第二，在火车站或路上对上访人员进行围追堵截；第三，上访人的家人遭到"监控"；第四，将上访维稳的任务落实到人。例如，2011年3月，车头镇制定《两会期间信访维稳工作方案》，对退伍军人与民办教师实行重点"监控"，并具体到人，每个干部都有要负责的维稳对象，保证他们不脱离"监控"而去上访。

事实上，镇里的干部对于维稳都非常重视。有一年邻县发生的一起赴京上访事件，几乎所有的镇干部都非常清楚，并成为促使他们认真对待信访任务的重要转折性事件。上访人在赴京访时遇到了挫折，于是跳桥自杀，后来警方从他的口袋里找到一封上访信，此事经媒体报道评论，影响很坏，当年该县在省综治评比中名列倒数第一，第二年省里对该县的转移支付减少了500万元。镇里的干部还听说各种各样危险的上访。比如，有一个上访人上访不顺利，就跑到外国大使馆门前喊冤；还有一个上访人在街头用刀划破了一位法国妇女的胳膊，使之成为一起严重的涉外事件。这些听说的事件，都强化了基层干部对于赴京访的恐惧，使得他们认为，不知道上访人会到省里或北京去做出什么不可思议的事情来，因此他们只好在草木皆兵的政治压力中忙于疏堵赴京访和赴省访。

笔者调研时曾经历过一次镇干部拦截退伍军人上访事件。一些老兵收到短信说，第二天到省里上访，上访的理由等到场后再说，不料消息泄露，镇政府立马打电话给各村书记，叫他们赶快去老兵家里做工作，阻止他们上访。第二天上午，分管政法的书记，穿着迷彩服在路口等候，他的任务是将去省里上访的退伍军人控制住，阻止他们坐车离开本镇。那一天，全镇几乎所有的路口都有人把守，一直到上午10点行动才算结束。后来我们访谈刘书记，他无奈地说，"退伍军人都是些历史遗留问题，当时有些事都已经解决，现在又翻出来说事，这是哪门子的事。而涉军访又是很敏感的事，不处理好就容易出大问题。"在调查中，有些退伍军人曾戏谑地说，"曾经保卫祖国，现在扰乱祖国"。

在信访工作压力下，尽管特定职业群体的上访与基层政府无关，但基层政府却可能努力解决其中一些上访积极分子的问题，以通过满足个别人的诉求来分化上访群体。在安县的特定职业群体上访中，个别上访积极分子都得到了好处，一些上访人员受到了安抚。退休民办教师中的几个领头人得到了安抚与利益补偿，退伍军人中也有一部分人得到了政府的补贴。车头镇政府对上访积极分子安排了低保保障，为他们免费建立健康档案，并安排上访中最积极的核心人物到镇政府做看大门的工作，到敬老院工作，或在村里做环境卫生工人。这样做是试图通过给上访积极分子一些好处，让他们保持沉默，停止上访。从实践来看，也收到了一些效果，车头镇的民办教师上访受挫后，带头人在得到政府的安抚后不再上访，全镇的民办教师上访也基本处于沉寂状态；而退伍军人上访的领头人，在获得一点利益后，有所止步，但他们并没有完全接受政府的安抚，在初步尝到上访的好处后，仍在蠢蠢欲动中。

面对迫在眉睫的信访压力时，乡镇政府会尽力疏堵赴京访和赴省访，其办法既包括监控、截访，也包括直接给必要的好处；而在平时，乡镇政府也会尽力从源头上化解上访问题，解决上访人的低保，给他们安排工作岗位等，这些都是可以尝试的办法。车头镇党委书记在向我们讲述这些具体做法时说，他要求乡镇干部应当关心群众生活，解决低保、安排工作就是关心群众生活的具体做法，他还要求全镇干部学习毛主席的文章《关心群众生活，注意工作方法》，并将学习与信访工作结合起来。镇党委书记的思路非常有意思，他将对上访积极分子的"收买"，与"关心群众生活"的话语似乎完美地结合了起来。然而，颇为吊诡的是，生活更需要关心的群众，也许并不是那些上访积极分子，而是更为贫穷也更为边缘的农民。但是这些农民也许因为不会上访而很难引起政府的注意，因此也难以得到上访者所得到的政策外的关心。即使同样是退伍军人，其实生活最困难的是抗美援朝的军人，但这些人现在年龄偏大，没有能力为自己争取更多的利益。但与抗美援朝的老兵相比，抗美援越的军人现在正当壮年，因此可以不断去争取所谓的权益，也因此得到更多的补助。

上述基层政府解决上访问题的方法，会导致一些外部性。首先，形成了一些不良的上访治理惯例。为了安顿上访的特定职业群体，让他们安于现状而不去上访，在我们调研的乡镇政府已经形成一个惯例，每年过年的时候，镇领导都会找退伍军人座谈，开茶话会，给他们汇报一下镇政府的工作开展情况和一些工作难处，希望他们能谅解，不要随便就去上访。不仅如此，镇政府每年都会派人走访慰问，2008年政府给每名复员老兵100元钱、送一袋大米、一壶5升的油、2斤猪肉、1只板鸭，2009和2010年过年则每人发放200元的慰问金。在江西另外一个县，退伍军人上访成果不少。2006年上访，县里让每个军人享受低保待遇，开始每月发放100元，以后慢慢增加；2007年他们去省里上访，省里给他们发放每月200块钱的抚恤金，按照每年15%的速度递增。这让退伍军人感觉，不去上访，什么都得不到。另外，这也让退伍军人相信国家有相关复员军人的补助政策，否则，为何上级政府对上访如此敏感？这种上访就有好处的上访治理惯例使得特定职业群体的上访规模不断扩大，2010年江西省甚至有上千名退伍军人到八一广场唱红歌并抗议。后来每个镇将本镇的人接回去，请他们在镇招待所吃饭，并表示一定会尽快解决他们的待遇问题。

其次，无原则的治理方式会诱发上访人的无理诉求。乡镇政府在压力型信访考核体制下的权宜之计，容易让一些人也摸到政府的软肋，懂得"会哭的孩子有奶吃"的道理，感觉事情闹得越大越会引起政府重视，越能得到有效解决，甚至不惜发动更多类似情况的人集体上访，以此胁迫镇政府满足自己的不合理诉求。基层政府尽管在长期的工作实践中掌握了一些策略和方法，但是这些缺乏原则的方法很容易带来"越治理越混乱"的怪圈。当这种惯性一旦形成，那些特定职业群体就会不断将历史老账翻起，不断地以同一个理由上访。与普通农民上访不同，这些群体往往深谙国家政治，因此能够不断地利用政治契机来达到上访诉求。在互动中，退伍军人也越来越了解基层政府，他们因此保持不断上访的态势，并在重要时期上访。他们几乎每年会有三四次上访。一些退伍军人开始还拿着政府文件去上访，要求落实政策，后来很多上访甚至给人无事生非的感觉，他们后来甚至上访要求"社会保障金"，要求"两保一证"，要求到旅游景点免收门票，坐公交车免收车票，开私家车在本省高速公路上行驶免收过路费，个体户免收个人所得税，建房免收批地费等，而且动不动就集体上访。

再次，无原则的治理方式可能激发更多的人去上访。基层政府为了让上访人息访而给其好处，这种行为一旦公开，会对其他人有强烈的刺激作用，给他们一种上访可以得好处的暗示，这会激发更多的上访，甚至激发一些完全无理的上访。有一次调研中，我们遇见70多岁的熊某，很快他就主动聊起要去县里上访的事。他手上拿了2份文件，说要去县劳动社会保障局反映情况，希望能办个社保，他的上访理由是他1960年代曾在政府部门工作过半年。我们看了这2份文件，告诉他的情况并不合政策。他说主要是觉得天天闲着也没事，觉得有些事又不公平，就去上上访试下，没准能搞到社保，弄不到也就算了。促使他上访的，正是村里有个退伍军人通过上访拿到了低保。后来这位熊某居然还写了份上访材料邮寄去了北京。这是一起退伍军人上访治理方式所激发的无理上访。我在车头镇所遇到的另外一起上访个案，刘某的弟弟在派出所拘留期间生病，释放后在家中病死，7年后刘某听说上访可能要到赔偿，就不断上访，甚至还去了北京。派出所和县里为了息事宁人，2次分别给了3万元和2万元的补助金，这反而坚定了刘某继续上访的决心。这些无理上访的个案，就是当下无原则的治理方式所激发的，它们反过来会严重伤害上访治理本身。

四、特定职业群体上访的制度化解决困境

（一）财政能力的制约

对于县乡基层政府而言，特定职业群体上访很难从整体上加以解决，因为特定职业群体上访所牵涉的问题本身是超越县乡管理权限的。县乡对问题的解决取决于2个条件，一是相关群体诉求的急迫程度，二是县乡政府的财政能力。相关群体诉求的急迫程度决定了县乡政府的维稳需要程度，相关群体诉求越急迫，就越可能采取群体性上访、赴省赴京上访、以极端方式吸引社会注意等方式，这就越可能增加县乡政府的维稳压力，县乡政府相对就更有动力去解决问题。然而，解决问题不仅仅是县乡政府的意愿问题，它需要相当的财政投入，因此财政能力也是制约县乡政府解决问题的重要影响因素。财政能力较强的地方，县乡政府更倾向于制订一揽子计划，在一个行政区域内从整体上解决问题。而财政能力较差的地方，县乡政府没有能力从整体上解决问题，最多只能对上访积极分子进行个别收买，或者对问题进行个案解决，而对特定职业群体的上访从整体上保持高压态势。

在广大中西部地区，相关特定职业群体的诉求不断高涨，而县乡政

府的财政能力却增长有限，很难从整体上解决特定职业群体上访的问题。尤其是乡镇一级的财政，很少能够有机会在"土地财政"方面有所作为，财政来源几乎全部依靠上级政府转移支付，其在预算外解决问题的能力和空间几乎没有，因此它几乎不可能从整体上解决辖区内特定职业群体上访的问题。在财政能力较好的县域，也可能在辖区内整体上解决问题。但对于大多数县级政府而言，这一点很难做到。更为常见的做法是，对问题进行个案解决。个案解决需要县乡政府对个案进行判断。一个问题能否成为县乡政府个案解决的对象，往往取决于几个因素，一是个案诉求的合理性程度，二是个案诉求的激烈程度，三是诉求主体的困难程度。诉求激烈程度高，影响县乡政府维稳，问题会被优先处理；诉求越合理，问题应当被优先解决；上访人确有困难的，其问题也应当优先解决。实践中，对于基层政府而言，诉求的合理性、上访人的困难程度往往不容易衡量，而诉求激烈程度，县乡政府是可以直接感受到，因此它更容易成为个案解决实际原因。

个案解决，就是所谓的"开口子"，[1]是政府基于各种利益和特殊境况的考虑，对上访人诉求进行的具体权衡和满足。个案解决途径不但超越了国家法律解决问题的规则体系，也从某种程度上超越了政府政策层面解决问题的规则体系。它在本质上是反规则的，它在法律和政策之外，直接以政府权力来衡量、平衡上访人利益，是一种综合治理方式。个案解决的方式，可能利用既有的政策条件和制度，将上访人的诉求归入到某一政策条件下，因此一些做法有时看起来也是符合政策和法律的。当然，更多的时候，政府可能为了平衡，而在法律和政策之外"开口子"。个案解决本身是不受既有法律和政策限制，极具灵活性和变通性，其解决问题的过程本身可能就是在创制政策，因此解决问题又常常被称为"给政策"。一个我们在调研中碰到的个案可以说明问题：

老退伍军人毛某于2008年上访反映其在个人诊所看病费用无法报销一事。县信访局将此事转至县民政局调查处理。从调查情况来

---

[1] 应星对此有精到的论述，参见应星：《大河移民上访的故事》，生活·读书·新知三联书店2001年版，第394页。

看，毛某曾动过3次手术，并患有严重气管炎，每天都离不开药物，每年医疗费3000多元，几次手术后欠外债2万多元。其家庭贫穷，老伴早已去世，儿女生活也不富裕。毛某每年有复员军人补助3600元、医疗费补助450元、村干部退休费710元等收入，这难以维持其看病的费用。他因腿部开过刀，行动不便，长期都是在附近个人诊所看病，没有正式发票，民政部门无法对其医疗费进行核报。县民政局决定从2008年7月起，毛某在个人诊所看病凭发票在县民政局核报20%左右，每年核报不超过3000元，其一次性住院费用超过4000元按大病救助给予办理。同时，下拨了4000元用于修缮老人的房屋。

始料未及的是，得到帮助的毛某却在2009年和2010年却继续上访，要求民政局每年直接报销看病款3000元。显然，其诉求直接违背了县里的相关民政报销规定，在朝着无理的方向发展。类似毛某这样的上访材料我们在镇里还看到很多，这表明，个案解决的方式会诱发上访人进一步的更多上访，甚至会导致其转化为无理上访，也可能对其他人产生示范效应，激发更多的上访，甚至激发无理上访。这一点，上节已有详细讲述。

因此，让县乡政府来解决特定职业群体的上访问题，实际上存在一个悖论。县乡政府由于缺乏足够的财政能力，不太可能在辖区内给出统一的政策，对问题进行一揽子的解决，而只能在具体个案中根据上访人的情况进行具体衡量和个案解决。而这种个案解决反过来却很容易激励更多的上访，甚至更多的无理上访，以及更多人进入上访场域。

在有些地方，某种特定的特定职业群体的问题，可能是由全省统一解决的。但是，这种解决模式同样面临前述财政上的问题。如果省里财政能够负担，特定群体的问题应当可以得到彻底解决。现实的情况是，省里财政往往不能负担，它只是给出政策，而要求市县财政予以具体解决。市县财政有能力，也不会过于推诿。如果市县财政负担不起，就可能隐瞒政策。但是政策隐瞒是不可能长久的。当有人发现附近县市相同人群的问题得到了解决，就会去打听相关政策，就会要求县乡政府落实政策。在实践中，邻近的县市对问题的解决，也会成为当地特定群体上访的依据。他们会问，为什么其他县市可以落实政策，而我们县市却不行？这样，即使省级政府在政策层面解决了特定职业群体的问题，但没有亲自从财政上予以落实，问题最终还是县乡政府所必须面对的，所谓"石头飞上天，最终还是会落到地上"。

（二）特定职业群体问题的边界

即使县乡政府要对特定职业群体问题进行制度化的解决，或者按照省级政府的部署进行制度化的解决，也会遇到一些问题，其中最重要的是特定职业群体的边界问题，这包括三个方面，一是特定的特定职业群体的边界，二是特定职业群体的问题边界，三是特定的特定职业群体之间攀比所导致的"特定职业群体"的划定边界。

首先谈论特定职业群体的边界。特定的特定职业群体是在历史中形成的，并没有明确的法律标准。相关政策在确定时总会划定一个标准，但处在边界边缘的人总会找各种理由继续上访，要求自己享受特定职业群体相应的待遇。如果县乡政府满足其诉求，特定职业群体的边界会不断扩大，而只要能扯出一点问题的人都是潜在的上访者，这样会导致历史遗留问题不断出现，无穷无尽。举一个例子对此问题进行说明：

> 有一次调研中，我们遇见70多岁的熊某，很快他就主动聊起要去县里上访的事。他手上拿了2份材料，一份是《关于明确××县未参保城镇小集体企业职工参加基本养老保险工作领导小组成员单位及相关部门工作职责的通知》，另一份是《江西省人民政府办公厅关于解决返城未安置就业知青和城镇大集体企业退休人员养老保障等有关问题的补充通知》。他说要去县劳动社会保障局反映情况，希望能办个社保。我们看了这2份文件，他的情况并不合要求，因此提出疑问。他回答说，他曾当过粮管所的干部，县档案处有存档，自己也保存有几份当年的工资单。他说，今年70多岁了，如果能申请上，1个月有1000多的社保金，10年就是10多万，可以顺便办个养老保险。熊某并不贫穷，现在有一份看大门的工作，1个月有600多元的工资。他上访的心态是能"捂"（得到）就"捂"，"捂"不到就算了。不过，熊某在县民政部门碰壁之后，后来他居然为此专门向北京寄送了信访材料。

其实，熊某只是1960年曾经在粮管所干过1年多的工作，工作性质是临时工，并非正式岗位。不过，他自己认为自己应当享受退休干部类似的待遇。这种情况并不少见，当民办教师的相关补助政策出台后，很多仅仅当了半年代课教师的人也去上访，声称自己是代课教师，要求享受相关政策待遇。当过多长时间的代课教师可以享受相关待遇？显然边界不是那么好确定。

一些地方退伍军人的相关补助政策正是在不断地上访压力下不断扩大享受政策待遇的群体范围的。最早国家对抗美援朝的老退伍军人给予补助，抗美援越的退伍军人因此上访要求同样的政策，他们的理由很简单，"我们也在战场上流过血"。到后来，与抗美援越的退伍军人同一年进入部队的退伍军人也去上访，他们的理由是，"我们也为国家出了力，作了奉献，只不过是工作分工不同"。再到后来，只要是退伍军人都去要求相关待遇。

显然，那些被划定在特定群体边界之外的人会不断通过上访要求将自己划入群体之内，因此，即使特定群体的问题有了相关政策，上访也不会减少，只不过上访形式从群体性上访要求政府制定政策来保障其待遇，变成了零星的个体上访要求享受既有的政策。

第二个方面是特定职业群体的问题边界。属于特定职业群体的人上访时都会以弱者的形象出现，认为自己属于需要照顾的群体，都会强调自己的特定职业群体身份，以及因这种特定职业群体而曾经为国家作出了重要贡献。上访人作为一个弱者理应受到政府照顾，毕竟，社会主义国家应该体现其抚恤弱小的优越性，特定职业群体上访要求得到救济和帮助也可以理解。但是，特定职业群体中很多人在享受了政策内的补助和优待后还会继续上访。到底哪些是特定群体（如退伍军人）应该享受的权益？特定群体的权益与普通人权益如何区分？"生活贫困"是一个很暧昧很模糊的词，参照的标准不一样，"生活贫困"的范围也不同。当属于特定群体的人生活贫困时，他以特定群体的身份进行上访，其问题就更容易得到重视，因此也更容易得到补偿与照顾。甚至由于特定群体的上访更加敏感，其一些无理的诉求，基层政府也在信访压力下给予了满足，这反过来促使特定群体中不断有人通过上访去满足无理的诉求。前述退伍军人毛某的上访就属于这种情形。

第三个方面是特定的特定职业群体之间攀比所导致"特定"的边界无法划定。现在的趋势是，凡是认为自己弱势的群体都会去上访要求政策照顾，其上访的理由都是生活困难。问题是，我们如何界定谁是弱者，如何界定生活贫困，退伍军人是否就一定与众不同，就应该享受与其他群体不同的优惠扶持和补助？这个问题不是那么好回答，如果说退伍军人曾为国家做了贡献，那其他群体没有做贡献吗？即使是再普通不过的农民，他也有理由说自己曾为国家做了贡献，而要求国家给予补助。那么，我们如何能确定哪些群体是"特定职业群体"，其问题应该被解决呢？如果政府的理由不充分，又如何能防止"摁下葫芦起来瓢"现象的发生？解决了一个群体的问题，其他群体的上访是否接踵而来呢？

事实上，不同群体的攀比早已发生。在安县，民办教师问题得到初步解决以后，离职村干部的上访已经开始酝酿，不断有离职村干部要求政府给予补助。安信村的王某最近2年就多次反映其任村干部30多年，现年老体弱，家庭生活困难，要求政府解决本人生活补助问题。同样，一些下岗工人也看到了国家帮助弱势群体，而在早先早已得到补助的情况下重新开始上访。比如某林场职工阳某，2002年已下岗，当时已得到一次性补偿。2009年他上访称，1995年上班巡山时不慎跌伤骨折，脚上钢板和螺丝钉至今未下，脚经常疼，要求工伤评级，并要求原单位牛犬山林场缴纳社会养老保险。

上述问题的本质在于，社会转型时期，由于意识形态的转型，不同社会群体的利益诉求全部被释放出来。中国当代的社会转型，建立在一个以公有制为基本形态，有浓厚社会主义传统的社会形态上。在这种社会形态下，过去整个社会不那么强调利益，其意识形态强调更多的是奉献，社会上不同群体的人都被要求为了国家、民族和集体利益而奉献，整个国家对人的激励不是物质利益，而是精神鼓励和荣誉激励。几代人的青春都在这种激励下度过的，他们也确实为国家和社会作出了巨大贡献。而当下，整个国家正在向市场经济转轨，意识形态上也放弃了奉献的话语，而利益激励的话语越来越普遍，几乎所有的一切都被要求以实际物质利益进行激励，精神鼓励和荣誉激励在很大程度上丧失了合理性和说服力。在这种背景下，所有的利益诉求都被释放出来，而且取得了相当的合法性与现实可能性。

而在政府治理实践中，国家财政能力不断提高，并很大部分地用于对弱势群体的扶助上。不同社会群体也准确地看到了这一信号，因此他们不断以上访的方式争取利益。正在这个意义上，特定职业群体的上访通常属于有理上访和无理上访之外的第三种类型——协商型上访。特定职业群体上访所针对的问题，大多发生在过去的时代背景和社会机制下，那时利益还不完全是正当的，也不是唯一的激励。因此，那时也还没有制度化的利益计算机制。市场经济的社会转型，重要目标之一就是，建立合理的利益计算机制和激励机制。在转型过程中，过去未被制度化计算的利益诉求，也不断被表达出来，尚难以完全合理计算，存在着诸种边界模糊现象。正因此，特定职业群体的上访问题，很难被完全制度化地给予解决。在一段比较长的时间内，它还会存在，并处在制度化与非制度化的夹缝中，直到中国社会转型完全完成。在这个意义上，特定职业群体的上访问题，是社会转型和意识形态转型的必然产物。

第八章　农地上访的种类及逻辑

　　农地制度对农村社会和谐有着重要影响。目前，对农地制度的讨论较为热烈，而这种讨论的经验基础又与土地纠纷及其上访联系在一起。学界和媒体对此的主流认识存在一些误区。在一些学者看来，土地权利是所有社会的产权体系中最核心的基础性产权。土地权属不明确，已经成为影响中国农村社会和谐的主要问题。因此，建立和谐社会的关键问题，就是界定土地上的产权，最好的办法是土地私有化。例如，陈志武就认为，土地产权的清楚界定并明确所有者身份，已经是不能再回避的改革。[1]陈志武的论说依据，主要是于建嵘关于当代土地的上访数据，以及步德茂（Thomas Buoye）关于清代土地的人命案数据。陈志武、于建嵘等人对土地与和谐社会之间关系的认识，在学者和媒体中颇有市场，但这种认识似是而非，他们对相关数据所反映问题和逻辑在理解上有偏差。本章将梳理这些数据的实际意义，探讨其背后的逻辑和问题，进而阐述土地上访的种类及其逻辑。

　　征地纠纷及其上访针对的主要是城郊农村的土地，牵涉的主要是土地的级差收益，不是中国农地的普遍性问题，因此，城郊农地不能作为中国农地法律制度的经验基础；中国农地面临的主要问题是农民合作起来进行公共品供给，因此，土地法律制度必须赋予村庄集体治权，以让农民合作成为可能；这种治权可以解决产权不明确所带来的纠纷，因此并不是影响农村社会和谐的原因。农用地问题的上访中，存在一种负向的反馈机制。只要农民一上访，中央和社会便会认为，乡村干部为非作歹，地权需要在制度安排上进一步稳定明确，这越发激励部分农民去上

---

[1] 陈志武：《界定土地产权，不能再回避》，《南方都市报》2009年2月15日。

访；而农民越上访，中央就越需要强调保护农民的土地权利，直至强调承包关系"长久不变"，农户的承包经营权越来越接近所有权。这个过程中，农村双层经营体制名存实亡，土地集体所有制也日益虚化。总的说来，只有进一步完善农村土地集体所有制，才能促进农村社会和谐。

一、征地纠纷的上访及其利益驱动

于建嵘关于土地的上访数据主要有：2004年1月1日至6月30日中央某媒体观众电话声讯记录，反映农村土地问题的占三农问题的68.7%；2003年8月至2004年6月中央某媒体已分类处理的信件中，30.8%涉及农村土地争议；2004年6月15日至7月14日对720名进京上访农民进行了专项问卷调查，涉及土地问题的占有效问卷的73.2%；2004年1月至6月，课题组共收到的172封农民控告信件中，63.4%涉及土地问题；2004年1月至6月收集的130起农村群体性突发事件中，有66.9%因土地而发生冲突；中央相关部委和各省市所反映的情况也说明了土地案件的严重性。[1]

根据上述数据，于建嵘认为，土地纠纷（主要是征地和占地）已取代税费争议而成为农民维权抗争活动的焦点，是当前影响农村社会稳定和发展的首要问题。而且，土地不但是农民的生存保障，还涉及巨额经济利益，这些都决定土地争议更具有对抗性和持久性。[2]在于建嵘看来，随着农民维权议题的转变，维权特征发生了鲜明变化：第一，尽管村民联名仍是主要形式，但村级组织在农民的压力下也可能成为维权主体；第二，农民男女老少广泛参与，冲突更加暴烈；第三，土地纠纷中市县两级政府成为被告的比例在增高，而以往税费争议的被告方主要集中在乡、村两级；第四，在由税费到土地的矛盾变迁中，冲突的发生区域从中部农业省份向沿海较发达地区转移；第五，维权的语言也在发生本质变化，从"落实中央政策"转变成"我们要生存"；第六，土地维权过程中有了

---

[1] 于建嵘：《土地问题已成为农民维权抗争的焦点》，《中国改革报》2004年8月30日。
[2] 于建嵘：《土地问题已成为农民维权抗争的焦点》，《中国改革报》2004年8月30日。

更多外力（如法律人士）的介入。[1]由此，于建嵘得出结论，首先要明确农民的土地所有权，要从法律上把农民的土地还给农民，然后再考虑用市场手段来解决农地问题，进而解决新形势下的三农问题。陈志武及许多学者对当前农地问题和三农问题的认识，与此类似。然而，这些认识存在着事实判断和应对之策上的诸多谬误，具有极大的误导性。

于建嵘、陈志武等学者的误导性，首先是混淆了两种不同性质的土地问题：城郊土地与农用土地。城郊土地是有非农利用价值，可以分享级差收益的土地；农用土地是缺乏非农利用价值，难以分享级差收益，只能用来种植大田作物或经济作物的土地。两种土地的性质不同，所面临的问题也不同。当于建嵘在谈及土地维权时，当陈志武在谈及通过土地所有权的私有化来解决三农问题时，他们的经验基础都是城郊土地。但是，城郊土地上的诉求能代表中国的三农问题吗？当然，城郊农民的稳定与发展对于中国和谐社会建设也很重要，但它并没有重要到决定意义上。城郊土地无论如何重要，其面积很少，涉及的人数也很少，并非全国农村的情况。城市化进程加速的最近20年，非农使用的农地总共才占农业耕地的5%，涉及的农民（主要是城郊农民，另有少量库区移民）也才占全体农民的5%。而且，当前我国农地的非农使用已经接近极限，中央政府划出了18亿亩耕地的红线，城郊土地的征用空间已经很小。因此，我们不能仅以城郊土地为经验基础来想象中国的三农问题，不能以此来想象农村和谐社会的建设，尤其不能以城郊土地面临的问题来为整个中国农业土地问题寻求解决之道。中国三农问题和农村社会和谐的关键在于，9亿从事传统作物种植的大田农民以及他们生活的农业村庄。[2]

假设于建嵘的调查数据是科学可信的，即2004年以后，土地纠纷比例确实有所增长，如何看待这种增长？在我看来，土地纠纷比例的增长，并不能得出农民维权议题"从税费负担到土地纠纷"的变化，也不能得出"土地问题成为2002年以来中国农村最具紧迫感的问题"这一判断。农民维权议题"从税费负担到土地纠纷"，这样说似乎表明税费负担和土地

---

[1] 赵凌：《农民维权重心重大变化：从税费争议到土地纠纷》，《南方周末》2004年9月2日。

[2] 详细分析，请参见陈柏峰：《农民地权诉求的表达结构》，《人文杂志》2009年第5期。

纠纷两者存在继替关系，而事实并非如此。应该说，税费负担和土地纠纷在农民维权活动中一直都存在，也是农民维权中数量最多的两个方面。但这两个方面在维权活动中的数量消长并没有任何关系，不存在所谓的维权重心从税费负担转移到土地纠纷。1990年代以后，农民负担日益加重，以至于农民不堪重负，因此各种上访维权活动不断兴起，这些维权活动主要集中在中西部农村；而几乎与此同时，中国城市化加速发展，征地补偿纠纷日益显现，土地维权问题也不断兴起，这些维权活动在东部发达地区更加突出。2002年税费改革启动以后，农民负担大大减轻，到2004年全国开始取消农业税，税费负担问题不复存在，这一指向的维权活动当然就丧失了存在的基础。[1]由于税费负担指向的维权活动的下降乃至消失，土地纠纷在维权活动中的比例自然有所提高。两者只是统计上的比例消长，并没有任何因果关系或继替关系。

近10多年来，针对城郊土地的上访确实不少，但城郊土地的问题本质上都不是产权问题，而是土地级差收益的分配问题，不太可能通过明晰产权来彻底来解决。城郊农民的"土地维权"问题一直十分突出。由于城市化的发展，带来了城郊土地增值，这种增值收益当然不能由城郊农民独自享有，而应由国家代表全民享有一部分，因为城市化的发展是全国人民努力的结果。由于中国土地制度并不是国有制，因此只能在征用农村集体土地的同时占有土地增值收益。这样，土地征用的价格就比土地的市场价格要低，城郊农民因此不满而上访。这种上访诉求虽然有部分合理性，但很难说是依法维护合法权益，而不过是争取更多的土地增值收益而已。而这种收益已经足够让城郊农民过上"食利者"阶层的生活。中国的任何一个城市，尤其是东部城市，城郊村、城中村的农民只需要在土地上"种房子"收租金，就能过上比市民好得多的生活。难道因为他们上访就应该将土地私有化给他们？难道将土地私有化给他们，社会就和谐了，他们就不再上访？而且，让城郊农民独享中国城市化发展的土地增值收益，这对大田农民而言，甚至对全国人民而言，都是显然不公平的。

不可否认，我国确实也存在农地征用价格"不公道"的现象，价格不

---

[1] 详细分析，请参见贺雪峰：《农民维权的变化？》，http://www.snzg.cn/article/show.php?itemid-343/page-1.html。

公道的问题有两大因素：一是为控制工程腐败，国家基础设施建设的征地补偿标准有刚性，缺乏因地制宜、与时俱进的弹性；二是开发商、地方政府官员、村干部、黑社会勾结，强征农地，又不保障失地农民的生活。[1]但这种价格不公道只是问题的一个方面，只是少数情况。问题的主要方面，更多的情况下，被征土地不是城郊农民变穷的原因，而是他们变富的原因，他们甚至因为征地成为城市的"食利者"阶层。而且，面对强势的地方政府官员和黑社会勾结，土地私有化的作用有多大，这是值得怀疑的。城市的私房不是私有产权吗？但为何还是屡屡遭到非法的强制拆迁？更关键的是，在占中国土地和人口绝大多数的中西部农村，几乎不存在土地征用引起的维权问题，他们的土地为什么要私有化呢？于建嵘、陈志武等学者从占中国极少数的城郊农民遇到的问题出发，提出一个对城郊土地也未必有效的私有化制度建议，并将之强加给占中国大多数的大田农民，这显然是大有问题的。从后文的分析中，我们可以看到，这样的土地制度不但不能保证农村和谐，还会导致农村社会的不和谐。

二、农地制度与村庄治权

如果土地私有化或变相私有化，村庄集体将彻底丧失对土地的权利，从而变成一个空壳，村民自治也就缺少了经济基础，村集体也就丧失了治权。[2]一旦如此，从村庄公共品供给的角度去看，必然会导致灾难性的后果。当前农村基本经营制度是以土地集体所有制为基础、统分结合的双层经营体制，土地所有权的主体是村集体，承包经营权的主体是农户家庭。村集体之所以存在，村民自治之所以有意义，就是因为村集体对土地有支配能力，这种支配能力能够维系村庄内部的和谐。村集体不属于政权组织，只是一个社会自治性组织，离开了对土地的支配权利，就缺乏实在的公共权力，就难有发挥作用的余地，也难以为农民提供生产生活所需各种公共品。[3]如果不能为农民有效提供各种必需的公共品，农

---

[1] 潘维：《农地"流转集中"到谁手里？》，《天涯》2009年第1期。
[2] 李昌平：《乡村治权与农民上访》，《三农中国》第12辑，湖北人民出版社2008年版。
[3] 贺雪峰：《地权的逻辑》，中国政法大学出版社2010年版，第82-88页。

村社会和谐就不可能得以保证。换句话说，村集体享有治权，农村公共品有效供给，是农村社会和谐的重要保证。

然而，很多学者并没有从这个角度认识土地法律制度对农村社会和谐的重要意义。他们常常认为，村集体就不应该对土地拥有权利，村干部权力越小越好，因为他们权力小，就不可能侵犯农民权益。因此，土地最好私有，土地不属于集体，集体当然就没有任何权利了。例如，陈志武说："如果土地私有，在转让过程中拥有地权的农民至少还有点发言权，是交易的主体方，在许多情况下农民的所得不至于像现在这样少。农村土地私有化的制度收益是，农民会更富有了；其制度成本是，那些掌权者少了捞钱、捞权的基础。"[1] 他进一步说，土地私有后即便有问题，也不会比现在的局面更糟糕，因为有各国的私有制经验可以证明。其实，并非各国的私有制经验都能证明私有制具有优越性。在几乎所有的第三世界国家，私有化的后果都相当差。越南是一个失败的典型，它从土地集体所有制走向土地私有制，后果非常糟糕。[2] 当前学者和媒体认为，土地私有化有很多优越性，其背后隐藏的是美国的土地制度经验。然而，美国土地制度经验在中国缺乏适用的可能性。

美国广袤的土地上，分布着面积广阔的家庭农场。2002年，美国家庭农场的平均面积是441英亩，约2678亩。[3] 这与中国一个中等规模村庄的面积差不多。中国一个中等规模的村庄，人口1000多人，土地2000—3000亩，农民人均耕地不足2亩。在很多地区，农民人均耕地甚至不足1亩。也就是说，从土地规模上看，美国的一个农场相当于中国一个1000多人的村庄。在美国农场内部，土地上的各种问题，都是农场主的私人经营问题；而到中国农村，这些问题就成了村庄公共品问题。而且，美国农场主家庭平均收入的90%来源于农场之外，[4] 而中国农民家庭平均收

---

[1] 陈志武：《农地私有化后结果不会比现在糟》，http：//chenzhiwu.blog.sohu.com/101877986.html，2010年5月30日最后访问。

[2] 李昌平：《土地改革不能以越南为鉴》，《社会科学报》2008年12月4日。

[3] 胡芳：《美国农场的发展现状》，http：//finance.sina.com.cn/j/20060221/17532360877.shtml，2010年5月30日最后访问。

[4] 胡芳：《美国农场的发展现状》，http：//finance.sina.com.cn/j/20060221/17532360877.shtml，2010年5月30日最后访问。

入的60%多来源于土地。可以说,美国只存在农业问题,而没有农村和农民问题,而中国的农业、农村和农民问题却不可避免地纠缠在一起。在中国的村庄,局促的空间居住众多的人口,人们高度依赖于土地生产,土地上公共品供给的重要性就无需多言。而且,正因为中国人口众多,农民密集地聚集在土地上,村庄才有了特别的社会意义。村庄不仅仅是一个农民生产的地方,还是农民生活的地方;农民不但在土里刨食,还在土地上完成生活意义再生产。村庄和土地是他们的人生意义归属,是他们远走千里也无法离开的根。村庄因此具有相对封闭性和稳定性,密集交往的人们形成了内生秩序,其中的各种社会关系的处理有了一定的地方性规范。[1]在这个意义上,村庄社会和谐的维系是无法避开的,它不仅仅是农村问题,还是农业和农民问题。

1980年代的分田到户确实提高了劳动生产力,正因此,目前一些学者试图通过土地私有化来进一步"明晰产权",从而再次提高生产力,成就所谓的"第三次土改"。这种思路是站不住脚的,分田到户对劳动生产力的提高并不简单因为"明晰了产权",更是因为分田到户时"统"与"分"很好地结合在一起。分田到户后统分结合的经营体制和土地制度,保持了村庄集体合作能力和公共品供给能力,这是"统"的作用;在"统"的前提下,"分田到户"调动了农户家庭的劳动积极性,这是"分"的作用。村庄集体合作能力和公共品供给能力主要表现为"共同生产费"的和"义务工"的筹措,它们为农户提供生产的基础条件。这种基础条件维系了农业生产的"技术效率"。[2]正是因为有集体组织的统的力量起作用,千家万户的小农才可以与人民公社时期建设的大中型水利设施对接,才能真正做到"统分结合"。而私有化的土地制度,显然做不到这一点,因为私有化的土地无法与水利设施对接,也就无法合作起来进行公共品供给。

取消农业税后,乡村"三提五统"随之一起取消,承包集体土地的农户不再向集体承担任何具体的义务,加上土地承包"三十年不变"、"增人不增地、减人不减地",村集体作为土地所有者的地位就变得非常脆弱。

---

[1] 陈柏峰:《熟人社会:村庄秩序机制的理想型探究》,《社会》2011年第1期。
[2] 廖洪乐:《中国农村土地制度六十年》,中国财政经济出版社2008年版,第9页。

村集体就很难再利用土地所有者的身份来提供公共品，办理公共事业，法律上规定的"一事一议"制度因合作的谈判成本的高昂而无法实践。此时，如果可以进行土地调整，村集体还可以获取提供公共品的经费。村集体可以通过调整土地预留机动地，然后用机动地的承包费办公益事业。我们在中西部很多村庄调查发现，机动地多的村庄，村干部工作积极性越高，成效也越好；而没有机动地的村庄，村干部几乎不可能在公共品供给上有任何作为，村民也因此怨声载道。土地调整还可以让村集体获得提供公共品的能力，给村组干部一些权力，从而使他们有举办公共事业的积极性和可能性。河南汝南的宋庄村自分田到户以来，一直不断调整土地，这个村的公共事业和发展状况也一直较好；而邻近的五里岗村近10年来没有调整土地，村庄公共建设状况则每况愈下。宋庄村1990年代初就开始种大棚蔬菜，大棚一个一般是150米长，东西朝向，但宋庄村的家庭耕地一般是南北朝向的，不符合要求，村委会于是通过调整土地来实现要求。宋庄村内路况很差，运蔬菜的车辆难以通行，正好国家有"村村通"计划，村里找到了修路的经费。但修路占地需要高额补偿，村里根本支付不起。最后，宋庄村通过调整土地将修路占地的损失由全体村民均担，村里于是在全镇率先修好了水泥道路。

中国农村土地上的公共品问题具有相当的特殊性。无论是分田到户时，还是第二轮承包时，土地的分配都是按人口和劳动力均分，每人一份，人均不到2亩，一户不到10亩。为了满足农民的公平要求，土地承包时肥瘦搭配，农户不足10亩的土地，往往分布在村里十几块地方。因此，如果没有强有力的村集体组织，土地上的公共品合作几乎无法达成。因为每块土地的水源条件会有所不同，农户个体的种植倾向也会有所不同，甚至农户对单块土地的依赖程度也有所不同，最终各种不同叠加在一起，使得农业生产上的公共品合作的谈判成本巨高无比，合作希望几乎为零，[1] 从而可能导致"反公地悲剧"[2] 的发生。只有存在超越具体农户

[1] 具体个案，可参见罗兴佐：《治水：国家介入与农民合作》，湖北人民出版社2006年版。

[2] Michael Heller, *The Tragedy of the Anticommons: Property in the Transition from Marx to Markets*, Harvard Law Review, 111(3), 1998, p.621–688.

的村集体，从村庄整体出发考虑，才能有效向农户供给公共品，从而满足农户的生产生活需求。如果土地是私有化的，这还意味着现在很多已经进入城市的人还将在农村拥有土地，土地的收入对他们来说可有可无。他们不会在乎土地上的农业收入，因此不会在乎土地上的公共品供给，可能将土地闲置等待升值，也可能将土地留作乡愁。这样一来，合作的谈判就几乎无法达成，就无法合作起来解决水利、道路等村庄公共品问题。

也许有人会说，村民无法合作起来，可以直接由国家承担农民公共品问题。事实上，即使不考虑国家财政承担能力，没有强有力的村集体组织，国家想向农村提供公共品，恐怕也会十分困难。村庄是一个熟人社会，村干部天天与村民生活在一起，相互之间极为熟悉，这种熟悉作为地方性知识，正是国家力量渗入到农村社会所需要的。[1]各种农业技术推广，只有在村里与强有力的村级组织对接，才容易迅速推展。防治禽流感，离开了强有力的村级组织，国家也很难及时掌握动态并及时采取针对措施。没有强有力的村级组织，国家连低保都不知道发给谁。因此，尽管村级组织有了权力以后，可能做坏事，但没有权力却束缚了他们做好事的手脚。面对村级组织做坏事，我们应该通过完善村民自治制度来进行监督，而不是取消它。倘若村级组织没有权力进行公共品供给，村庄社会和谐就不可能达成。

当村级组织不能有效组织农民合作起来提供公共品时，村民在日常生活中可能不会有什么反应，因为他们的利益受损却难以找到合理的反映诉求的渠道，农民的不满情绪会因此淤积。一旦碰到突发事件，这种情绪会以非理性的方式宣泄出来。贵州"瓮安事件"、甘肃"陇南事件"、江西"林改事件"、湖北"洪湖事件"等，莫不如此。当前取消农业税和土地法律制度将村庄治权压缩到了几乎不存的地步，村庄集体几乎丧失了公共品供给能力，村庄社会的和谐局面因此被破坏。2008年11月，我们在湖北某镇农村观察村委会选举时，由于农民对乡村治理和村庄公共品供给状况不满，一个村村民组织了数百人集体上访，指责村干部没有为村民办实事，致使村里的道路失修、水利灌溉系统瘫痪、几百亩的水田

---

[1] 试想一下，人民法院是如何借助村干部的地方性知识送法下乡的，请参见苏力：《送法下乡》，中国政法大学出版社2000年版，第273-278页。

不得不蜕化为旱地，另一个村则有村民"自杀明志"。这些都严重干扰了选举工作的正常进行，乡镇工作因此而停滞，并有酿成政治危机的可能。

三、土地纠纷与农村社会和谐

土地纠纷与农村社会和谐之间有着怎样的关系？土地纠纷多发是否意味着农村社会不和谐？这些也是探讨农地法律制度与农村社会和谐之间关系需要厘清的问题。

从美国教授步德茂关于清代人命案与土地纠纷的研究成果出发，陈志武将之与当前农村的土地纠纷类比，进而认为土地产权界定清楚对于社会和谐、减少纠纷有着基础性的积极作用。[1]清朝刑部档案中的人命案数据表明，从1736年乾隆元年，一直到1795年乾隆朝结束，土地和债务纠纷引发的人命案总数经历了一个先上升后下降的过程。1736年，全国大概有450起；到1775年时，达到了一个顶峰，大约1600起；然后从1780年到1790年，几乎直线下降。将人命案数量变化与米价、田价的变化放到一起，可以发现，随着当时人口的猛涨，对粮食需求增加、人均耕地减少，因此粮价上涨，土地也变得更值钱，这时，如果土地权界定得不清楚，纠纷就会多，人命案发生的频率会上升。微观的分省数据也可以证明这一点。比如，自乾隆初期到1750年，广东的地方官做了很多开垦荒地、明晰地权的举措，结果，广东从1750年一直到1780年，因地权不清引发的人命案占本省人命案总数的百分比直线下降。而四川在乾隆时期一直有湖北、湖南等地农民移入，从而使地权界定不清，结果因土地引发的人命案数量远高于广东。乾隆期间，广东因土地权引发的人命案占土地和债务人命案总数的43%，因地租问题引发的人命案占总数的32%；相比之下，四川的土地权人命案占总数的77.6%，而地租引发的人命案占15.2%。[2]

应该说，步德茂的立论是可以成立的，但陈志武用之来类比今天的农

---

[1] 陈志武："界定土地产权，不能再回避"，《南方都市报》2009年2月15日。

[2] Thomas Buoye, *Manslaughter, Markets, Moral Economy: Violent Disputes over Property Rights in Eighteenth-century China*, Cambridge University Press, 2000.

村，则有些似是而非，因为今天中国农村的土地问题非常复杂，并非一个简单的产权因素所能解释。最近10多年来，农地的"处境"发生了很大的变化，讨论农地问题不能不考虑这些"处境"，因此，抽象谈论产权并没有多大实际意义。

从1990年代中后期开始，到2003年税费改革前，农民负担越来越重，而粮食价格却持续偏低，农民种田不赚钱，因此出现大面积抛荒。由于土地承担着各种税费，土地抛荒就意味着税费无所着落，因此乡村干部必须想办法将抛荒地转包。他们想出了各种各样的办法：低价承包、成片承包、外出招农、退耕还林、推田养鱼等，加上改革开放以来的生死病老、分家析产、土地调整、入户迁出等原因，农村土地承包关系非常混乱。1998年左右，中央出台政策要求进行了土地第二轮承包，由于种田税费负担太重，农民对延包没有积极性，于是许多地方的第二轮承包走了过场。2003年以后，全国农村展开税费改革，同时粮价大幅度上涨，种田已有可观的收益，农民开始向农村回流，这使以前农民不愿耕种的土地变得抢手，农村土地承包纠纷不断增多。纠纷原因各种各样，外出务工人员回村要田，抛荒田转包带来的矛盾，划片承包、退耕还林等政策带来的矛盾，抛荒田被改作他用，等等。陈志武等很多学者不考虑如此之多的具体原因，而将问题简化为村集体的土地控制权问题，进而认为农民有土地私有化的要求，这实在是有失偏颇。其实，大多数返乡农民争夺的是基于村庄成员权的土地承包权。在种田没有收益时，他们对这种权利并不在意，而现在争夺的背景正是种田有了还不错的收益。

甚至有的农民争夺土地承包权并不是为了土地上的收益，而是基于土地在未来的可能意义。很多农民在回村争取到土地承包权后，立即将土地有偿或无偿转包，有偿转包的对价最多也就200元每亩。他们争取土地承包权，并不是为了区区几百元的转让费，而常常是让自己对土地"有着"。他们对未来充满忧虑，无论目前打工收入多高，他们对未来都没有安全感。他们担心自己年龄大了，或突然生病，不能继续打工，生活将难以进行下去。对土地"有着"的意义就在于，当在外难以继续生活下去时，可以回到土地上来。可见，农民要求的只是基于土地的生存权，他们并没有土地私有化的要求。而且，2003年以来的土地纠纷，很多不但不是因为产权不明确导致的，恰恰是明晰产权的政策所导致的。以湖北省为例，由于1998年二轮延包走了过场，2004年省委、省政府出台政策对农村土地进行"确权确地"，由于"确权确地"至少"三十年不变"，这意味着今后近二十年土地承包关系不会改变，这无疑激发了更多农民参与争夺。如果维持一轮承包期间的"大稳定、小调整"政策，农民会预期需要种田时就可以找村集体承包到土地，土地纠纷因此会少得多。

另外，陈志武用清代的人命案来类比今天的土地纠纷，本身并不恰当。人命案是纠纷中的一种极端情形，人命案多发一定可以说明社会不和谐，而土地纠纷多发则不一定说明社会不和谐，相反可能说明农村社会很和谐。源于土地争议的人命案多发，说明土地争议很多，而且得不到有效调解，这当然说明了社会不和谐。但土地纠纷多发，甚至土地上访多见，只要能够得到有效调解，恶性事件不多发，仍然说明农村社会是和谐的；相反，日常生活中没有纠纷，农村社会不一定和谐，因为非常时刻可能会出现恶性事件。我们在各地农村调研，都发现村庄里纠纷最多的是人民公社时期和改革开放初期，1990年代以后村庄纠纷普遍呈下降趋势，现在纠纷则非常少。人民公社时期农民经常因劳动分配、工分计量、粮食分配等闹纠纷；改革开放初期，人们经常因水利灌溉、土地边界、家禽家畜侵害庄稼、说闲话等闹纠纷；而现在人们"各种各的田，各吃各的饭，没有什么事情需要闹纠纷"。尽管如此，村民们普遍认为，人民公社时期和改革开放初期是村庄人际关系最和谐的时期。为什么在农民眼里，村庄最和谐的时期恰恰是纠纷最多的时期呢？因为在他们看来，村庄和谐的关键在于人际关系亲密，而不是纠纷的多少。村民之间交往频繁，关系亲密，往往纠纷也多；交往密度减小，亲密关系不再，纠纷自然就变少了。这就像夫妻关系中，如果两人经常争吵，说明互相之间还有期待；如果连争吵都觉得没劲，夫妻关系也就走到尽头了。

因此，衡量农村社会是否和谐，并不能以纠纷的多少作为最终衡量标准，最关键要看村庄内部是否有排解怨气、消除隔阂、解决纠纷、维护人际关系亲密的日常机制，以及这个机制是否有效运作。如果人们的怨气能够得以有效排遣，纠纷能得以解决，社会仍是和谐的。在第一轮承包期间，土地制度是"大稳定，小调整"，村民根据人口变动周期性调整土地。调整土地时会有各种纠纷，但由于存在强有力的村集体组织，纠纷能得到解决；而且由于土地调整契合农民的平等观念，很少有人会因此积累怨气。而现在土地制度是"三十年不变"，"增人不增地，减人不减地"，大多数农民觉得不公平，常常抱怨"有人口没饭吃"；他们也常常抱怨村干部不做事，不能提供村庄公共品。在日常生活中，他们却不可能因此制造纠纷，因为国家土地法律和政策规定他们很清楚；也知道村干部没有办法放开手脚做公共事务。但这种怨气和不满总会在某个时候发泄出来，正如2008年11月我们在湖北某镇观察村委会选举时所遇到的上访、自杀等事件一样。这也说明了日常纠纷少未必意味着村庄社会和谐。

四、农用地纠纷的上访及其反馈机制

上访与人命案一样，也是纠纷的极端形态。上访意味着它所针对的纠纷在村庄系统内无法获得解决，农民的怨气无法在村庄系统内部获得释放，因此上访多说明农村社会存在不和谐因素。目前农村社会针对土地纠纷的上访并不少见，这可能表明当前土地法律制度是农村社会的不和谐因素。但这并不意味着，陈志武和于建嵘等学者关于土地应当进一步明确产权的意见是正确的。这些学者之所以作出错误判断，在于他们对土地纠纷上访的反馈机制缺乏理解和把握。

于建嵘从1434封有关农村土地的上访信中随机抽取837封进行了具体的定量分析。从中得知，目前有关农村土地问题争议，主要有征地和占地两大类型，其中占地的主要有强占或私分集体预留地、私分或私售土地、强行改变土地用途、强行收回承包地等几种类型，总比例接近40%。[1]占地纠纷应当主要发生在种植农业村庄中。这些纠纷的上访使学者们认为，纠纷发生原因在于权利不明确，因此要减少纠纷就应当进一步明确土地产权。其实，占地纠纷的背景非常复杂，原因也各不相同，但主要与土地调整相关。

1980年中共中央在《关于进一步加强和完善农业生产责任制的几个问题》中明确指出，可以实行包产到户、包干到户。其后，全国普遍实行了家庭联产承包责任制，实行土地承包。1984年1月中央一号文件提出承包期一般应在15年以上，并规定了"大稳定、小调整"的原则。显然，

---

[1] 于建嵘：《土地问题已成为农民维权抗争的焦点》，《中国改革报》2004年8月30日。

这种规定主要是从农业生产效率方面考虑的，是为了鼓励农民增加投资，培养地力，因为土地的频繁变动会影响农民对土地投入的预期，并可能掠夺性地使用土地。但在实践中，土地调整非常频繁、普遍，且不限于小调整，常常是大调整。小调整是指个别农户之间土地的"多退少补"，其形式多种多样，有的通过预留机动地调整，有的在人口增减户间直接进行土地对调；有的规定过几年就统一进行调整，等等。大调整，就是"打乱重调"，即由村组将所有农户的承包地集中重新分配，主要有2种形式，一是只动面积而主要地块不动，即按人口重新分配土地面积，但农户原来承包的地块多数不动；二是既动面积又动地块，即不仅土地面积按人口重新分配，而且农户原来承包的地块也重新打乱。土地的频繁调整显然违背了中央政策，却受到地方政府的广泛支持，中央对此也多有默认。这一时期，土地调整的原因主要有两个方面：

第一，人口变化。人口变化所带来的压力是全国农村不断进行土地调整的最重要原因。在农民的观念里，土地的分配必须适应家庭人口的变化，土地调整的目的在于使土地承包人均平等。这与集体化时代的平等实践及传统时代的生存伦理密切相关。[1]土地必须适应人口变动的观念如此强大，以至于中央和地方政府不得不出来解释：土地承包的主体是家庭而不是个人承包，因此人口变动不能作为土地重新分配的理由；而且，土地的供应制并不存在。由此可见，从农民的正义观念看，他们有内发的土地调整需要。

第二，方便生产。农民为了生产方便，常常需要修建道路、水渠、塘坝等。公共事业农民都需要，但每个农民都不想自己的耕地因此被占用，这样就需要通过调整土地来抹平特定农户因修建公共设施而导致的损失。前已论及，可以进行土地调整的村庄，村集体可以获得提供公共品的能力，村干部也才有举办公共事业的积极性和可能性。可以说，土地调整是村集体为农民提供公共品所必需、最有效的手段之一。因此，从农业生产的利益看，农民有内发的土地调整需要。

土地调整自然会打破既有利益格局，而且调地过程中也不可能做到完全的公平合理。因此，只要土地调整，总会有农民不满意，不过，不满

---

[1] 陈柏峰：《地方性规范与农地承包的法律实践》，《中外法学》2008年第2期。

意的只是很少数，且一般是村庄里不受欢迎的人。[1]不满的农民因此上访。他们上访当然不会说，大部分村民因为公平观念或生产方便需要一致要求调整土地，而会说乡村干部侵害他们的土地权益。上访的依据则是中央关于地权稳定的法律和政策。农民上访，就引起上级对乡村干部土地调整行为的不满意，认为他们侵害了农民利益，因此就下发文件，制定政策，通过法律，进一步强调农民的土地权利，弱化集体的土地权利，尤其是取消村干部的土地调整权，削弱调地的合法性。1993年11月，党中央、国务院发布《关于当前农业和农村经济发展的若干政策措施》，指出"为了稳定土地承包关系，鼓励农民增加投入，提高土地的生产率，在原定的耕地承包期到期之后，再延长三十年不变"，并且提倡在承包期内实行"增人不增地、减人不减地"的办法。此后的政策文件一直如此强调，直到1998年写入《土地管理法》，2002年写入《农村土地承包法》。

即使国家法律和政策一再强调地权稳定，但农民仍然有调整土地的内在动力，因此会强烈要求村干部调地。那些真正关心农民利益的村干部也会下决心调地来维护农民的公平感，维持农业生产方便。在取消农业税之前，税费收取的压力也迫使村干部进行土地调整，因为农民可以借不交税费来给村干部施加压力。这一时期，应对税费也在不同地区造成了另外两种土地调整。从1990年代中后期开始，到2003年税费改革前，农村出现大面积抛荒。土地抛荒意味着税费无所着落，因此乡村干部只得想各种办法将抛荒地转包，这实际上构成了一种土地调整。另外在有些地区，村集体将之前"动帐不动地"的"两田制"，变成动地的"两田制"，[2]即将村集体的部分耕地集中起来，高价转包，从而获取地租收益。应对税费的土地调整方式，并非出于农民的内发需要，农民在其中是被动的。这种土地调整主要在个别农民与村干部之间进行，缺乏农民的普遍参与，因此村干部可能在调地过程中谋取非法利益。县乡政府由于关注税费收取，对村干部则有所纵容。

面对农民的上访，人们认识不到土地调整的合理之处，而一味指责村

---

[1] 陈柏峰：《农民地权诉求的表达结构》，《人文杂志》2009年第5期。

[2] 具体请参见陈锡文：《关于我国农村的村民自治制度和土地制度的几个问题》，《经济社会体制比较》2001年第5期。

干部。农民只要一上访，中央和社会便会认为，乡村干部素质差，之前关于农地制度的规定还不够明确，地权需要进一步稳定明确，农民的土地利益需要法律和政策的进一步保护，因此在土地制度安排上越来越强调保护农民的土地权益。中央对农民地权稳定的保护越强，越发激励部分农民去上访；而农民越上访，中央就越需要强调保护农民的土地权利，直至强调承包关系"长久不变"，农户的承包经营权越来越接近所有权。[1] 在税费负担重、种地不赚钱时，这种土地权利农民并不看重；但当农业税取消后，种地有了收益，农民就可以借这种权利上访抵制村干部进行土地调整。2003年后土地纠纷的增多，原因就在于此。而取消农业税后，村集体和村干部几乎不再掌握任何资源，土地调整的权力对于提供村庄公共品有着非常大的作用。由于风险越来越大，村干部也没了进行土地调整的动力。这样一来，农民在小块土地上耕作，就越发难以获得生产条件的改进。其结果就是，看起来中央越来越保护农民的土地权利，农民却越来越不能获得从事农业生产所需基本条件。这个过程中，村干部被搞得臭名远扬，进而退出农民生产环节，农村双层经营体制名存实亡，土地集体所有制也日益虚化。

从上述农用地上访的反馈机制中，我们可以看出，号称保护农民土地权利的政策和法律是如何产生，并最终如何在真正意义上伤害了农民的实际利益。在这个过程中，农民因土地的纠纷有减少的趋势，但这种减少并不意味着农村越来越和谐。因为在土地调整频繁的制度下，农民有不满立即可以找到政策和法律依据；在承包关系日益固化的土地制度下，农民即使有不满，也不可能从法律和政策上找到发泄口和依据。他们的不满只能隐忍于心，这并不意味着农村社会就和谐了。我们在各地农村调查，都可以感受到农民的这种不满。这种不满不一定都直接指向土地制度，却多少都与土地制度有关。农民指向土地制度的不满主要是，土地与家庭人口的不均衡，因为这不符合他们的公平观念。他们普遍对村干部不满，认为他们什么事情也不干，村里的水利灌溉、道路维修，都是一团糟。村干部也自感无辜，他们没有任何资源，怎么做事呢？农民的不满不会自然消失，一定会在某个时刻迸发出来。

---

[1] 具体可参见贺雪峰：《地权的逻辑》，中国政法大学出版社2010年版，第125—127页。

五、简短的结语

土地上访问题的意涵非常丰富，当前学者和社会的认识并没有深入理解土地上访背后的逻辑，因此对实际情况理解和概括存在一些问题。因为这些学者并没有深入到村庄生活内部去，并没有在真正意义上理解农民的生活，理解他们的需求，理解他们的分化。农民自己也未必能够很好理解这一点，但他们的种种情绪却提醒我们需要好好思考其背后的种种问题。

征地纠纷及其上访针对的主要是城郊农村的土地，牵涉的主要是土地的级差收益，不是中国农地的普遍性问题，因此不能作为中国农地法律制度的经验基础。中国土地所面临的问题与美国有巨大的差异。在美国，土地产权的明晰有利于所有者发展农业生产。但在中国，由于地块太小，且分布广泛，农业生产环节中离不开公共品，而公共品又不可能由碎小地块的承包者独自提供，因此需要合作；土地产权过于明晰，反而不利于这种合作。因此，中国的土地制度必须让这种合作成为可能，因此需要在产权明晰与村庄集体治权之间寻找恰当的平衡。40多年来的历史证明，集体所有权与农户家庭承包经营权结合，统分结合的双层经营体制，是符合中国农村现实的。它能够真正保障农村社会和谐。虽然在这一制度的运行过程中，村民之间的纠纷很多，但这种土地制度赋予村庄集体的治权，能够保证纠纷在村庄内部得以顺利解决，而这种纠纷则是村民亲密关系的体现，不应当认为其是社会不和谐因素。

总的说来，所谓的土地权属不明确，并不是导致农村社会不和谐的因素；土地所有权主体（村集体）实质虚化所导致的村庄公共品服务缺位，才是影响农村社会和谐的主要因素，它导致了一些农民上访事件的发生。因此，为了促进农村社会和谐，我们应当进一步完善农村土地集体所有制。

第九章　征地拆迁上访的类型与机理

　　征地拆迁问题的上访是当前一个社会热点问题。根据媒体报道，目前上访事件中，占比最大的类型是因征地拆迁造成的。[1]一些统计显示，征地拆迁导致的信访达到了相当高的比例。[2]既有研究对征地拆迁上访的认识，主要涉及如下几个方面：第一，认为我国土地制度不合理，不允许农村土地自由交易，限制甚至剥夺了农民的土地权利，人为地造就了城乡土地的二元结构。[3]第二，认为征地拆迁的上访，是因为政府对农民的补偿不足，农民应该分享足额的土地增值收益分配，因此征地拆迁应该按照市场价格补偿农民。[4]第三，因法律制度不完善，尤其是法律对"公共利益"界定不清，导致政府以"公共利益"的名义滥用公权力强制拆迁，从而侵犯农民权利。[5]第四，征地制度中严重的信息不对称，影响了公民和媒体对政府在强制拆迁中的暴力行为和权力滥用行为的判断，从而导致被拆迁人的救济都难以理性进行。[6]

　　上述对征地拆迁上访的认识，虽从不同方面介入，但主要是制度的视

---

[1] 周芬棉：《征地拆迁成上访事件中最大类型 公共利益难界定》，《法制日报》2010年8月19日。

[2] 邢世伟：《国家信访局公布40件涉农事件：八成为征地拆迁》，《新京报》2015年2月5日；《当前征地拆迁引起群体上访成因及对策》，http://jiangpu.pukou.gov.cn/jpdj/gjlj/201101/content_0107_54173.htm。

[3] 刘守英：《集体土地资本化与农村城市化》，《北京大学学报（哲学社会科学版）》2008年第11期。

[4] 程雪阳：《土地发展权与土地增值收益的分配》，《法学研究》2014年第5期。

[5] 唐忠民：《新征收与拆迁补偿条例应细化"公共利益"》，《法学》2010年第3期。

[6] 陈若英：《信息公开——强制征地制度的第三维度》，《中外法学》2011年第2期。

角。总体而言，还较为单一，未能深刻触及现实中征地拆迁问题的复杂性，尤其是对被征地拆迁户的心态和动机把握不足。全面认识征地拆迁上访，需要将被征地拆迁户所处的社会结构和情景与他们的心态、动机和行为结合起来。目前，社会群体之间出现了较大的分化，不同社会群体的诉求有了很大不同；即使在农村或城市社区中，人们也有了很大的分化。不同社会群体、不同家庭乃至家庭中不同成员的诉求都可能有着不同。表现在征地拆迁上访中，不同人的动机和诉求都可能有很大不同。不同的上访者的心态有所不同，有的是反对征地拆迁；有的并不反对，但希望通过上访博弈来获取更多的利益；有的则是征地拆迁后发生的心理不平衡、社会不适应问题。本研究将从上访者的动机切入，关注征地拆迁的过程及不同阶段不同类别上访的性质，深入分析征地拆迁上访的机理。

一、反对征地拆迁的上访

学者通常容易关注被征地拆迁者对补偿价格的不满、对征地拆迁程序的异议，而较少关注征地拆迁对象的意愿和心态。对于多数征地拆迁户而言，征地拆迁将使他们的财富增长，他们显然更在意从征地拆迁中获取实际利益，因此其上访（或做钉子户）主要是一种试图获取更多利益的博弈。然而，确实存在一些人，他们由于各种原因而不接受征地拆迁。其中最典型的有四种因素：

第一，情感因素。相比于从征地拆迁中获取的实际利益，有的人更看重世世代代耕种的土地或祖传下来的房屋，因为土地和房屋上寄托了当事人的情感。这种情感的背后，可能是对故去的亲人的哀思，也可能是自己童年成长的记忆，或者是在城市艰苦奋斗时可以回眸的"乡愁"。正是由于情感因素的介入，使得当事人不在意从征地拆迁中获得的利益，因此反对征地拆迁。

第二，生活习惯。征地拆迁不仅仅是事关土地和房屋的事情，还意味着生活模式的改变。在城中村和城郊村，土地征收和房屋拆迁后，人们可能需要搬进政府统一规划的小区，从而在居住和生活上实现城市化。城市小区虽然在基础设施、环境卫生等多方面明显比村落社区更有优势。

但居住和生活习惯的城市化，将意味着家庭不再有庭院，而只有建筑"森林"中的一个"鸟笼子"，进出家门不再"脚踏实地"，而需要爬楼梯；也可能意味着老年人再不能随意搭建一所简便的房子居住，而必须挤在单元房里，这可能导致新的家庭矛盾。一些老年人对生活习惯改变的"恐惧"尤其严重，这可能导致他们成为征地拆迁的"钉子户"。

第三，家计模式。征地拆迁不仅仅意味着家庭生活模式的变化，还伴随着家计模式的变化。被征地拆迁户虽然可以得到一笔不菲的补偿，但将不能再从土地上获得收入，收入范围将大幅缩减；如果不能在城市里实现就业，甚至将进入失业状态，尤其对于中老年人而言，从农业中转移出来在城市获得体面工作，这种机会很小。进入城市生活也不能再如在农村那样养殖家禽、种植蔬菜来补贴生活，生活成本将大大增高。这些影响家计模式变化的因素，都将成为人们反对征地拆迁的重要因素。

第四，特殊用途。由于土地或房屋用作特殊用途，征收或拆迁后很难找到合适的替代对象，这意味着将改变土地或房屋使用人的生产生活，或使他们已经获得的某种利益受损。例如，一块土地上建有一个经营颇好的砖瓦厂，土地征收将使其预期经营利益受损，而且很难迅速找到另一块土地并立即投产。而在商业经营中，人流大意味着商业机会多，长时期在固定位置的经营也会积累顾客的熟悉程度和认可程度，房屋拆迁后并不容易找到新的经营场所，即使找到合适的经营场所，也会使过去经营积累起来的客户和声誉不能为新的经营带来利益。

上述几个方面的因素，有时单独成为当事人反对拆迁的原因，有时同时出现。出现的因素越多，当事人反对拆迁的强度可能就越强，就越有动力上访或成为征地拆迁的"钉子户"。从现实来看，坚持农业生产的老年人、适度规模经营的"中农"，这两个人群特别容易成为反对征地拆迁的上访人。

第一，坚持农业生产的老年人。目前在中国大部分农村地区，占主导地位的家庭再生产模式是"以代际分工为基础的半工半耕结构"。[1]一个三代人的家庭，往往是年轻子女外出务工经商，获得务工收入；年龄大的

---

[1] 贺雪峰：《关于"中国式小农经济"的几点认识》，《南京农业大学学报（社会科学版）》2013年第6期。

父母留村务农，获得务农收入，并负责养育孙子辈。这个家庭就可以同时获得务工和务农的两笔收入，而且家庭的养老和抚育在农村完成，生活费用远比城市低。即使有些家庭在城市里购买了住房，但是城市住房往往只是在春节期间才住很短一段时间，很少真正居住在城市。这种家庭再生产模式下，"半工半耕"中的"耕"主要是由老年人完成的，因此，这种耕种模式实际上是"老年人农业"。

"老年人农业"的主体是50多岁、60多岁甚至70多岁的老年人，他们年龄较大，在城市里几乎找不到合适的工作岗位，但在农村耕种土地既有热情，也有体力。目前农村耕作机械化程度不断提高，对劳动者体力要求下降，在平原地区尤其如此，农业耕作的几乎每个环节都可以用机械来替代人力；农业劳作时间也大幅度缩短，所谓"三个月种田，三个月过年，半年农闲"。老年人耕种不到10亩的土地，完全可以应付，一年可以有1万元左右的农业收入。家庭吃的粮食主要来自土地，蔬菜供给也主要来自土地，同时还可以附带养鸡鸭，肉、蛋的供给也可以部分自给，生活成本因此很低。如果没有农业就业的途径，数以亿计的老年农民将无事可做，他们的生活成本将大大攀升，生活幸福感大大下降。

一旦面临征地拆迁，这些老年人从内心是拒斥的，尤其是对那些仍然年富力强的老农而言。大面积的征地拆迁意味着生产方式、生活方式的全方位改变。他们将失去土地，失去就业，需要适应新的生活习惯，面对陡然攀升的生活成本。这种情况下，征地拆迁将面临巨大的阻力，尤其是如果这些老年人在家庭内部能完全掌握主导权，他们将成为政府非常难以对付的"钉子户"或上访户。[1]他们年龄大，充当钉子户时有"技术"优势，他们也有空余时间去上访。

第二，适度规模经营的"中农"群体。在农村也有一些身强力壮全家在家从事耕作的农民，他们构成了所谓的"中农"群体。[2]这个群体，由于各种原因，并不外出务工，而是在家务农，除了耕种自己家庭的土地之外，还流转入进城务工的亲朋好友的土地，从而实现了"适度规模经

[1] 王丽惠对此有较为详细的分析，参见王丽惠：《为什么发生征地拆迁纠纷》，《法律和社会科学》第10卷，法律出版社2012年版。

[2] 杨华：《"中农"阶层：当前农村社会的中间阶层》，《开放时代》2012年第3期。

营"。他们自己家庭一般拥有10亩左右的土地,加上流转得来的,可能有20亩以上的土地。他们全心全意从事农业耕作,因此有动力改进农业基础设施,购置中大型农机具。他们所购置的农机具不但为自己耕种方便,还可以为邻居提供收费服务。数十亩农田上的收入,加上副业收入,中农家庭一年也可以有不低于外出务工家庭的收入。

中农群体家庭的生产和生活与土地的关系极为紧密,正因此,他们是村庄中最关心公益的人,是村庄公共建设的主导者,是村庄组织系统中的主干,是村庄政治生活中的活跃分子。正是由于中农群体的存在,在农村人财物持续外流的背景下,农村可以保持社会稳定。这个群体农民的生活谈不上特别富有,却也十分殷实。一旦土地征收,中农阶层直接受到冲击,他们流转得到的土地将会减少甚至完全失去,他们的生产生活方式都将无法持续。减少了土地,他们就不能获得足够的农业收入,完全的小农兼业的生活将不能维持家庭开支的需要;土地征收可能破坏原有的水利、道路等基础设施体系,为其耕作带来种种不便。这些都可能倒逼他们进一步放弃土地,而成为打工洪流中的一员。当他们面临自己的承包地被征收时,更是可能持有激烈的反对态度。中农群体的家庭生产生活情况,使他们很容易成为上访的积极分子或"钉子户"的中坚分子;在既有村庄组织系统中主干成员的身份和社会资本,有助于促使他们成为群体性上访的组织者和主导者。

反对拆迁的"钉子户"(或上访)往往发生在征地拆迁实际进行之前,个别情况下发生在征地拆迁初期。他们在上访过程中可能表现出各种各样的诉求,要求更多的利益补偿,要求解决工作职位,等等。虽然当事人的一些诉求可能在政策内通过照顾或补偿来加以解决,但在多数情况下,当事人所要求的更多的利益补偿,往往缺乏法定的依据。当事人的很多诉求,其实是很难在政策和法律框架下得以满足的,例如当事人"乡愁"式的情感诉求、就业问题。当然,更多的利益补偿,可能削弱前述因素对当事人上访态度的影响。上访人如果坚持法律和政策外的诉求,上访事项的解决将变得非常棘手。上访诉求也许是值得同情的、可以理解的,但也仅仅只能同情和理解,政策和法律对之无能为力;要能满足,除非不征地、不拆迁,这却是不可能的,因为城市化、现代化的大潮不可阻挡。这种悖论,也许是现代化过程中必须直面的一种宿命。

二、征地拆迁过程中的上访

虽然确实有人不愿意被征地拆迁，但对于多数人而言，盼征地、盼拆迁则是普遍的心态。有个颇有意味的案子：河南灵宝的王帅曾因在网上反映家乡土地非法征收而被拘留，后经媒体曝光后被释放，当地工业项目中止下马，被征的土地退还给了农民。令人吃惊的是，此后王帅不敢回家，家人在当地也受到敌视，村民因他搅黄了工业项目，失去了征地补偿而愤怒。[1] 因为土地一旦被征收，农民可以立即得到一笔巨款，它是从事农业生产收入的数倍甚至数十倍；土地转为非农用途，还可以带来非农就业机会，以及房屋出租、零售、餐饮等商业机会；尤其是在大城市郊区，征地拆迁往往使农民暴富，而且住房、社保、工作等也能得到解决，这远好于从事农业生产。尽管如此，征地拆迁户往往在征地拆迁的初期，就开始了上访（或做"钉子户"）的历程。上访所针对的事项，一般主要针对以下几个方面：

第一，被征土地的面积。征地补偿的获得，首先与被征土地的面积相关。这看起来较为明确，在实践中却很容易成为有争议的事项。首先是土地承包合同上的登记面积与土地实际面积存在差异，原因是存在"黑地"：为了避免税费负担，而由农民或集体所隐匿的土地面积。"黑地"从古至今都存在。[2] 土地征收时农民往往上访要求重新丈量土地，将那些过去隐瞒的"黑地"面积纳入补偿范围。其次是使用卫星遥感技术测量的征地面积，与用手工方式测量的各家各户征地面积的总和并不一致。因为一旦重新测量，各种狡黠的手段都会被农民用上：收买村干部在测量

---

[1] 石破：《王帅网贴举报征地后：家人被敌视》，http://news.qq.com/a/20090727/000325.htm。

[2] [美]李怀印：《华北村治：晚清和民国时期的国家与乡村》，岁有生、王士皓译，中华书局2007年版；朱晓阳：《黑地·病地·失地——滇池小村的地志与斯科特进路的问题》，《中国农业大学学报（社会科学版）》2008年第2期；狄金华、钟涨宝：《变迁中的基层治理资源及其治理绩效：基于鄂西南河村黑地的分析》，《社会》2014年第1期。

时"偏心",在测量现场耍泼、放狠话逼迫村干部就范。[1]从个人立场出发,村干部也犯不着那么"较真",最终的结果一定是手工测量总面积溢出遥感测量面积。在面积测量过程中自感"吃亏"的村民,通常会找上级政府上访,政府也无可奈何,往往只能在其他方面给予补偿和"安慰";或者说,这些村民可能以土地面积作为"由头"来要挟政府另外给予一些补偿或达到其他诉求。

第二,地上附着物和拆迁房屋的估价。地上附着物和房屋,是征地拆迁中补偿的重要来源,一般按照重置价格估价补偿。这是非常容易引起争议的环节,因为估价的标准化与差异化的补偿诉求之间存在着根深蒂固的矛盾。[2]估价有时由政府委托的公司进行,更多时候由政府自己制定标准进行补偿。例如,一般树木按照粗细程度进行补偿,果树要按幼树还是投产树进行补偿,投产树还分幼果期、盛果期和衰果期等。这种定性其实有相当大的主观性,很难有绝对的量化标准,一棵果树到底是否属于盛果期,很难说是绝对的。村民对政府工作人员的定性不满意,就很容易触发纠纷、导致上访。

对房屋的估价更难使村民满意,尽管房屋估价有更为明确的标准。从结构上说,房屋分为钢混、砖混、砖木等多种结构。从装修上说,那就更为复杂,室外、室内都可能有不同装修,墙面、地面装饰也可以有较大区别,室内门窗也会有不同标准。以地面装饰为例,可以有油漆、地板砖、木地板、石材地板等多类,每类又可以有非常悬殊的等级差别。因此,看起来差不多的房屋,可能因为装修不同而有较大的估价差别。房屋往往包含了主人多年来大量的极具个体偏好的成本和精力投入,以至于附着了诸多特殊的感情因素,可以有大量需要特殊补偿的理由。但是,频繁的征地拆迁,政府需要面对成千上万的房主,很难一一满足房主的诉求,只能按照某种标准同质化的处理。政府所能做的是,尽量细化这些标准,但标准无论如何细化,在房主的个性面前都可能显得粗暴。因此,房屋的估价是最容易引起纠纷的环节,事实上也诱发了大量的上访。

---

[1] 袁松:《农地征收中的利益博弈》,《法律和社会科学》第10卷,法律出版社2012年版。

[2] 郭亮、王丽惠:《房屋征收中的定价困境与冲突》,《中国行政管理》2015年第1期。

经营用房的估价尤其容易引起争议。由于经营用房往往具有特色，拆迁补偿按照一般的标准，房主往往很难接受，他们因此很容易成为"钉子户"或上访户。其核心在于，政府在进行拆迁评估时，很难将拆迁户的一些事实利益或预期利益考虑在内，而拆迁户又很难接受政府"大而化之"的补偿标准。例如，同一排商业用房，细微的位置差异可能导致在实际经营中存在显著的利益差异，而补偿标准很难对之进行精确区别。再如，沿街的"门面房"，事实上被用作商业用途，房主长期以来享有"非法"却事实上无人干涉的利益，因此拆迁时就会要求按照商业用途得到补偿。实际上，这些房屋及其宅基地，在土地管理所和房屋管理所登记的性质都是居住用地、居住用房，而不是商业用地、商业用房。因此，门面房房主的额外要求，在政策上并没有依据。从利益的角度出发，地方政府也很难松动，给予更多的补偿。

第三，征地拆迁的补偿标准和配套措施。征地补偿的价格标准与被征地拆迁农民的利益直接相关。征地补偿标准在《土地管理法》中有所规定，但只是标准的一般性规定，真正落实到计算补偿费时，各省、市、自治区都有具体规定，市县一级也可能出台更为具体的补偿规定，甚至可能针对某一次具体的征地拆迁而出台补偿方案。被征地拆迁者常常对补偿标准不满，一方面，原因在于基层政府利用信息不对称降低征地补偿标准，或者"克扣"补偿款。笔者曾在湖北某乡镇调研时看到一份不完整的征地补偿标准的文件，其中的过渡安置费一项是手写添加的，拆迁奖励一项被手写修改；而且，文件第二页最下方项目内容并未结束，第三页却写着"此页无正文"。因此有理由怀疑镇政府变相降低了拆迁标准。

另一方面，被征地拆迁户对补偿标准不满，主要因为他们有着不同的比较对象。一是将补偿标准与市场价格比较，认为市场地价或房价远远高于补偿标准。这种比较在学理上缺乏依据，却有着实在的心理冲击力。因为土地用途的改变涉及土地的"发展"，而我国的土地发展权实际上是国有的。[1]尽管如此，看到自己的财产被强征后"高价出卖"，不平衡的心理就很容易产生。二是将补偿标准与邻近的或媒体上所能见到的大城市的补偿价格比较，从而指责政府补偿标准过低。北京、上海、广

---

[1] 陈柏峰：《土地发展权的理论基础与制度前景》，《法学研究》2012年第4期。

州、郑州这些大城市，征地拆迁制造了大量的千万富翁，媒体常有报道；现实中大城市辐射范围内的县市，人们对大城市征地补偿的高价格往往有所耳闻。例如，葛店是处于武汉与鄂州之间的农村地区，因其紧靠武汉光谷地区，近年来地价不断上涨，高于鄂州城郊地价，但土地征收的价格却只能按鄂州远郊农村土地征收的价格补偿，这导致当地农民普遍不满。

征地拆迁的配套措施也是征地拆迁户上访的主要诉求。包括征地拆迁之后的土地调整问题、还建问题、停业补偿问题、过渡房问题以及还建后的水电路等问题。这些问题与被征地拆迁户的利益密切相关，受到的关注程度也非常高，甚至常常被当作要挟政府、抵制拆迁的条件。这类问题的解决也往往较为困难，尤其是还建问题，因为涉及每个拆迁户的个性化要求而不好解决。地方政府限于财力和实际困难，拖延解决一些问题，甚至哄骗征地拆迁户的情形，也不少见。

第四，征地补偿在村组集体内部的分配。目前，征地补偿在村组集体内部有多种不同的分配方式，典型的有"占谁补谁"与"平均分配"两种方式。"占谁补谁"就是补偿直接发给征收地块的土地承包经营权人。现有的土地占有方式，是"二轮延包"时确立下来的，当时税费负担重，很多农民撂荒外出，而一些在村农民则顺势承包了这些土地，从而导致现有土地占有关系的不平衡，一旦涉及征收补偿的巨大利益，过去撂荒的农民回村坚持土地承包经营权，上访要求享有征地补偿，从而导致不少矛盾。在土地占有关系已经较为不均的情形下，征地补偿采取"占谁补谁"的办法，就会产生多包地农民多得补偿，导致农民的心理不平衡。"平均分配"就是征地补偿由全村或全组按照土地面积、人口数量等因素平均分配，然后在集体范围内通过土地调整来补足失地农民的土地。这种分配方式在承包期内保留了农民土地的承包权和补偿权，征地补偿费始终做到平均分配。但此法与现行"稳定承包经营权"的法律和政策有所矛盾，一旦有村民上访，地方政府就会比较被动。

此外，征地补偿在村组集体与村民之间的分配也很容易引发上访，这有两种情形。一是目前很多地方，征地只向农民发安置补助费，土地补偿费则由集体专户存储，以用于农民社保安置。这种办法有其优点，但缺点也很明显：因为一次性发给农民所有补偿金，农民可能很快将钱花光，由于缺乏保障，生活发生困难，最后还是找政府上访。如果能管好征地补偿资金，并立即启动农民社保程序，可以做到失地后即能获得社会保障。但是，如果社保程序的启动滞后于土地补偿费的发放，就很容易引发农民质疑，他们可能要求将所有补偿分到农户。二是一些未能承包确权到农户的土地（如集体占有的机动地、四荒地）被征收后，征地补偿往往存储在集体专户中，一些农民担心村干部侵占这些资金，从而上访要求将所有补偿分到农户。

第五，特殊群体的权益。征地拆迁补偿中，外来户、迁出户、外嫁女等特殊群体的利益诉求，是上访的另一重要诱因。迁出户长期限流转甚至"卖绝"了土地承包经营权，出卖了房屋，得知土地被征收回村坚持土地权益；外嫁女以在娘家时的土地承包权为基础主张分享征地补偿；已经从外地迁入数年，手持土地承包经营权证的"外来户"，其参与分享征地补偿的资格却受到质疑。这些都是对立双方可能同时上访，地方政府难以应对的事务。例如外来户问题，其矛盾的焦点是"外来户"是否应该获得征地补偿，其实质在于外来户是否享有村组集体成员权。对此，外来户和本地户的认知直接冲突。外来户以户籍和土地承包经营权为集体成员权的基础，本地户则以"祖业"观念和集体化时代的劳动付出为依据否定外来户的集体成员权。外来户的主张有国家法律制度的支持，本地户的认知因人多势众而在地方社会实践中有效。[1]特殊群体权益的上访，虽然只是征地补偿在村庄内的分配问题，地方政府却难以回避，处理不好将会将矛头引向自身。

上述不同方面的上访诉求，有着共同的特征，这些上访发生在征地拆迁过程之中，上访的层级通常不高，当事人主要是想通过上访与地方政府协商，以获取更多的利益；这些上访诉求有些涉及法律的贯彻和落实，有些则是法律未能详细规定的；这些诉求有的直接针对地方政府，有的只是村庄内部的事情。任何环节处理不好，都会成为地方政府的问题；而受制于各方面的因素，总是不断有难以处理的问题，甚至一些问题还导致矛盾激化。

---

[1] 郭俊霞：《征地补偿分配中的"外来户"与集体成员权》，《华中科技大学学报（社会科学版）》2015年第6期。

三、征地拆迁之后的上访

反对征地拆迁的问题和征地拆迁过程中的问题，大多数可以通过说服、适当增加补偿、动员社会关系等策略来解决。但这些策略并不是万能的，一些问题难以达成一致，而问题的协商，不可能永远拖着，政府需要速战速决，但又不愿或支付不起对价来满足上访人的要求。在此背景下，多数地方政府可能采取非法方式进行强制拆迁，这种方式无疑会为拆迁之后的上访埋下伏笔。征地拆迁后，当事人不但就反对拆迁和拆迁过程中的问题上访，还会就拆迁行为本身上访。也就是说，征地拆迁之后的上访，与征地拆迁的实际运作模式紧密相关。

从制度上讲，征地拆迁属于土地一级开发过程中的一个环节。土地一级开发，就是政府或其授权委托的企业，对特定的城市国有土地或乡村集体土地进行统一的征收、拆迁、安置、补偿，并进行适当的市政配套设施建设，使该地块达到特定的建设条件，成为"熟地"。土地二级开发，就是熟地在二级市场上的有偿出让或转让，俗称"招拍挂"（招标、拍卖、挂牌）。不过，这种制度上规定的土地开发模式，仅仅容易在土地交易活跃、供给小于需求的卖方市场实行，在大城市尚可能采取这种开发模式，在小城市则存在诸多困难。在小城市，土地交易市场往往是买方市场，县市政府千方百计吸引投资，其对价往往就是土地和税收优惠。土地优惠主要不仅表现为地价低，还表现为地块具有可选择性，现实情况往往是投资方先看上某地块，地方政府再帮其征收、拆迁，吸引其前来投资。这种运作模式下，政府在企业正式投产前，没有任何税收收益，还要先行支付巨大的成本，包括基础设施建设的投入、开发项目组人员的工资和办公经费、征地补偿费用等。因此，政府往往会尽量压低征地拆迁补偿价格，尤其是中西部财政不宽裕的情况下。

对于地方政府而言，这种项目开发和征地拆迁的运作模式存在两个方面的风险，一是无法按时完成征地拆迁任务，从而导致对招商企业的违约赔偿，甚至导致所招商的企业放弃项目；二是按时向招商企业交付土地，但企业不能按时投产。[1]这两种情况下，地方政府的前期努力都将付诸东流，不能按预期获得税收收入，从而使得前期支付的巨大成本无法收回。在招商引资过程中，地方政府与开发商也存在博弈，为了在博弈中占据优势地位，地方政府需要尽快交付土地。因此，在时间紧迫有限，不可能与农民不断协商下去的情形下，政府可能采取强制拆迁措施。

从制度上说，政府应当向法院申请强制拆迁，但强制拆迁有着严格的实体和程序要求，《最高人民法院关于办理申请人民法院强制执行国有土地上房屋征收补偿决定案件若干问题的规定》明确规定，申请强拆，需要提交诸多材料：（1）征收补偿决定及相关证据和所依据的规范性文件；（2）征收补偿决定送达凭证、催告情况及房屋被征收人、直接利害关系人的意见；（3）社会稳定风险评估材料；（4）申请强制执行的房屋状况；（5）被执行人的姓名或者名称、住址及与强制执行相关的财产状况等具体情况；（6）法律、行政法规规定应当提交的其他材料。这些材料的提供，费时费力，而且法院必须考虑社会稳定风险以及被执行人的具体情况，结果可能是驳回地方政府的申请。

更常见的办法是，地方政府采取各种边缘或非法手段进行强制拆迁，这种拆迁往往以恐吓和暴力为基础。恐吓和暴力方法的使用，常常并不是由地方政府干部亲自实施的，而是将非法强制拆迁的业务承包或委托给开发商或拆迁公司，最后一般是由社会上的"混混"具体操办的。[2]因为在党政体系内部，需要讲政治原则，需要依法行政，社会舆论和群众可以对政府行为进行监督。对于政府干部而言，亲自运用恐吓和暴力手段，必然遭到抵制，拆迁户和上访户很容易启动监督程序，使政府干部在党政系统内遭到惩罚，导致其政治前途和工作岗位受到影响。社会上的"混混"运用恐吓和暴力手段则不同，拆迁户和上访户对他们的检举、揭发，不但可能收集不到足够的证据，还可能遭遇不明不白的报复，因

---

[1] 不能按时投产的原因很多，有的投资商资金周转出现问题，有的投资商并不想发展实业，只是利用地方政府的廉价土地来囤积土地，从事租赁或以之从银行抵押贷款。

[2] "混混"在社会中的行为，具体可参见陈柏峰：《乡村江湖：两湖平原"混混"研究》，中国政法大学出版社2011年版。

此多数人对"混混"会采取隐忍的态度。

"混混"涉足拆迁，对多数"钉子户"都可以构成强迫，让他们接受拆迁方案。对于那些口头威胁不奏效者，混混可能会采取两种方式。第一，用"奇特"方式恐吓、逼迫拆迁户撤离房屋，接受拆迁方案。笔者在江西某县调研时，一户老人不愿意拆迁，有"混混"连续一个星期每天晚上深夜到老人窗口放恐怖音乐，老人最终不堪骚扰而同意搬迁；在湖北某县调研时，有"混混"特意买来多条无毒的蛇，隔三差五放一条蛇到某拆迁"钉子户"家中，拆迁户最终也因害怕而搬离房屋。第二，直接使用暴力手段，拆除拆迁户的房子。笔者在湖北某区调研时获知，混混开办的拆迁公司，用挖掘机在拆迁户的墙角慢慢挖，"挖得你胆战心惊"，逼迫他们同意拆除房子。笔者在山西某县调研中曾听说，有拆迁户外出办事，两天后回家时房屋已经被拆除。媒体上也曾多次报道过类似的新闻。[1]

这种方式虽然拆除了房屋，有效推进了征地拆迁项目的进展，但拆迁户往往积累下了很大的"气"，往往从拆迁之日起开始了上访之路。他们虽然恐惧"混混"，但绝不害怕政府，因此会上访，其诉求点不限于拆迁之前协商过程的补偿诉求，还会对拆迁过程中的遭遇提出新的诉求。地方政府通过开发商、拆迁公司、"混混"达到了推进项目的目的，但拆迁户针对其灰色和非法行为的上访却会成为日后治理中的棘手问题。

征地拆迁之后，地方政府履行相关责任不到位，也可能导致征地拆迁户上访。例如，由于受规划选址、建设项目报批、资金等方面原因影响，异地安置的进度赶不上拆迁的速度，边拆迁边安置、先安置后拆迁难以保障到位，或者拆迁后迟迟得不到安置，不得不长期租房居住。这种拆迁户很容易成为上访户。

此外，征地拆迁之后的上访，还有一些与政府责任相关度不高，由于当事人方面的原因，而新增加的诉求点：

---

[1] 戈亚敏：《因拆迁补偿积怨 趁主人外出擅自拆房损失被诉》，http://hn.rednet.cn/c/2014/07/08/3398212.htm；张雨辰：《女子外出旅游房子变废墟 事发一月仍不知谁拆的》，http://www.aihami.com/a/dangjian/zugong/85326.html；姜烽炟：《信阳老夫妻外出房子被拆 门楼内过春节》，http://henan.sina.com.cn/xy/news/z/2014-02-26/1712-4899.html。

第一，补偿信息传播后导致的攀比。在征地拆迁谈判中，起初会有一小批要价高的"钉子户"，这些人是逐渐被地方政府"开口子"击破的，政府一般采取暗箱操作的办法。在此过程中，对拆迁户会许以一些利益，帮助拆迁户变相得到更多补偿，例如丈量土地、房屋面积时多计算一些，衡量房屋及附属物的新旧、结构时往高档靠。政府与"钉子户"的谈判是背靠背的，具体开口子的做法当时处于保密状态，协商内容当时是不公开的。然而，天下没有不透风的墙，随着征地拆迁过程的结束，各家各户补偿情况的信息逐渐传播开来，同村村民、街坊邻居逐渐知道了当初背靠背谈判的内容。这必然在村民之间引起攀比，于是就会有村民拿自己的情况与别人对比，从而觉得自己吃了亏，因此找政府上访要求"补贴"。

第二，补偿标准不同导致的心理不平衡。我国经济社会多年来保持良好发展态势，征地规模一直处于高位，征地拆迁补偿标准稳步提高。在很多地方，每两三年就会提高一次征地补偿标准。这有助于维护农民权益，但新旧政策和法规交替存在时间分界，容易造成不同时间段土地征收补偿存在差距，较早征地拆迁的农民认为分配不均而产生心理不平衡，从而上访。此外，不同项目的征地拆迁的政策依据可能有所不同，如铁路、公路和城市公用事业等非经营性项目建设征地拆迁与经营性建设用地适用不同的政策，涉及相关补偿标准有所不同，补偿标准较低的征地农民也容易因心理不平衡而上访。

第三，生活不适应导致的新冲突。农民失去土地后，由于自身文化、年龄、技能等方面的原因，就业机会较少，出现生活不适应，他们转而认为政府当时支付的补偿费用偏低，因此进一步上访要求更多的补偿；也有农民征地拆迁后，被迫脱离村庄式的生活，不得不进入城市小区生活，各种生活成本增加，生活方式不适应，因此上访要求更多的补偿；甚至还有农民拿到大笔补偿款后赌博、吸毒花光，生活没有着落，而上访要求政府负责。

总结来说，征地拆迁之后的上访，包括多种情形，有本来就反对拆迁，之前阻拦无效，征地拆迁之后继续上访的；有征地过程中协商失败后，通过上访进一步协商的；有针对征地拆迁过程中政府的违法违规行为的；也有针对征地拆迁后政府责任履行不到位的；还有征地拆迁后，种种原因导致当事人心理不平衡、生活不适应的。

四、征地拆迁上访的应对

显然，征地拆迁的上访，有着各种不同的类型和诉求，在征地拆迁的不同进行阶段，上访的诉求有着不同的侧重点。这些诉求既有符合法律和政策的，也有法律和政策框架内难以解决的；既有政府的原因，也有当事人自身的原因，还有生活环境变化方面的原因；既有直接针对政府不合法行为的，也有向政府"图赖"的。因此，用侵权—维权的视角解释征地拆迁的上访是远远不够的。从不同类别上访的性质与机理切入，本文已经充分展示了征地拆迁上访的复杂性。征地拆迁过程中虽然可能存在粗暴的侵权行为，需要依法维权；但也存在柔性的协商空间，其中农民的上访行为并非一定是维权，各种各样的诉求可能被包装成维权。因此，应对征地拆迁上访，仅仅强调保护农民权利也是不够的，需要从多方面着手综合治理。而之所以各种其他诉求被包装成维权，也因为这些诉求的话语在社会中的影响不大，合法性不足，因此就很有必要强调这些诉求的重要性，这也是多方面综合治理的基础。

第一，从具体层面强调依法行政。征地拆迁的上访中，确实存在地方政府不依法行政，侵犯征地拆迁户利益的情形，因此强调依法行政有着重要的实际意义。不仅应该从抽象层面加以强调，还应当在具体层面强调地方政府必须通过积极作为的方式来保护农民权益。尤其需要强调，地方政府应依法监控征地拆迁中承担相关业务的开发商或拆迁公司，防止他们胡作非为，杜绝地方政府干部借助社会第三方来侵害拆迁户权益。应该通过制度约束，来使那些胡作非为侵害拆迁户利益的开发商或拆迁公司为自己的行为付出代价，让那些直接侵害拆迁户利益的"混混"依法受到打击，让那些漠视、放任甚至鼓励社会第三方侵害征地拆迁户利益的地方政府干部受到党纪国法的惩罚，从而真正保障征地拆迁户利益。

第二，完善村级民主管理和民主协商机制。征地拆迁的很多上访，虽然是向地方政府诉求，但问题的症结还是在村庄内部，需要在村庄内部加以解决，也只有从村庄内部加以解决，上访矛盾才能真正化解。有的上访针对村干部在征地补偿款管理上的问题，在征地补偿款分配时行使权力不当，甚至存在贪污腐败现象，这需要村级民主加以有效监督。村庄社会的熟悉程度高，信息较为透明，村庄民主管理机制若能有效运转，可以发挥很大的监督作用。有的上访针对征地补偿在村组集体内部的分配方案，或者涉及外来户、迁出户、外嫁女等特殊群体的利益，这需要通过村庄内部的协商民主机制来加以解决。不同群体的利益诉求在某种程度上都有其合理性，政府从外部介入支持某一方、反对另一方都很难真正解决问题，需要通过广泛的协商来缩小分歧，综合考虑法律、政策和村组情况对问题加以解决。村庄内部的诸多问题，通过村庄民主协商、民主管理、民主监督机制加以解决，是成本低、收效长远的办法，就是所谓的从源头处解决纠纷。

第三，完善征地拆迁农民的社会保障制度。目前的征地拆迁补偿制度，较少考虑征地拆迁户的就业与发展已从农业转到了非农产业，从村庄转移到城市社区，各种生活成本增大，因此需要建立城乡统筹的社会保障制度。可以考虑建立专门的社会保障基金，其资金来源包括部分土地补偿安置费用、土地征收的部分增值收益、政府社会保障基金等，用于失地拆迁农民的就业、养老、医疗、生活保障及疾病救助、困难补助等，保障征地拆迁户生有依靠、老有所养、病有所医。社会保障制度良好运转，解决征地拆迁户生活中的实际困难，那些因生活困难和社会不适应而生发的上访就会减少。

第四，加强征地拆迁农民的就业培训和社会服务。征地拆迁农民如果能够顺利融入新的工作和生活环境，他们的种种心理不平衡、社会不适应就会减少，相关上访也会相应减少。地方政府可以积极创造条件，有针对性地为征地拆迁农民开发就业岗位；也可以提供就业培训，积极拓展劳务输出，缓解就业市场的供需矛盾；还可以鼓励和支持它们通过自主创业来实现就业，并在政策、税收、贷款等方面给予一定优惠。心理不平衡、社会不适应导致的上访矛盾，不一定要针对矛盾本身予以解决，通过经济社会发展来解决问题不失为更高层面的一种思路，也是一种从根本上解决上访矛盾的方法。

第五，强化社会工作和心理疏导机制。社会适应和心理不平衡导致的上访，其实是当事人的个体问题，与政府行为并无太大的关系，但也是征地拆迁后生活环境变化导致的。这些问题很难在政策和法律框架下解决，需要发展社会工作机制，发挥心理疏导功能，着力于解决当事人的

心理问题。心理疏导功能本应该由社会工作机制来承担，由于中国目前
还较为缺乏社会工作机制，诸多这方面的问题进入了信访制度渠道。背
负了伦理责任和体制压力的信访系统，无法从制度上调和上访人心理问
题与国家法治之间的张力，从而陷入了对上访的应付中，客观上承担了
心理疏导和干预的功能。[1]从长远来看，将心理疏导功能从信访制度中剥
离出去，既符合发展的需要，也有利于上访问题的解决。如此，可以逐
渐将上访针对的现实问题纳入信访渠道和法治轨道，将心理不平衡、社
会不适应等问题纳入社会工作机制中。

---

[1] 陈柏峰：《偏执型上访及其治理的机制》，《思想战线》2015年第6期。

第十章　资源媒介型治理与信访机制异化

一、问题与进路

对上访的认识中，学术影响和社会影响较大的是维权抗争视角。它有一定的合理性，也有很大缺陷，对上访问题的复杂性认识不够。正因此，包括笔者在内的学者从实践出发，在治权视角下分析了不同类型的上访，构成了对维权抗争视角的质疑。治权视角的基本认识如下：一是基层治理不良导致上访增多，二是治权不够导致基层治理无力。这些研究丰富了对上访的认识，有助于打破"上访就是维权"的刻板认识。但是，这些研究还没有说明，众多类型的上访与维权抗争是怎样的关系。而且，它们似乎给人留下了站在基层政权的角度贬抑农民、否定农民上访的正当性的印象：农民上访增多，不是因为政府权力过大而导致农民权利受损，而是因为政府权力不足而造成农民权利无法实现的结果。[1]然而，治权论者也许不会承认这一点。笔者提出对上访进行分类研究，并将上访分为无理上访、有理上访（维权型上访）、协商型上访。[2]这是否意味着上访案件存在某种实体化的性质？这些不同类型的上访与维权抗争到底是什么关系？它们在何种程度上构成对维权抗争视角的冲击？这些问题是本章进一步讨论的内容。这意味着，需要同时容纳维权型上访与其他类型上访的解释框架。

全面解释农民上访现状，不能仅仅关注上访行为本身，还需要从农民

---

[1] 郭忠华：《创造公正的治理——农民上访研究的视角转换》，《人文杂志》2012年第4期。

[2] 陈柏峰：《农民上访的分类治理研究》，《政治学研究》2012年第1期。

上访与政府治理的互动结构、过程、机制、后果等多方面去观察。因此，上访治理是全面研究农民上访的更重要视角。维权抗争视角显然漠视了治理实践对上访的影响，几乎将治理等同于固定不变的法律，未能看到上访机制的变化，也未能看到治理机制的变迁，更未曾看到信访与治理的互动。本书之前章节对上访的研究就一直关注上访行为与政府治理之间的互动，本章将在之前研究的基础上，进行总结与思考，力图有所拓展，从治理模式变迁和转型的视角来理解当前信访机制异化的现状。笔者认为，信访治理的资源媒介型模式是造成当前上访机制异化的重要原因。

"治理"意味着权力对社会的作用。吉登斯将权力同资源联系起来，认为权力的生产离不开资源的集中，"资源是权力得以实施的媒介，是社会再生产通过具体行为得以实现的常规要素"。[1]吉登斯将资源划分为两类：权威性资源和配置性资源。前者源于对人类行动者活动的协调，后者则出自对物质产品或物质世界各个方面的控制。受吉登斯权力与资源关系的启发，申端锋将乡村治理资源划分为物质性资源和权威性资源。[2]在基层治理中，治理资源是政府权力与农民权利发生作用的重要中介，通过治理资源，治权与维权间的联系得以建立。本文主要在配置性资源的意义上来界定和使用"资源"这一概念，主要是指政府在治理中所拥有的物质和财政资源。

在这个意义上，资源媒介型治理，是对改革深入期以来基层信访治理模式的概括。在这种治理模式中，基层政府通过利益诱导来对上访进行直接治理，或者通过资源配置来调动社会力量参与，从而实现对上访的间接治理。与此相对应，改革之前及改革初期的基层信访治理模式，可以被概括为思想教育型治理；而社会主义法治建设中信访治理的目标模式，可以被称为法治型治理。资源媒介型治理模式的形成，基于两个重要的背景。第一，随着改革进入深入期，农村社会的市场化程度不断提高，国家支农力度也不断加大，乡村社会有了不少获利机会，乡村原有

---

[1] [英]安东尼·吉登斯：《社会的构成》，李康、李猛译，王铭铭校，生活·读书·新知三联书店1998年版，第77—78页。

[2] 申端锋：《乡村治权与分类治理：农民上访研究的范式转换》，《开放时代》2010年第6期。

资源也被市场调动起来。同时，基层政府仍然掌握着配置这些资源的强大能力。第二，随着社会的发展，人民内部矛盾日益表现为经济利益冲突，改革之前及改革初期以说服、教育、调解为主，强制、惩罚为辅的思想教育型治理模式日益失效，而作为法治建设目标的法治型治理模式并未有效建立起来。在这种背景下，基层政府通过配置物质和财政资源来对上访进行直接治理，或者通过配置这些资源来调动相关各方力量参与，从而实现对上访的间接治理。这种治理模式可以称为资源媒介型治理。

本章研究表明，资源媒介型治理是农民的集体上访行动未达到目标即告瓦解的重要原因。在这种治理模式下，经过农民与政府的互动，虽然上访所指向的一些问题得到了解决，但并非所有问题都能解决。因为通过配置资源来治理上访的基层政府恰恰具有高度谋利和经营特征，这使得基层政府与上访人之间存在结构性利益冲突。上访不能解决的诉求会在信访机制中继续酝酿，逐渐分化演绎出新的情绪或诉求，并以社会怨恨或谋利型上访的方式表达出来。信访场域的这种效果可以被称为信访机制的异化。通过对经验材料的仔细分析，可以展现治理结构中不同类型上访之间的复杂联系。

本章将从武汉市江夏区山乡的征地个案来展开铺陈，并结合山乡的其他上访案例和信访场域的整体生态来展现问题。2012年暑假，笔者带领研究团队在武汉市山乡进行了为期20天的专题调研，对干部群众进行了大量的深度访谈，获取了丰富的经验材料，2014年笔者曾电话回访。与关注与个别征地所导致的极端事件不同，作者调研所获取的个案中矛盾并没有激化，但仍然存在一些后遗症。可以说，这更接近征地纠纷上访的常态，更能展现基层政府工作的常态和上访治理的日常机制。正是这种日常机制塑造了上访的基本特征。同时，团队还广泛调研了其他上访问题，这也有助于理解上访问题的全貌。在相同的场域中，不同问题的上访者会有深度交流，其经验会互相强化，进而影响到与地方政府的互动，并间接影响到基层上访治理机制。

二、征地拆迁的上访故事

武咸城际铁路的征地拆迁从2009年4月拉开序幕。有一天，传来消息说，武咸城际铁路的试验段要经过山乡，途经星村等几个村庄。试验段的工期很短，需要在100天内完成。几天后，正式通知以《给农民朋友的一封信》的形式下发，同时公布了征地补偿标准及青苗费和附着物补偿标准。征地拆迁动员以乡、村、组会议的方式进行。首先是乡镇召开村干部开会，通知高铁建设事宜，详细讲解征地补偿标准，布置动员任务；然后是村两委班子会议，商量如何做好工作，具体贯彻任务；接着是组长会议，再接着是群众大会。各级干部强调了武咸城际铁路试验段建设的紧迫性，希望广大群众支持配合工作。

由于是国家公益建设工程，绝大多数村民都觉得应当支持，即使内心觉得补偿标准偏低。在土地丈量、青苗补偿环节，虽然存在一些因互相比较而产生的争议，但征地补偿标准无人有异议，这些争议在乡村组干部的协调下很快得到解决，并没有导致上访。星村征地诱发了一些纠纷和旷日持久的上访，这主要是由于原本不被重视的地块因承包关系变动频繁而引起了归属争议。[1] 也有因拆迁对象决策失误或决策意见不统一，引起的较为特殊的长期上访。[2] 但这些只是个别现象，而且，政府并不对这种上访负有直接责任。

山乡全乡涉及171户的房屋拆迁，上访的故事主要发生在街面房屋拆迁问题上。

（一）第一轮上访

2009年4月，区里相关文件传达下来时，大部分人都能接受拆迁补偿标准，那些房屋陈旧的拆迁户，还自认为是捡了便宜，因为拆迁所得基本够他们重建新房子。然而，沿街门面房的主人却有不公平感，他们觉得拆迁补偿不足以弥补损失。为此，沿街的拆迁户多次找乡政府反映

---

[1] 这类纠纷并非针对政府部门或乡村组织，本文不对此进行讨论。

[2] 王某的房子靠近铁路的震动影响带，但不在铁路及路基范围内，考虑到可能受铁路震动，拆迁办要求其拆迁，但王某坚决拒绝。由于不影响铁路施工，拆迁办没有坚持。铁路通车后，房屋因震动受损。王某要求拆迁，但拆迁机构已经撤走，乡政府无法决定拆迁和补偿。王某遂一直上访。另有一起纠纷，兄弟俩共用的一栋房屋处于震动影响带，但兄弟意见不统一，哥哥拒绝拆迁，弟弟要求拆迁，拆迁办无法拆迁。弟媳至今一直上访。

诉求。但是乡干部的态度一直很强硬，看起来政策很难松动。在互动中，乡干部说，相关补偿标准是区里制定的，有充分的合法性，乡政府只能执行，无权也无能力加以改变。对于所谓门面房问题，乡干部说，这些房屋及其宅基地，在土地管理所和房屋管理所登记的性质都是居住用地、居住用房，而不是商业用地、商业用房。因此，门面房房主的额外要求，在政策上并没有依据。

由于未能在乡政府得到满意的答复，29户门面房拆迁户在任伟和叶某等人的倡议和组织下，每户出资200元，凑了5000多元，于4月16日直接去了省信访局上访。有2户门面房拆迁户因其家属有人担任村支书没有参与上访活动。省信访局干部在指责上访人员越级上访后，积极回应了拆迁户的诉求。在简单了解情况后，他们打电话给市里，没过多久市区乡三级都来了干部。在省信访局干部的主持下，五方开了一个磋商会。拆迁户代表提出了具体诉求，包括门面房补偿标准、还建问题、停业补偿问题、过渡房问题以及还建后的水电路等问题。乡干部一一作了答复：还建街面房（具体还建地点回乡后再协商），还建保证做到免费通水、通电、通路，保证过渡期间有住房补贴，门面问题和停业补偿回乡里后商拟，补偿标准不可能变动。当天乡干部就带着拆迁户返回了乡里。

很快，乡里商拟了处理方案，制作了《武咸城际铁路房屋拆迁协议书》。该协议书在补偿标准上没有变化；对门面房追加了补偿，一个门面追加3万元，两个门面追加5万元；门面房还建问题是这样处理的："乙方（拆迁户）建房必须按照集镇总体规划的原则进行还建。沿街门面房拆迁户按同等门面房宽度（按土地、城管等单位办理手续为准）安排地基（庙巷路或城际铁路火车站旁），办理建房手续减免相关税费，做到水、电、路通到集中还建处，协调相关职能部门（有户头）水、电、电话、闭路电视等设施，方便拆迁户生产生活。"此外，政府为每户提供每月200元的租房费用，直到还建完成。

应该说，拆迁户的努力收到了显著效果，使政府正视了拆迁户的一些合法权益和事实利益，但对于停业补偿和提高补偿标准的要求没有回应。直至2011年6月，乡政府依然以"拆迁还建期间停业补偿，没有接到上级文件通知"为由拒绝停业补偿，至于提高补偿标准更没有谈判的余地。对于乡镇政府而言，撕开关键的口子后，就不影响铁路施工了，个别"钉

子"可以慢慢拔。由于一半拆迁户的房子较旧，他们非常欢迎拆迁，所以
到4月20日，大部分拆迁户已经签了协议。尽管有一些人依然觉得吃了
亏，但他们认为上访联盟已经瓦解，"大势已去"，最终也与政府签署了
同意拆迁协议书。当时，以任伟为首的4户拆迁户还在北京上访。很快，
他们就被接回来，回来后他们并没有痛快地签署协议，而是试图继续抵
制拆迁，直到要求满足。但在乡村干部不断软硬兼施下，他们并没有支
撑多久，于4月28日签订了协议。终于，在预定的截止日期前，乡镇提
前完成了所有的拆迁工作。

（二）第二轮上访

接下来的还建又碰到了问题，这成为任伟等人坚定上访的事由。按
照乡里的规划，划出3个小区用于还建街面和靠近街面的星村五组的拆迁
户。一区、二区、三区的区位优势依次递减，最靠近火车站的一区主要
用于安置街面上的拆迁户，有5户街面上的拆迁户安排在二区，星村五组
的村民被安排在三区。街面上的拆迁户在一区已经通过抓阄分配好了宅
基地，但相关地块却未能成功征收，原因是这一地块已有十来户农民高
价买做宅基地，其中一户买了4亩，准备分割成宅基地后出售。[1]当时一
块150m²的宅基地市场价在5万—10万元，当乡镇政府试图以一般土地
的价格（旱地0.9万元/亩，水田1.4万元/亩）来征收时，已经购地的农民
当然会拒绝。冲突使得这次征地行动最终惊动了区国土资源局，区国土
资源局了解情况后，以"不能强迫农民征地"为由阻止了乡政府的征地行
动。据说，这块土地以后要用于建设与火车站无缝衔接的汽车站，所以
买地的农户也被禁止建房，因此这一地块至今闲置。

一区征地失败后，乡政府给出的办法是：将一区的拆迁户安置到二
区，当时二区预留有几十块宅基地；若拆迁户不愿意到二区，政府另外

---

[1] 这种所谓"买卖宅基地"的行为当然不符合法律规定，但在当地已是普遍接受的
行为。严格来说，靠近公路边、距离集镇不远的承包地，如果未经土地管理所批
准是不允许用于建房的，若承包地属于基本农田保护区就更是如此。但是，农民
如果抢先建了房子，土地管理所强拆势必引起巨大社会矛盾，一般最后罚款了事。
正因此，农民纷纷在路边承包地上建房，这也将近集镇的路边承包地炒出了高价。

补偿5万元，由拆迁户自己去购买宅基地，土地管理所在办理相关手续时"开绿灯"，直接将购买行为合法化。但是，拆迁户认为：之前答应被还建安置到一区就是坚持"街面还街面"的底线，以便以后做生意；现在政府却出尔反尔，不能兑现签署的协议和之前的承诺；而且，5万元很难买一处地理位置较好的街面宅基地，因为市场价格已经涨到近10万元。最后，有几户迫于现实接受了政府的安排，任伟等4户又重新走上了上访之路。此后，一直到2011年11月的近2年时间内，4户或者共同或者单独行动，到北京国家信访局上访共8次，去省市区各级信访局次数难以计算。2010年7月17日，任伟等4人在上访过程中还被区乡政府截访，被臭名昭著的安元鼎保安公司从河北押回区公安局。

　　任伟等人在长达2年的时间内坚持上访，一直都没有得到满意的回应。尽管乡政府在上级压力下曾作出过书面的《对城际铁路拆迁户任伟等诉求回复》，但任伟并不满意，并撰写了《对"关于城际铁路拆迁户任伟等诉求回复"的反驳》、《对"关于城际铁路拆迁户任伟等诉求回复"的真相揭露》、《武咸城际铁路山乡试验段拆迁户自述》、《拆迁户之我的冤屈》等上访信进一步控诉乡政府。他在材料中说整个拆迁过程：（1）不公平、不公开、不公正；（2）没有评估，没有下拆迁令，是先拆迁后补偿不安置的强拆行为；（3）没有实行同地同价，拆迁补偿款差距很大；（4）补偿标准太低，没有按照市场价补偿；（5）没有依法行政，权力没有得到有效监督，拆迁时政府指派的工作人员一人说了算；（6）完全暗箱操作，政府运行不透明公开（《武咸城际铁路山乡试验段拆迁户自述》）。任伟引证了大量的政策文件来证明自己的判断，例如，"按照山文[2009]49号文件中说：'山乡集镇拆迁房屋补偿标准过低（补偿价格按2004年江夏区物价局、房产局的文件执行）'，为什么明明知道补偿标准偏低，却还要按照该标准执行呢？这不是坑民害民吗？请上级机关监督。"（《武咸城际铁路山乡试验段拆迁户自述》）再如，"2010年5月国务院办公厅下发《关于进一步严格征地拆迁管理工作切实维护群众合法权益的紧急通知》。通知要求尚未按照有关规定公布新的征地补偿标准的省区市必须于2010年6月底前公布实施。已公布实施但标准偏低地区必须尽快调整提高。国土部2010年7月发出的通知，要求征地涉及的补偿安置工作要先安置后拆迁。通知中称各地每2—3年对征地补偿标准进行调整，逐年提高征地补偿水平。"

（《对"关于城际铁路拆迁户任伟等诉求回复"的反驳》）

在这些材料中，任伟多次表达了自己的决心："我不会被强拆者冠冕堂皇的理由所迷惑，不会因暂时的弱势而动摇维权信念，也不会因为被伤害的愤怒而失去理性，在我心中，法治国家的内涵总是那么清晰、社会文明的灯光总是那么温暖闪亮。"他甚至说："必要时将用鲜血和生命来捍卫我的合法权益。"（《拆迁户之我的冤屈》）他还提出了自己的具体诉求，包括依法提高拆迁补偿标准，进行还建安置，落实相当的还建位置，补偿停业损失，补偿拆迁至还建期间的物价上涨差额，兑现拆迁奖励政策，补偿与其他相关拆迁户的差额，补偿拆迁后家里失盗的损失，补偿上访所产生的成本、食宿、误工费等。

最终，在2011年8月的一天，事情有了转机。这天，任伟等4人来到市政府门口，举起了事先准备好的牌子："治庸、反贪、宏正、还我家园"。市政府一位姓赵的主任接待了他们。据任伟说，赵主任在了解了情况后非常气愤，当场拍着桌子说："乡镇都是做什么的？！"接着就给区里相关部门打电话："3年了，不管什么理由都得安置宅基地。给你们一个星期的时间，解决还建问题。不然，给你们通报、问责。"

来自市政府的压力使乡政府干部重新行动起来。他们迅速作出积极回应，拿出了新的还建方案：将原来设想的还建一区对面的4块宅基地分配给任伟等4户上访户。这4块宅基地属于乡粮站的一位职工王某所有，王某囤积了近50块宅基地，当时还剩20块左右。2011年，每块的市场价已涨到15万元，乡政府硬是要求这位"地老板"以8万元每块的价格卖给这4户拆迁上访户。面对这一方案，4户上访户虽然没有完全如愿，也算初步达到了要求。3年来居无定所的日子，让这些拆迁上访户已经疲倦了；飞涨的物价时刻都在考验他们脆弱的神经，继续拖着不接受很可能意味着亏得更多；3年来他们不但没有拿到应得的补偿，还在不断"投资"。无论怎么说，他们需要先有个家，现在也是个下台阶的时候。于是他们选择接受了政府的方案。2012年7月我们到山乡调研时，他们的房子都已经建起来，虽然重新建房每户大约贴进了近5万元，但是，"现在总算吃了定心丸，不受物价上涨影响了，可以安心了"。

（三）第三轮上访

尽管如此，新一轮的上访很快就到来了，任伟仍然继续上访。在我们访谈期间，任伟等人明确表示，会将上访继续下去。他自己也知道，再上访也获得不了太多好处，因为其诉求的问题不是个别性的，而是牵涉面很广。比如补偿标准问题、停业补偿问题等，假如满足了他们4户的要求，就要同时补偿其他更多的拆迁户，甚至征地的标准都要提高。所以政府不会在这类拆迁问题上作出让步了。但是，他认为，继续上访，政府多少还是会继续给点好处。给点"敷衍"和"施与"，才能平衡他们失衡的心理。任伟说："我奋斗了几十年才搬到山乡街上来，政府一拆迁把我奋斗的心血全部吃掉了。我之前比别人生活水平高，拆迁后别人比我好。别人同样的房子，比我多拿几十万，别人建了房子还剩钱，有生意做，还买了车子，我却要赔钱，我与他们比能平衡吗？心里能舒服吗？"他说得多少有些夸张，却也反映了他上访3年后的气愤心态。在访谈时，他非常坦诚地说："继续上访，得太大的好处也不可能，'毛毛雨'还是会有的。现在找政府再谈拆迁，他们也根本不理会，如果把事情搞穿，政府不好面对其他人。所以他们说，拆迁这个问题，你就不用谈了。以后要找政府，就说家庭贫困，要求补偿。我的损失那么大，就不能实行暗箱操作吗？多少再给一点，心理会逐渐平衡。一点都不敷衍，一点都不施与，我们的火气就会越闹越大。"

当我们向乡政府官员提及任伟等人的继续上访时，官员似乎并不在乎，甚至表现出不屑一顾。有官员说："同样的拆迁，别人能接受，他为什么不能接受？他就是脑子一根筋。"也有官员说："任伟之所以不断上访，主要是对政府不满，他早年从乡镇站所中下岗分流时，就埋下了'反政府'的种子。"这些说法，也许是官员在给政府的尴尬寻找理由。不过，可以肯定的是，上访的故事还在继续。

三、上访的性质与治理的过程

（一）协商型上访

第一轮上访，即拆迁户最早的群体上访，既不是学界主流所认知的维权行为，也不是所谓的抗争，更谈不上"依法"或"以法"。因为这次上访，拆迁户根本就没有拿出任何法律或政策上的依据，甚至没有运用像样的法律话语。相反，使用的是一套源自传统时代的"小民申冤—青天做主"话语。他们没有提供任何法律和政策上的依据，却掷地有声的"请领导为我们做主"。而且，严格从法律来说，上访的拆迁户确实缺乏法定依据。上访中提及的市政府的拆迁标准，仅仅停留在道听途说层面，拆迁户并没有拿到政策文本。同时，正如乡政府所言，所谓门面房及其土地的用途性质是居住用地，不可能按照商业用地或用房进行补偿。这不是说，在日益加深的"送法下乡"[1]潮流和"迎法下乡"[2]需求下，底层民众的权利意识没有增长；而是说，源远流长的清官文化依然塑造着农民意识，影响他们的行为，成为其行为合法化的有力意识形态选项。也许，拆迁户的诉求未能在法律上找到依据，这使得权利话语缺乏法律基础，因此就寻求到了"清官做主"的话语。

清官话语使用的前提是，拆迁户真的感受到了委屈，真的相信自己在申冤。正是这种共同的冤屈感，促使拆迁户联合成了暂时的上访联盟。没有人会相信，拆迁户们缺乏法律依据和权利基础的上访，就是无理上访。声称拆迁户的诉求缺乏法律依据的乡政府不但不会这么认为，甚至其官员私下还会同情拆迁户，认为门面房应该得到额外的补偿。只不过，如果将这种同情贯彻为补偿政策时，意味着乡政府会付出经济代价时，理解与同情就只好让位于理性考量。乡政府官员此时所考虑的是，如何尽快将争议摆平而又尽量少付出经济成本。一旦服务于以土地资源为财政重要基础的基层政府，他们不会因同情心而放弃经济利益。实际上，拆迁户的诉求符合情理，但未被法律正式承认。在中国基层社会，居住用房被用于小商业、小作坊再平常不过，政府未予管制，房主长期以来享有事实利益，甚至有些居住用房在土地用途管制制度产生之前就已享有这种事实利益。这种现状得到了社会的普遍认可，从情理出发，不应该粗暴剥夺这种事实利益，对之予以保护并不会从根本上挑战土地用途

---

[1] 苏力：《送法下乡》，中国政法大学出版社2000年版。

[2] 董磊明、陈柏峰、聂良波：《结构混乱与迎法下乡》，《中国社会科学》2008年第5期。

管制制度。

事实上，促使拆迁户采取集体行动的基础是他们共同的不公平感。他们觉得拆迁补偿不足以弥补拆迁损失，这是一种朴素的共同情感，他们甚至没有具体研究乡政府的补偿标准是否有更高的政策或法律依据。他们最初去省信访局时主要基于朴素的想法。第一，在市场交易时，沿街的门面房要比一般房子价格高出很多，政府应当对门面房进行额外补贴，而不是与一般房子同样的补偿价格。第二，拆迁户以做生意为生计来源，需要依赖街面的门面房，一旦按照政府方案住进还建小区，就无法做生意了，生计会受到影响，因此政府应当划出街面地块用于安置建房。第三，有人从在省市单位工作的亲戚那里听说，市里给出的拆迁标准是 1600 元/m^2，乡政府在执行上级政策时很可能打了折扣。

拆迁户的上访并没有明确的法律依据，但他们的利益诉求有合理性，上访动机是促进政策向有利于自己的方向改变，事实上也存在这种可能性，因此上访"协商"。这属于协商型上访，这种上访有改变法律和政策的潜在可能性。[1]协商型上访的诉求正体现了转型期中国信访问题的复杂性。中国正处在社会大转型时期，政治、经济和社会改革处于摸索阶段，法律和政策需要逐渐完善并合理化。不同社会阶层、利益群体的不断沟通、交涉，是促进法律和政策完善的必由之路和有效手段。这种背景下，上访可以成为弱势群体与国家、政府进行沟通、交涉的工具，也应当成为表达其利益诉求的有效手段。

省信访局以及区乡两级政府的有效回应表明，信访制度在回应底层民众的诉求上，还是能起到很大的作用，它确实发挥了协商渠道的功能。拆迁户并没有明确法律依据的利益得到了一定程度的肯定，基层政府通过修改政策满足了上访人的部分诉求。而且，与司法途径相比，信访途径更加实际、高效。没有明确法律依据的利益和诉求，法院很难依法作出判决进行保护，而通过信访渠道，由相关利益方一起协调解决，却具有很高的现实可能性。在拆迁户的群体上访中，拆迁户上访时并没有找到任何法律或政策上的依据，仅仅依靠朴素的感觉，问题却得到了积极回应。

---

[1] 陈柏峰：《农民上访的分类治理研究》，《政治学研究》2012年第1期。

（二）维权型上访

第二轮上访，即任伟等4人的上访行为，与第一轮上访有明显的不同，可以说已经属于维权型上访。任伟等人为此准备了大量的材料。在这些材料中，任伟系统谈及对山乡政府拆迁行为的认识，认为政府违背了政策和法律。任伟等人在第二轮上访中提出的诉求，当然并非全部都有法律依据。但他们已经有意识地寻找政策和法律依据，而且，确实找到了不少依据。

事实上，任伟等人的大多数诉求都有政策和法律支持。农村集体土地的房屋拆迁，可以适用《土地管理法》的有关条文。《土地管理法》第48条规定，征收土地的具体补偿费用包括土地补偿费、安置补助费以及地上附着物和青苗的补偿费。该法条还规定："……地上附着物和青苗等的补偿标准，由省、自治区、直辖市规定。"湖北省对此并没有具体规定。武汉市2004年施行了《征用集体所有土地房屋拆迁管理办法》，规定需要补偿的项目包括被征收房屋价值的补偿，因征收房屋造成的搬迁、临时安置的补偿，因征收房屋造成的停产停业损失的补偿和营业补偿，以及电话、空调、水表、电表、有线电视、管道煤气等设施的迁移补偿费等。对房屋价值的补偿，"实行货币补偿安置的，拆迁人应当向被拆迁人支付补偿款。补偿款按照被拆除房屋重置价和宅基地区位补偿价确定"。关于搬迁、临时安置的补偿，则规定"按本办法补偿安置的，拆迁人还应付给被拆迁人搬迁补助费和临时安置补助费或提供过渡房"。对于营业补偿和停产停业补偿的规定为"对利用自有住宅房屋从事生产经营活动并持有工商营业执照的，按住宅房屋予以认定，但对其实际用于经营的建筑面积部分给予适当营业补偿"；"拆迁非住宅房屋，除按前款规定给予补偿外，还应当按实际情况对被拆迁人补偿下列费用：因拆迁造成的停产、停业补偿费；属于商业用房的，应按其营业面积给予营业补偿。"

因此，任伟等人的第二轮上访中的诉求有足够的政策和法律依据，属于维权型上访。他们认为，补偿标准太低、"街面房要还建街面房"、门面要补偿，这些合法诉求也确实通过上访最终得到了政府的正视。但是，有关停业、停产补偿费，乡政府一直没有正面回应。这两项诉求，武汉市《征用集体所有土地房屋拆迁管理办法》虽然有所规定，针对的却是

"非住宅房屋"。《国有土地上房屋征收与补偿条例》在规定停业停产损失补偿时，并没有区分所谓"住宅房屋"与"非住宅房屋"，而是笼统规定："对因征收房屋造成停产停业损失的补偿，根据房屋被征收前的效益、停产停业期限等因素确定。"在拆迁之前，拆迁户事实上享有经营活动带来的利益，这些已经构成了拆迁户的习惯利益和事实权利，理应受到正视。因此，上访人所提出的停业、停产补偿费诉求，虽然很难说是维权，却可以认为是协商，而且，这并不影响任伟等人第二轮上访总体上的维权性质。

（三）谋利型上访

第三轮上访是任伟的谋利型上访。从访谈来看，任伟的谋利心态已经凸显无疑。他明明知道，自己的维权已经到达了终点，不可能获得更多的救济，因为其诉求牵一发而动全身，涉及基层政府的整个拆迁事务安排。他继续上访的预期，是希望政府以"暗箱操作"给好处的方式对其上访进行回应，政府继续给点"敷衍"和"施与"，以平衡他们在上访过程中所生发的不平衡感和被剥夺感。

任伟此时的想法并非无中生有，而是长期出入基层政府逐渐摸索出来的，是在基层信访场域长期熏陶后的常见想法。任伟并不是从一开始就有谋利诉求，他从协商型上访诉求开始，经历了维权型上访，在基本达到维权目的后，却生发出了谋利心态。在当地，谋利性上访有越演越烈的趋势，这就像田先红在湖北桥镇所调研的那样，出现了一些上访谋利甚至谋生的"上访专业户"。[1]山乡里有个知名的老上访户刘某，1989年其妻在乡卫生院做节育手续一段时间后身体不适，检查后确认生病了，但是医院说与节育手续无关。多家医院鉴定都是相同的结论。但刘某夫妇就是不认可，多年坚持上访，多次赴京上访。区乡政府为了息访，多次满足其无理要求，并直接给予生活补助，至今每月还按时发放900元。但是，他仍然不断以各种理由上访。周围不少村民看到他上访致富，纷纷前去"取经"，刘某则收费带领他们去北京上访，简直将上访职业化了，

---

[1] 田先红：《治理基层中国——桥镇信访博弈的叙事，1995—2009》，社会科学文献出版社2012年版。

以至于当地谋利性上访不断增多。正是在这样的背景下，进入信访治理场域的上访者逐渐接受上访谋利的现实，不少人期望自己也能够通过上访来谋利。从协商或维权诉求出发，达到目标后却有了谋利心态，仍然继续上访，这表明了信访机制的异化。[1]信访机制为何会异化，这是需要深究的问题。

（四）上访治理的过程

考察信访机制的异化，需要从信访治理出发。随着改革进入深入期，之前以说服、教育、调解为主，强制、惩罚为辅的思想教育型治理模式日益失效，而作为法治建设目标的法治型治理模式并未有效建立起来。在乡村资源总量不断增加的背景下，基层政府逐渐发展出了资源媒介型治理模式：基层政府通过利益诱导来对上访进行直接治理，或者通过资源配置来调动社会力量参与，从而实现对上访的间接治理。

在本文的个案中，上访治理包括三个阶段：一是瓦解所有拆迁户最初组成的上访同盟，应对拆迁户的协商型上访，二是应对任伟等4户的维权型上访，三是应对现阶段任伟的谋利型上访。

第一阶段，从省里群体上访回来后，拆迁户争取到了一定的利益，同时乡政府也加大力度对原本就很松散的上访联盟进行分化，绝大多数拆迁户很快就签了协议。为了克服拆迁户的阻力，乡村两级组织采取了抓住重点、各个击破的策略。所谓抓住重点就是首先攻克铁路施工区域最前面的8户，从中"打开口子"，为进一步分化上访群体而奠定基础。

打开口子的方式概括起来有3种。一是直接"命令"，甚至威胁。这种方式对"体制内"人员有效，村干部必须服从乡镇政府的安排，而中学老师也可以直接以"停职"来威胁。二是利用关系，就是所谓的人情、面

---

[1] 在实践中，协商型上访、维权型上访、谋利型上访之间的关系并不是简单地纵向演化，从协商到维权到谋利的转变，不可能针对所有的情况。这几种类型的上访活动之间的关系可能存在多种可能性，在同一阶段不同类型的上访活动也可能共存，此外，也还需要考虑到群体之间的差异。不过，由于本文所研究的案例自身的特点以及本文的主要学术努力在于关注信访机制的异化，所以本文中主要呈现的是协商型上访→维权型上访→谋利型上访这样一个演变的关系，而这几种类型的上访活动之间可能存在的其他关系，本文暂未涉及。

打开口子的切入口及其策略

姓名	户籍	切入口	策略	备注
孙某	光明村	女婿是光明村主任	关系、利诱	
刘某	光明村	光明村书记	政治任务	
唐某	保福社区	老实，与村干部关系好	关系	
徐某	保福社区	老实，与村干部关系好	关系	
王某	星村	儿媳妇是书记的亲侄女，儿子是中学老师	关系、威胁	儿子被责令回家做工作，不拆就不要回去上班
向某	邻镇	几个表兄弟都是街上的"混混"	关系、利诱	
罗某	星村	与某乡镇干部关系很好	关系、利诱	
李某	星村	不详	不详	

子，这既源于乡土社会的行事规则，也有市场经济条件下的利益关联基础。相关当事人愿意跟乡村干部讲关系、讲人情、顾面子，放弃继续上访抵制，既有熟人社会"低头不见抬头见"，互相留有余地的习惯，也有基于关系维持而在日后获取长远利益的考量。三是直接许以利益，在拆迁过程中可以灵活处理的环节给合作的拆迁户好处。最常见的就是在丈量土地、房屋面积时多计算一些，在衡量房屋及附属物的新旧、结构时往高档靠，帮助拆迁户变相得到更多补偿。这三种方式的运用常常又被结合在一起。在这些方法的运用下，8户拆迁户都签署了协议书，群体上访的联盟因此瓦解。

但是，并非所有的拆迁户都很快妥协。对待那些顽固的"钉子户"，乡镇官员也有办法。首先，乡镇官员采取了停水停电的办法；其次，乡镇还将拆迁任务委托给乡村"混混"开办的施工单位，他们在拆迁户的墙角用挖掘机慢慢挖，"挖得你胆战心惊"。另外，他们还直接利用社会上的"混混"威胁这些钉子户。

上述方法很快迅速对拆迁户产生了心理威慑作用，拆迁户觉得上访联盟已经瓦解，"大势已去"，纷纷放弃诉求而签订拆迁协议书。一对30岁左右的年轻夫妻当时刚在街面建起一栋2层小楼。这栋小楼耗尽了他们多年打拼的积蓄，还搭上了父母的资助。小夫妻准备以后依靠小楼门面房做些小生意。但楼房建成还不到1年，就碰到了拆迁。妻子天天以泪洗面，丈夫则劝导说："别人都能拆，我们就能拆，我们最年轻，不要哭。"妻子也逐渐接受了现实，鼓励自己说："别人都能接受，我为什么不能接受呢？坚强一点不行啊？"最终，他们也与政府签署了拆迁协议书。

本来试图继续抵制拆迁的任伟等4户，最终也没有支撑多久。乡政府干部采取了软硬兼施的手段，一边不断"做工作"，对拆迁户好言相劝；一边断水断电，并让"混混"的挖掘机在房子墙角边轰鸣，营造随时可能"操作失误"而碰到墙角的氛围。这些手段带给拆迁户的精神压力和心理煎熬不言而喻。按照任伟的说法，最终在逼和骗的压力下，大家都签了协议，任伟签订协议的日期是4月28日。当时，他明确知道，只要再坚持2天，就可能得到更多的补偿。因为在4月30日之前，如果乡镇没有办法与拆迁户达成协议，铁路部门将甩开乡政府直接与拆迁户谈判，"那样就少了一个环节，补偿肯定会高一些"。但这两天他硬是坚持不过去。任伟说："要是再晚签2天，我老婆就完全成精神病人了，那一段时间，她见到别人拆房子就哭，别人提及拆房子她也哭"，"我在外上访，她在家里顶不住，就只有哭。儿子当时处于高考复习期间，拆迁之前就已经断水断电。我上访之前，她就在家里哭，说拆了算了。"终于，在预定的截止日期前，乡镇提前完成了所有的拆迁工作。

第二阶段，原定的一区由于征地未能顺利进行，个别拆迁户未能顺利安置，任伟等4人此后一直上访。最终通过政府强迫交易的方式使问题得到了解决。当"地老板"王某囤积的宅基地已经上涨到15万元每块时，乡政府却迫使他以8万元每块的价格卖给4户拆迁户。

在第三阶段，应对任伟谋利性上访。从乡镇信访场域的生态来看，政府将以给好处的方式来进行"维稳"，任伟及乡政府都有类似的预期。乡里对知名的老上访户刘某就采取了这样的策略。据乡政府官员介绍，乡镇每年都要拿出不少经费来应对这些上访户，为此还需要通过照顾低保户、困难补助、大病补助等方式来巧立名目。

总结来看，基层政府治理上访的具体方式主要有三种。第一，直接运用行政力量。如要求中学教师回家"做工作"，家人不同意拆迁就不准回来上班。第二，直接给拆迁上访人一些利益，换取他们的合作或暂时合作。在征地拆迁的丈量、补偿等级等操作环节的"灵活处理"属于这种情形，对老上访户的"照顾"也属于这种情形。第三，通过"关系"让拆迁上访户或其他相关人压抑自己的利益诉求。在瓦解上访联盟时，乡政府广泛采取了这种方式；在安置任伟等4户时，乡政府也用类似的方式要求"地老板"王某放弃一些利益。第四，利用乡村混混势力来压抑拆迁上访户的利益诉求。乡政府不仅利用"混混"来直接威胁拆迁上访户，还将拆迁业务发包给"混混"组建的施工单位。

除了直接运用行政力量的方式之外，其他方式本质上都牵涉资源的配置，有些直接通过利益诱导来进行上访治理，有些则通过配置资源来调动社会力量参与上访治理。那些考虑到"关系"而让步的人，必定会"失之东隅收之桑榆"，在其他方面顺利获取利益。例如"地老板"王某，倘若他不按照乡政府的意志放弃一些利益，其囤积宅基地买卖的利益就要受损，因为这种行为并不合法，政府可以强力干预。那些被政府利用来治理拆迁上访户的"混混"，也不可能免费为乡政府服务，"无利不起早"，他们实际上已经在征地拆迁及其他很多方面获取了暴利。这一上访治理的过程，可以被概括为资源媒介型治理。这种模式能够起作用，其前提是高速发展期资源增量巨大，而基层政府掌握了主要控制权。

四、资源媒介型治理的机制

当前上访治理中，基层政府利用较多的是资源配置，而不是权力的依法运用。基层政府为何不采取之前的思想教育型治理模式？因为以说服、教育、调解为主，强制、惩罚为辅的思想教育型治理正在不断丧失正当性，这很大程度上是由于基层政府具有了较为严重的自利性和经营特征。因此，说服、教育、调解根本就不可能有效果，强制、惩罚因被滥用而受到批评，其使用不仅不能有助于问题解决，反而可能激起民怨。

（一）资源增长及其支配

由于从农村汲取资源支援城市和工业建设的目标基本实现，从2001年开始，农业税费改革开始进行，到2006年国家作出取消农业税的重大决定。农业税费改革对基层治理产生了很大的影响，在很大程度上削弱了基层政府的"权威性资源"和以之为基础的"权力"，导致基层治理模式发生了很大的变化。但另一方面，随着改革的深入，经济和社会不断发展，中国的资源总量和利益机会不断增多，乡村基层社会也不例外。

这种资源总量的增加，来自多个方面。

第一，工商业发展带来机会。随着城市化的展开，工商业不断发展，乡村社会也获得了大量之前所不曾有过的获利机会。十多年来，在全国各地不遗余力地招商引资下，几乎每个乡镇都建了一些工商企业。工商企业的建立带来了许多就业、获利的机会。

第二，农业生产和农村生活的市场化带来机会。随着经济发展和农民工流动，不少地方农村出现了土地流转、适度规模经营、特色农业经营，这使当地土地、山林资源得到充分利用，进而为农业发展和经济发展提供了新的活力，并引发了农民生产生活方式的巨大变迁。在农业市场化发展到一定的程度后，村庄生产生活在不长的时间内也得到了长足的市场化发展。农民家庭劳动力的配置日益市场化，传统的小农经济模式有瓦解趋势，农村的社会分工也不断加剧，新的职业群体不断出现，他们从市场中获得机会和利益。

第三，市场化发展调动了乡村原有资源。首先是土地资源，这主要表现为土地征收带来利益和机会。土地征收使农民可能获得大量土地补偿。相对于务农收入，土地征收补偿数额巨大，直接带来土地资源的变现。变现的资源在一个短暂时期内可以导致市场繁荣，用于建造房子、提高生活水平、投资生产等。土地征收环节本身也是机会，巨额的土地增益的分配，拆迁活动的进行，就是获取利益的好机会，各方因此会展开激烈的博弈。其次是乡村集体资源。现在，在中央政策的推动下，地方政府开启了资源市场化进程，鼓励社会力量开发农村集体资源，典型的有林权改革、乡村水利设施承包等。乡村集体资源的市场化，其实就是集体资源的资本化重组过程，无疑带来了巨大的利益和机会。

第四，国家支农政策下的资源下乡带来了资源和机会。农业税取消以后，国家支农力度不断加大，资源输入乡村的数量和强度不断递增。资源下乡主要体现为中央政府对农村的各种转移支付和补贴，其中一部分补贴（如粮食直补、综合直补）直接进入农民的个人账户，几乎不经过基层政府，由中央政府直接发放给农民。除此之外，还有许多补贴通常以项目的方式进入乡村，最典型的如"村村通"道路工程、水利设施工程等。这些以项目为形式的资源，最终虽然由政府进行配置，但相当部分最终被市场吸收，因为项目需要在市场中被承包、承建。资源的市场配置过程，存在诸多合法与灰色的运作空间，这对于活跃于基层市场的各种主体，就意味着机会和利益。

然而，改革开放后，虽然市场利益和资源不断增多，市场经济得到了相当程度的发展，但市场的发展并没有打破权力体系统摄经济与社会的基本格局，相反，资源总量的猛增却强化了权力系统动员和分配资源的能力。尤其是在县乡基层社会，因市场经济发展有限，人际流动较小，法治程度较低，社会以官权力为轴心来编织地方社会的经济利益与人际关系资源，地方经济活动往往围绕基层政府权力展开，社会成员获取资源的地位和能力往往取决于其与基层政府权力的紧密程度。这种背景下，个人的经济活动和社会活动很容易受到基层政府权力的支配，这不是计划经济时代那种命令式的支配，而主要通过对资源的配置来实现。也就是说，基层政府仍然掌握着资源配置的强大能力。当然，与计划经济时代不同，当下基层政府并不能控制基层场域的一切资源，一是因为市场是分散的，政府无法全部控制；二是因为政府的控制必须尊重民众的基本生存权利，不能入侵基本生存资源领域。

吴毅以"权力—利益的结构之网"来解释农民维权机制不能健康发育的原因，[1]这一框架虽然难以全面解释农民上访，但可以有效解释拆迁户群体上访联盟的瓦解。作为轴心的官权力，可以利用"权力—利益的结构之网"来支配深陷这一网络之中的上访者。当上访者面对这一网络时，如果他无视其中官权力的意图，虽然不会存在政治安全问题，但其社会生存环境以及分享资源、谋取资源的能力势必有所恶化。最终，即使上访维权行动成功，也可能"赢得猫儿输了牛"，他们将面临更为根本和长期的损失，这种损失是无形、延伸和弥散的，无法以法律或者上访来加以维护。正是在"权力—利益的结构之网"的支配下，那些与官权力有千丝万缕关系的拆迁户首先被攻破，成为瓦解上访联盟的突破口。也就是说，基层政府可以用资源配置的现实和意象来瓦解乡村精英的上访。

然而，并非所有的拆迁户都会完全受政府配置资源的直接支配，基层政府的资源配置权并非无所不及。活跃于乡村场域的精英对基层政府

---

[1] 吴毅：《"权力—利益的结构之网"与农民群体性利益的表达困境》，《社会学研究》2007年第5期。

的资源配置有很高的依赖，他们需要依赖基层政府权力获取更多的资源和利益，其获取资源的能力取决于在"权力—利益的结构之网"中的结构性位置。但是，有几类人较为可能跳出这种网络的影响。第一，那些依赖于乡村场域之外市场的人，即使他们居住在乡镇，他们也可以不考虑这张网络的影响。也正因此，那些长期在外打工或做小生意的农民在与乡镇政府发生冲突时，往往更能"依法维权"，而不考虑这张网络的支配作用。第二，相对而言，在社会结构中比乡村精英更低层次的一般农民，更容易跳出这种网络的支配。底层农民的基本生活主要从农业、打工中获取，他们依赖地方市场以及自己的辛勤劳动，不用那么顾忌与乡村干部的关系，因为这种关系很难实质上降低他们刚好处于社会基本生存线上的生活。第三，也有一些人虽然在乡村场域谋生，并从中获得乡村精英水平的资源，但他们相信，市场经济条件下有很多机会和资源，官权力并不能将它们完全垄断。正因此，对官权力侵害的深恶痛绝，就使他们在上访过程中并不顾忌与诉冤对象的关系，不害怕得罪基层政府及官员，更容易采取不达目的绝不罢休的态度和立场。

如果从资源媒介型治理出发，就不仅能理解基层政府对社会精英上访的治理，还可以理解其他人上访的治理；不仅能理解基层政府对上访户的直接治理，还能理解政府借助其他乡村精英对上访户的间接治理。基层治理的核心在于调动了广泛的社会群体，来对一些坚定的上访人实施支配。对那些较为坚定的钉子户，乡镇政府的直接支配性力量很难再起作用，此时需要调动其他社会力量来实现间接支配。这些社会力量包括体制内的社会精英，如村组干部；也包括体制外的社会精英，如"地老板"王某那样的生意人；还包括社会灰色势力，如"混混"。

社会精英愿意与基层政府合作，有两个原因，一是从政府的资源配置中受益，二是惧于政府资源配置中的"合法加害权"。[1]乡村体制精英获取资源的渠道主要有二，一是从市场化的村集体资源中谋取好处，二是从体制位置上获取体制外的市场利益。前者是指村干部可以化公为私，将集体资源占归己有。尤其是村庄巨大的土地资源使村干部有可能上下其手，

---

[1] 吴思：《潜规则：中国历史中的真实游戏》（修订版），复旦大学出版社2009年版，第5页。

从中谋利。村干部可以凭借体制位置在资源日渐丰富的乡村市场中谋取诸多利益，比如承接各类工程，给亲友安排轻松工作。体制外的社会精英同样可以从政府的资源配置中受益。即使那些不依赖政府的资源配置，直接从市场中获取利益的人，也常常不愿意得罪政府。因为即使不指望政府的帮助，也得考虑不要让政府妨碍自己获得市场利益。在法治不完备的乡村社会，政府拥有大量的"合法伤害权"或"合法恩惠权"。这是乡村政府威胁乡村教师"不拆就不要回来上班"的基础，也是强迫"地老板"王某交易的基础。况且，王某的宅基地交易本来就缺乏合法基础。甚至可以说，在基层场域，获取资源能力越强的人，受政府资源调控影响就越大。

通常，合法的方式若起不到作用，灰色甚至非法的方式就会登场。对乡村"混混"的利用就是如此，"混混"成为基层治理可以利用的资源，作为治理手段的功能因此发挥出来。从治理钉子户而言，利用"混混"去对付"钉子户"，可以省去很多麻烦，确实是一条"捷径"。基层政府可以直接利用"混混"去阻拦所有的钉子户、上访者，也可以将拆迁事务直接交给"混混"成立的拆迁公司。在乡村"混混"面前，"钉子户"有理无处讲。"混混"在处理这些事务时可以不讲理，只需要用暴力进行威胁就可以了，在个别时候则直接动用暴力。很多农民并不顾忌与政府官员的关系，却十分注意与乡村"混混"的关系。因为与政府官员关系不好，只是得不到政府配置的资源，不会危及人身安全；而与乡村"混混"关系不好，不但合法利益可能得到侵犯，人身安全都需要担忧。有时，政府甚至采取"体制吸纳社会"的方式，[1]将乡村"混混"吸纳成为村组干部、拆迁办工作人员等，来实现有效治理；乡村组织甚至可能与乡村"混混"形成利益同盟，共同占有政府配置的资源。[2]这样，借用乡村"混混"的力量，基层政府可以降低治理成本，可以增加更多的短期经济利益。但是，在这样的治理方式的作用下，乡村社会秩序日益受到乡村"混混"的影响和支配，以至于出现"农村社会灰色化"，进而也会对治理的正当性产生

---

[1] 贺雪峰：《论利益密集型农村地区的治理——以河南周口市郊农村调研为讨论基础》，《政治学研究》2011年第6期。

[2] 李祖佩：《混混、乡村组织与基层治理内卷化》，《青年研究》2011年第3期。

消极影响，削弱了基层政府的合法性，基层政府陷入了乡村治理的内卷化困境之中。[1]

（二）基层政府的自利性

地方政府的角色一直是学者们关心的学术热点。在改革开放初期，学界一致认为，随着财税体制的改革和乡镇企业的兴起，基层政府的"经营性"特征日益加强，越来越具有"公司化"的倾向。[2]在这些研究中，美国政治学者戴慕珍的研究具有最广泛的影响力，她用"地方国家公司主义"来描述基层政府以追求经济利益最大化为导向的行为逻辑，认为在"财政包干"制度下，地方政府兴办乡镇企业的最大激励在于获得额外财政收入。[3]这种强调基层政府的经营性和谋利性特征的研究在国内学界也得到了回应和发展。[4]21世纪以来，随着土地出让收入成为基层政府的财政来源，地方政府为了"圈钱"而"圈地"，这成为学者的共识。在此过程中，地方政府的自利性遭到广泛的质疑，土地财政本身也遭人们诟病。[5]对土地财政的依赖，导致了基层政府的自利性。土地财政本身无可厚非，但由此导致的基层政府自利性问题确实值得深思。基层政府往往不满足于依法获取的土地增益，而是千方百计压缩被征地农民的利益，并用于充

---

[1] 陈柏峰：《乡村江湖：两湖平原"混混"研究》，中国政法大学出版社2011年版，第269-282页。

[2] Vivienne Shue：*The Reach of the State*：*Sketches of the Chinese Body Politic*，Stanford University Press.1990. Andrew Walder：*Local Governments as Industrial Firms*：*An Organization Analysis of China's Transitional Economy*，American Journal of Sociology，1995，101，2：263-301；Peng Yusheng：*Chinese Villages and Townships as Industrial Corporations*：*Ownership*，*Governance*，*and Market Discipline*，American Journal of Sociology，2001，106，5：1338-1370.

[3] Jean Oi：*Rural China Takes Off*：*institutional foundations of economic reform*，London：University of California Press.1999.

[4] 杨善华、苏红：《从"代理型政权经营者"到"谋利型政权经营者"》,《社会学研究》2002年第1期。

[5] 周飞舟：《生财有道：土地开发和转让中的政府和农民》,《社会学研究》2007年第1期；周飞舟：《大兴土木：土地财政与地方政府行为》,《经济社会体制比较》2010年第3期。

实其财政。山乡在铁路征地过程中就存在两个问题，一是降低了征地标准，二是采取包干制来谋取法外利益。

任伟曾在访谈中告诉我们，2010年11月，山乡吴副乡长、区铁路拆迁领导与他曾在省信访局干部的召集下座谈。座谈中，任伟提出要看拆迁标准，吴副乡长不肯出示相关文件。调研时我们追问此事，因此得以在乡政府办公室2次看到了载有拆迁标准的区政府文件《关于武汉至咸宁城际铁路江夏区段土地、房屋拆迁及地上附着物补偿标准的指导意见》。这份文件有两点较为异常。一是文件中的过渡安置费一项是手写添加的，拆迁奖励一项原本写着5元/m²，但被手写改为了10元/m²。二是我们看到的文件并不完整，文件第二页最下方项目内容并未结束，第三页却写着"此页无正文"。乡政府官员解释说，其他几页内容与本地拆迁无关，因此未予印刷。这个说法让人难以置信，有理由怀疑乡政府隐瞒了实情，变相降低了拆迁标准。

如果仔细推敲，山乡所贯彻的征地补偿标准存在诸多违法之处，只是没有农民上访追究这一点。在这份文件中，补偿仅有三项：土地补偿标准、房屋补偿价格、地上附着物及其他设施补偿标准。由于文件并不完整，第三项后面未见具体内容。土地补偿标准笼统地写着"水田14500元/亩，旱地9500元/亩（含青苗补偿），荒地、其他未利用地7500/亩"。这一补偿标准显然偏低。而且，这种不明晰的规定显然不符合政策和法律。因为无论是国家《土地管理法》，还是《湖北省人民政府关于进一步加强征地管理切实保护被征地农民合法权益的通知》（鄂政发[2005]11号），或者《武汉市征用集体所有土地补偿安置办法》、《武汉市江夏区征收农民集体所有土地补偿安置办法》中，土地补偿费和安置补偿费都是两项最重要的补偿费用，并有具体计算方案和使用规定。山乡征地方案对这些都没有说清楚。当然，也有可能文件缺失的部分规定了安置补偿费，但是政府截留了政策。毫无疑问，这种含糊的规定为地方政府提供了谋利空间。

《武汉市江夏区征收农民集体所有土地补偿安置办法》（夏政规[2011]8号）规定了土地补偿费和安置补偿费的计算方法、标准及使用方式。按照规定，山乡属于第四类地区，每亩年产值标准为1463元，土地补偿费和安置补偿费应当都是14630元。按照规定，安置补偿费应当全部支付给被征地农民，土地补偿费至少70%支付给农民，被征地农民每亩就至少可获得24871元，村集体最多可以获得4389元/亩。倘若按此标准计算，农民所得的补偿款项每亩少了10371元。虽然这项《办法》颁布于2011年，并不适用于2009年的征地行为。但是，仅有2年之隔，征地补偿费标准差别不会太大。尽管无法确证，计算数字还是让人怀疑山乡政府大大压低了补偿标准。

在征地过程中，村集体获得了5000元/亩的补偿。在连续2次征地过程中，星村获得了300万元的集体收益，这些收益实行"村财乡管"。前乡党委书记离任时，从星村悄悄划走了160万元，用于抵扣乡政府的财政赤字。村集体获取的收益土地补偿费可能高于政策规定，而且显然被违法使用。《湖北省人民政府关于进一步加强征地管理切实保护被征地农民合法权益的通知》规定："土地补偿费支付给享有被征收土地所有权的农村集体经济组织，农村集体经济组织如不能调整质量和数量相当的土地给被征地农民继续承包经营的，必须将不低于70%的土地补偿费主要分配给被征地农民。""土地补偿费中扣除直接支付给被征地农民的部分后，其余部分支付给被征地的农村集体经济组织专门用于被征地农民参加社会保险，发展二、三产业，解决被征地农民的生产和生活出路，兴办公益事业。土地补偿费必须实行专款专用。"《武汉市江夏区征收农民集体所有土地补偿安置办法》作出了同样的规定，并且强调"采取货币安置的，安置补助费应当全额支付给被征地农民"。

在2次征地过程中，乡政府获取了1700万元的收益。乡铁路拆迁领导小组组长告诉我们，这是因为乡政府协助征收可以获得1000元/亩的协调费。但是，2次征地不超过2000亩，如何可以有那么高的协调费？更大的可能性是，乡政府通过执行"残缺"的文件截留了农民的土地补偿费用，这笔费用由乡政府和村集体共同分享。乡政府所执行的文件《关于武汉至咸宁城际铁路江夏区段土地、房屋拆迁及地上附着物补偿标准的指导意见》的残缺版本中，并没有见到有关村集体补偿的规定，村集体却拿到了补偿。以征地2000亩计算，按照《武汉市江夏区征收农民集体所有土地补偿安置办法》征地补偿标准计算，征地补偿的应然与实然数额之间的差额有1600万元，这笔钱很可能就是乡政府在征地过程中的主要收益来源。

乡政府在征地过程中通过侵犯农民权益来赢利，村集体也获得了更多利益，这是通过征地过程中的包干制来实现的。在铁路征地过程中，铁路方并不直接与农民谈判，而是将征地任务交给乡村组织，所有的补偿费用也全部打包给乡村组织，再由乡村组织下发给村民。在征地补偿包干制下，上级政府根据土地征收的总面积和青苗的总体的情况一次性将补偿发给下级组织，最后由村委会再根据每家每户的具体情况补偿到户。由于基层组织掌握着土地的具体信息，如土地面积、等级、承包人等，且土地事实上属于农村集体所有，因此征地补偿以乡村组织（尤其是村委会）为中介既有法律上的依据，也有节约信息成本的合理性。但是，在包干体制下，乡村组织等中介除了收取所谓的"协调费"以外，还会寻求额外收益，他们就会利用自己的中介位置来决定最终补偿给农民的标准。这样，就产生了层层截留征地款的现象。由于总体补偿资金是确定的，乡村组织获取的中介费用越多，农民的土地权益损害就越多，得到的补偿就越少。上级政府为了调动下级组织的积极性，只要没有农民坚决上访闹事，也不会主动进行干预。

为了从征地中实现赢利，乡村组织就一定会控制信息，隐瞒上级政策和征地补偿标准，这样才能保持谋取利益的空间。乡村组织属于体制系统，熟练掌握了征地的法律和政策，以及征地的相关标准；而农民对法律和政策几乎一无所知，在信息上没有任何优势，也缺乏掌握信息的途径和学习能力。因此，当农民土地权益被侵犯时，其维权成功的基础就是进行获取关于征地的信息。正因为信息的重要性，有学者将信息公开称为征地制度中除了赔偿标准和地方土地财政以外的第三维度。[1]

（三）思想教育型治理的失效

在基层政府自利性的背景下，思想教育型治理模式很难起到实际作用。思想教育型治理以说服、教育、调解为主，以强制、惩罚为辅，它根源于正确处理人民内部矛盾的思想。1950年代中后期，毛泽东在新的国内外形势下提出了正确处理人民内部矛盾的问题，对敌我矛盾和人民

---

[1] 陈若英：《信息公开——强制征地制度的第三维度》，《中外法学》2011年第2期。

内部矛盾两种不同性质的矛盾进行区分，并采取不同的解决方法。[1]新中国是人民民主专政的国家，"对人民内部的民主方面和对反动派的专政方面，互相结合起来，就是人民民主专政"。[2]在人民民主专政下，用不同方法解决敌我矛盾和人民内部矛盾这两类性质不同的矛盾，"前者是分清敌我的问题，后者是分清是非的问题"。[3]

思想政治教育是解决人民内部矛盾的主要方法。人民内部矛盾是根本利益一致基础上的矛盾，解决这些矛盾着眼于调动一切积极因素，"必须坚决克服官僚主义，很好地加强思想政治教育，恰当地处理各种矛盾"。[4]毛泽东将思想政治教育具体化为"团结——批评——团结"，"就是从团结的愿望出发，经过批评或者斗争使矛盾得到解决，从而在新的基础上达到新的团结"。[5]思想政治教育是民主的说服教育的方法，而不是强迫的方法。"企图用行政命令的方法，用强制的方法解决思想问题、是非问题，不但没有效力，而且是有害的……凡属于思想性质的问题，凡属于人民内部的争论问题，只能用民主的方法去解决，只能用讨论的方法、批评的方法、说服教育的方法去解决，而不能用强制的、压服的方法去解决。"[6]"不是用强迫的方法，而是用民主的方法，就是说必须让他们参与政治活动，不是让他们做这样做那样，而是用民主的方法向他们进行教育和说服工作。这种教育工作是人民内部的自我教育工作，批评和自

---

[1]《毛泽东选集》(第5卷)，人民出版社1977年版，第363-402页。毛泽东等主要领导人的讲话是对当时的社会治理模式的理论提炼和阐述，因此，可以通过毛泽东等主要领导人的讲话，来认识人民内部矛盾的思想及其在社会治理过程中的运用。信访制度及信访实践，也是当时社会治理的一个重要组成部分。在当时，信访制度是这种人民内部矛盾思想影响下的产物，毛泽东等主要领导人有关人民内部矛盾分析的思想对当时的信访实践也产生了很大的影响。参见王炳毅：《信访制度的奠基：毛泽东与信访制度（1949—1976）》，《政治与法律评论》2010年第1辑，北京大学出版社，第152-183页。

[2]《毛泽东选集》(第4卷)，人民出版社1991年版，第1475页。

[3]《毛泽东选集》(第5卷)，人民出版社1977年版，第365页。

[4]《毛泽东选集》(第5卷)，人民出版社1977年版，第396页。

[5]《毛泽东选集》(第5卷)，人民出版社1977年版，第369页。

[6]《毛泽东选集》(第5卷)，人民出版社1977年版，第368页。

我批评的方法就是自我教育的基本方法。"[1]刘少奇也认为,"现在的问题是如何加强思想政治教育。思想政治教育有些地方在加强,但有的加强得不好,群众有很大的反感。说是教育群众,实际上是整群众,只批评群众,自己不作自我批评。如何加强政治思想教育,很有必要改善方法"。[2]

解决人民内部矛盾也要对坏分子采取强制、惩罚措施。毛泽东指出:"也有少数不顾公共利益、蛮不讲理、行凶犯法的人。他们可能利用和歪曲我们的方针,故意提出无理的要求来煽动群众,或者故意造谣生事,破坏社会的正常秩序。对于这种人,我们并不赞成放纵他们。相反,必须给予必要的法律的制裁。惩治这种人社会广大群众的要求,不予惩治则是违反群众意愿的。"[3]刘少奇也指出:"我们也不害怕斗争,在需要用强硬的斗争的办法来解决矛盾的时候,我们是不吝惜斗争的。……只在必要的时候才采取强力的办法、压服的办法。"[4]相关强制、惩罚措施的依据主要是1957年出台的《国务院关于劳动教养问题的决定》和《治安管理处罚条例》。相关制度在改革开放后被完全继承。1979年《国务院关于劳动教养的补充规定》,1982年《劳动教养试行办法》,都重申将劳动教养作为强制性教育改造的行政措施和处理人民内部矛盾的方法。1957年的《治安管理处罚条例》则一直到1986年才被修改,其基本精神也被修改后的条例所坚持。此外,收容遣送制度也曾被作为强制措施使用,各地还普遍以"法制教育学习班"的形式对一些人实施强制教育和惩罚。

在当前背景下,说服、教育、调解方法的收效日益式微。学界主流意见认为,毛泽东在论述人民内部矛盾时,主要从政治思想领域的角度去分析,通过思想政治教育解决问题,对人民群众经济利益方面的需求关注不够。[5]而在现阶段,我国主要矛盾是人民群众日益增长的美好生活需要和不平衡不充分的发展之间的矛盾,人民内部矛盾也主要基于这一主

---

[1]《毛泽东选集》(第5卷),人民出版社1977年版,第371页。

[2]《刘少奇选集》(下卷),人民出版社版1985年版,第305页。

[3]《毛泽东选集》(第5卷),人民出版社1977年版,第396页。

[4]《刘少奇选集》(下卷),人民出版社版1985年版,第302页。

[5] 雍涛、陈祖华:《经济体制改革与正确处理人民内部矛盾》,武汉大学出版社1991年版,第15页;王伟光:《效率公平和谐——论新时期人民内部矛盾与社会主义和谐社会》,人民出版社2006年版,第38页。

要矛盾而产生。因此，物质利益成了人民内部矛盾的核心。[1]改革开放以来，以经济建设为中心，社会的利益格局和利益关系发生了急剧的变化。人们的生产、生活方式发生了深刻的变化，利益分化悬殊、利益主体多元化以及利益关系复杂化，物质利益矛盾成为社会矛盾的核心主题。由于从计划经济向市场经济转变，国家强力调整利益关系的计划杠杆不复存在，作为共同利益制度基础的公有制也发生了改变，市场主体的共同利益越来越抽象。在这样的社会形势下，忽视人民群众的物质需求，无视物质利益矛盾，思想政治教育方法无异于空洞的说教，在处理矛盾时必然显得无力。尤其是当基层政府自身具有严重谋利性，违反法律和政策与农民争夺土地利益时，其对上访人的思想教育有何说服力？因此，新时期正确治理包括上访在内的人民内部矛盾，就必须将重心从政治思想层面转移到经济利益层面，要正视人民群众的物质利益需求以及由此产生的物质利益矛盾。

五、治理转型的困境与出路

（一）治理转型的困境

从上访来看，拆迁户群体上访的最初起因是对门面房的补偿与其他房屋补偿采取同样标准的不公平感，因为这意味着他们的事实利益将不复存在。人们上访的动力主要是直觉的、情感性的，甚至没有人去寻找法律和政策上的依据，这属于协商型上访。信访机制对协商型上访有一定回应能力，并且切实满足了大部分人的诉求。由于还建小区征地遇到障碍，4户拆迁户的问题最终未能有效解决。这4户拆迁户因此上访，他们为此奔走了2年。在这2年的上访过程中，他们不断寻找法律和政策上的依据来支持自己的上访，这属于维权型上访。最终，在上级政府的压力下，基层政府真正重视了上访户的诉求，积极解决问题，满足了上访户的部分诉求。尽管如此，上访户似乎并不满足，他们又在继续新的上访。在2年的上访过程中，他们对政府运作已有较为深刻的了解，对政府的软肋已有一定的把握。上访户继续上访的动机是谋利，这属于谋利型上访。

---

[1] 申端锋：《将人民内部矛盾带回分析的中心》，《开放时代》2012年第7期。

从治理来看，基层政府主要采取资源媒介型治理模式，通过资源的配置来平息农民的上访诉求。对于那些与基层政府及官员有"关系"且愿意配合政府工作的人，政府既可以即时给予小恩小惠，也可以用未来的资源配置可能性来迫使他们放弃进一步的上访；对于那些强硬的"钉子户"，基层政府可以调动各种乡村社会精英来协助治理，甚至放任乡村"混混"来威胁"钉子户"，由于基层政府掌握了资源配置权，各路社会精英因对之有所依赖而愿意为政府服务甚至"卖命"；对于那些"软硬不吃"的长期上访户，基层政府最终只能直接"花钱买平安"，暂时阻止他们上访的步伐，好在当前社会形势下，基层政府掌握了大量的资源。资源媒介型治理的基础是基层政府掌握着丰裕资源的主要控制权。在这种模式下，基层政府基本能"摆平理顺"以应对上访领域的治理问题，尽管有时有些被动。

资源媒介型治理在解决旧问题的同时也带来了新的治理问题，最突出的就是谋利型上访的增长和无理上访的扩大化。协商型、维权型的上访人在信访系统中摸爬滚打2年后，即使诉求得到满足，也会产生上访谋利心态。这表明谋利心态不仅仅是个人品格问题，也是制度性问题。在调研地点星村，修建城际铁路临时占用了村民袁某的耕地，村干部受托向其支付了4000元的补偿费。不久后这位村干部因与人斗殴而被判刑坐牢。70多岁的老上访户袁某于是又上访说村干部并没有支付补偿费用，找政府要求补偿。在没有得到补偿时，他阻止施工，并与施工单位发生冲突，然后就住到医院里。直到后来，乡政府被迫与监狱联系，找到原村干部，在其指引下找出补偿经费的签收表。袁某又说签字单上的笔迹是伪造的。乡政府官员又将所有的证人都找来印证，并说到派出所去做笔迹鉴定。袁某最终因担心支付笔迹鉴定费用而息访。这样一起明显的无理上访，政府在花费巨大成本澄清后，袁某却没有承担任何责任，没有遭受任何惩罚。这种状况使得谋利型上访及谋利心态以极快的速度扩散，那些毫无上访经历的农民也跃跃欲试。

无理上访不仅难以治理，甚至还被资源媒介型治理进一步催生，其背景是思想教育型治理的失效。思想教育型治理之所以失效，一是社会情境的变化，二是基层政府谋利性的凸显。改革开放以后，以经济建设为中心，社会的利益格局和利益关系发生了急剧的变化。在市场经济的利益格局下，利益日益多元化，不同社会成员之间利益的差别、矛盾更为突出，不同社会成员之间的利益共同性更为缺乏。市场经济下，社会成员基本上都被卷入到市场经济的逻辑之中，成为市场的一个主体，社会成员之间的共同利益离市场主体越来越远，利益矛盾成为社会矛盾的核心。此时，淡化利益分歧的说服、教育、调解方法无异于空洞的说教。而且，由于本身具有很强谋利性，常常侵犯农民权益的基层政府充当思想教育的主体，也缺乏权威性和说服力。基层政府获取的灰色和非法利益，常常建立在侵犯农民权益的基础上，当受害农民申诉时，还遭到暴力打压，劳教制度也常常被基层政府用来打压受害农民。这种现象一经媒体渲染便千夫所指，政府于是越来越不敢动用强制措施，对维权者和无理上访人皆是如此，即使可以合法使用。也就是说，政府谋利性的凸显，使其丧失了治理主体应当具有的超越性，也丧失了话语正义的高地。这是思想教育治理模式失效的根本原因。

思想教育型治理失效后，治理应当向法治化方向转型。但转型不成功，陷入了资源媒介型治理。基层政府主要依赖的是资源配置，而不是依法行使行政权力。依法行使行政权力，意味着基层政府应当依照法律、法规的规定作出相关行政行为，应当严格遵守法定程序。显然，资源媒介型治理模式，离法治型模式还有很远的距离。当然，也许根本就不存在所谓的法治型治理模式，因为很多人理想中的法治社会也许根本不存在上访现象，所有的问题都会被提交给司法系统，所有的诉求都会依据法律程序加以解决，也就不需要信访系统了。但是，当下这还不可能。

资源媒介型治理解决了诸多问题，也带来一些治理问题。如果仅仅着眼于治理层面，这种模式还是不断在积极解决问题，回应群众的诉求。但是，目前信访制度超负荷运转，信访渠道面临堵塞，其化解纠纷的能力不可持续。[1] 更为严重的是，伴随这种治理而来的基层政府合法性的不断流失。不讲法治和原则，仅仅以资源配置来束缚上访人上访的脚步，也许可以暂时缓解他们的情绪，但其效果客观上如人们通常所说的，"会

---

[1] 贺雪峰：《国家与农民关系的三层分析——以农民上访为问题意识之来源》，《天津社会科学》2011年第4期；刘正强：《信访的"容量"分析——理解中国信访治理及其限度的一种思路》，《开放时代》2014年第1期。

哭的孩子有奶吃"，"大闹大解决，小闹小解决，不闹不解决"。这带来的是广大群众的不公平感，无疑会降低对基层政府的认同感。通过资源配置来动员乡村社会精英，让他们服务于基层政府的治理目标，虽然可能有效解决治理问题，但必然带来乡村资源的不公平配置，资源增量很大程度上被各路乡村精英甚至乡村"混混"占有，广大群众因此生发不公平感，从而降低对基层政府的认同感。这种治理结构将乡村"混混"吸纳进入了体制，这在形式上首先就会遭到群众的反感。乡村"混混"起初也许可以以合法的形式获得资源，但这类人是难以控制的，他们的欲望是无限的，最终一定会在灰色甚至黑色地带进一步谋取资源，从而超出基层政府的有效控制，最终导致群众的严重不满，从而导致基层政府的合法性危机。

（二）确立正当利益原则

资源媒介型治理表明基层治理转型远未成功，"重建信访政治"的口号值得认真对待。[1]成功的治理转型需要具备很多要素，从本文研究的上访案例来看，也许最为重要的是确立正当利益原则。当前资源日益丰裕，上访针对的核心问题是利益，政府合法性危机也因源于其谋利性。因此，对于基层政府和上访人，确立正当利益原则，都非常重要。利益问题已经成为人民内部矛盾的核心，也是当前上访诉求的核心。确立正当利益原则包含两个层面：

一是必须承认利益的正当性。在改革开放之前，之所以强调以说服、教育、调解、民主等方式为处理人民内部矛盾的主要手段，是因为那时主要强调政治，强调敌我矛盾，认为人民利益根本上是一致的，人民内部的利益分歧可以通过说服、教育、调解来进行"团结"。而且，在计划经济体制下，人民内部的利益矛盾可以通过行政手段强力调配。在市场经济条件下，面对分化的、多元的利益冲突，空洞的说服、教育很难发挥作用。因此，必须承认利益的正当性。改革开放之前，处理人民内部矛盾存在过度政治化的问题，在区分两类不同性质的矛盾时，往往以政

---

[1] 刘正强：《重建信访政治——超越国家"访"务困境的一种思路》，《开放时代》2015年第1期。

治态度作为划分标准，一些人民内部矛盾被定性为敌我矛盾，阶级斗争扩大化，很多过高利益诉求甚至合理利益诉求受到了打击，相关当事人甚至受到整肃。其重要原因就是，利益在当时还不具有足够的正当性。

二是必须以正当利益为基础。承认利益的正当性，只是说以利益作为诉求点是合理的，实践中同时需要解决利益分歧时遵循的标准，这就是正当利益原则。邓小平曾讲："每个人都应该有他一定的物质利益，但是这决不是提倡各人抛开国家、集体和别人，专门为自己的物质利益奋斗……我们从来主张，在社会主义社会中，国家、集体和个人的利益在根本上是一致的，如果有矛盾，个人的利益要服从国家和集体的利益。"[1]这个说法当然是正确的，但是在实践中，个人利益服从国家和集体利益，往往被庸俗化理解成，国家和集体要求个人放弃利益时，个人就应当服从。当乡政府要求农民无偿放弃自己的合法利益，农民就应该放弃吗？因此，在利益发生分歧时，需要坚持正当利益原则，必须追问国家、政府、集体、个人的利益诉求是否正当。只有正当利益才应当得到保护或救济，不正当的利益诉求就应当予以否定，甚至在必要时应当以强制的方法予以否定。

在实践中辨别正当利益，就需要弄清正当利益与合法利益的关系。一般来说，在法治成熟完善的社会，一切利益都以法治和法律为标准，正当利益与合法利益的内涵和外延是一致的。但是，中国的法治建设任重道远，中国的改革也正在进行之中，很多事物还存在变数，利益还有很大的调整空间，很多正当利益未必受法律和政策调整，也未必都应当受法律和政策调整，而且，众多当事人的上访还可能改变政策或法律。处于建设法治社会的进程中，尽管并非所有的合法利益都是正当的，但只能假定合法利益都是正当的。因此可以说，合法利益都属于正当利益，正当利益却不一定都是合法的。在上访治理中，如果上访人的利益有明确的法律和政策依据，那就属于正当利益，这种上访属于维权型上访（有理上访），其利益诉求就应当得到满足；如果上访人的利益诉求明显违背法律和政策，那就属于不正当利益，其上访属于无理上访，其利益诉求就不能满足。如果上访人的利益诉求虽然缺乏法律和政策依据，但具有

---

[1]《邓小平文选》（第2卷），人民出版社1994年版，第337页。

相当的合理性，基层政府就应当本着负责的态度认真研究，其合理诉求的利益应当被认定为正当利益，并在法律和政策范围内给予满足。确立"正当利益原则"以回应信访治理的转型困境，这就要求对于信访的治理不能仅仅局限于技术手段层面的"摆平理顺"。在一定意义上，目前基层治理的一个突出困境便是过于偏重技术手段层面的"摆平理顺"，而忽视了基层治理本身的正当性原则应该为何以及如何确立。如果单纯限于技术手段层面，而不在更高的层面思考确立基层治理的一些正当原则，那么，基层治理的困境就更难以得到揭示和有效应对。

讲正当利益，一定要强调基层政府的利益应当限定在正当范围内。只有这样，才有可能约束基层政府不侵犯农民权益。要从源头上限制基层政府侵权获益，尤其是侵害农民的土地权益来获益，最为有效的方法就是让侵权获益归于无效。这就需要发展财政预算制度，建立预算法制，让政府所有的收支都必须依法进行，并接受人民监督。目前我国还不存在现代意义上的预算制度，尤其是基层的乡镇政府，几乎没有财政预算。现有预算制度存在诸多问题：只包括预算内资金，不包括预算外和制度外资金的使用计划；预算草案往往只列举几大类的开支；预算对政府的行为没有约束力，挤占挪用资金现象普遍；预算内容和预算过程缺乏透明性，随意调剂资金现象普遍。[1]因此，紧迫需要建立现代预算制度，并得到严格执行。倘若政府财政严格遵循预算，预算监督依法进行，基层政府的法外收益就没有意义，其侵权获益的动力就会弱化甚至消失。并不是说依靠土地出让金的土地财政就不可以，而是说土地财政也要纳入预算制度约束之中，受到预算监督。基层政府可以获得土地出让金，但不能同时在征地过程中通过包干制侵犯农民土地权益来获取更多财政经费。政府利益应当是合法利益、正当利益。

确立正当利益原则，并不必然导致上访治理转型成功，但可以为其奠定极为重要的基础。相信辅以其他方面的制度建设，上访治理定能摆脱困境，成功转型。

---

[1] 王绍光：《安邦之道：国家转型的目标与途径》，生活·读书·新知三联书店2007年版，第114-137页。

第十一章　信访制度的功能及其法治化改革

《中共中央关于全面推进依法治国若干重大问题的决定》在第五章"增强全民法治观念，推进法治社会建设"之第四节"健全依法维权和化解纠纷机制"中特别提出："把信访纳入法治化轨道，保障合理合法诉求依照法律规定和程序就能得到合理合法的结果。"这既回应了长期以来学者对信访制度改革的呼吁和建议，也回应了党政机关对信访工作困难的反映和改革诉求。然而，如何"把信访纳入法治化轨道"，仍然值得深入探讨、仔细斟酌。信访制度有着鲜明的中国特色，目前承担了诸多复杂的功能，包括法治体系内和法治之外的。信访制度与法治体系有融合、相通、交叉之处，同时，作为党的群众工作体系的重要构成部分，与法治体系也有很大张力。

因此，信访制度的法治化改革，需要对信访制度目前承担的实际功能有着清晰的认识，对改革的可能效果有着大体正确的预期。前述诸章主要着眼于具体信访问题的生产机制和逻辑，本文则主要着眼于信访制度的改革和建设，因此，经验材料不源于一时一地，机制分析也不限于某一具体信访事项。本章将在总体把握信访实践的基础上，深入剖析信访制度的实际功能，探讨信访制度的法治化改革。

一、信访制度的几种典型认识

信访制度的法治化改革已经写进了《中共中央关于全面推进依法治国若干重大问题的决定》，因此从法学和法治视角认识信访制度的性质就十分必要。新中国成立以来，信访制度在政治社会生活中起了相当重要的作用；尤其是近二十年来，它在纠纷解决和法治进程中充当了难以忽略的角色。法学家对信访制度的性质展开了不少讨论，典型的有以下几种认识：

1.行政救济说。有学者认为，信访是一种特殊的行政救济方式，其法律依据不是一般的法律，而是来源于宪法。[1]也有学者认为信访兼具救济与监督的功能，但由于救济型信访在数量上占据绝对优势，所以信访制度主要是一种行政救济制度。[2]持这种观点的学者认为，信访救济与法治之间是"亦敌亦友"的关系。一方面，信访救济是一种替代性纠纷解决机制，是法治机制的补充和纠正；另一方面，信访救济具有非程序性，其运作没有明确、稳定、普遍主义的规则，只有模糊、变动、特殊主义的"潜规则"，在追求实体正义时罔顾程序正义，强化了长官意志，在使权利得到救济的同时，再生产出使权利遭受压制的制度合法性。信访制度的改革方向，是矫正其不讲程序、缺乏规范、充满恣意的根本弊端，将信访救济改造为行政诉讼救济与行政复议救济的补充机制。

2.申诉救济机制说。有学者认为，信访本质上属于一种行政申诉制度，与当代世界各国普遍存在的申诉制度功能基本相同，因此主张借鉴国外申诉专员制度的基本思路，将信访作为行政性申诉救济机制的一环加以重构，发挥其替代诉讼机制的功能。其基本思路是，将涉诉信访加以剥离，信访主体和事项严格遵循《信访条例》界定的范围，扩大至党政机关、立法机关、社会团体和司法机关的纪检、监察部门等；申诉可以针对现有规则、制度和政策，也可以针对公职人员违法行为的举报处理，只要保证既有的监察、纪检、审计和反贪机构认真依法履职即可；信访的其他功能，如公众参与、改革建言、民情民意通达、批判监督等可以继续正常发挥。[3]也有学者将信访制度定位为权利救济机制，作为多元纠纷解决机制的一环。[4]

3.信访权利说。有学者认为，信访作为一种"权利形态"正在被理论证成、被普通公民实践并开始达成一种普遍的权利共识，信访正在从新

---

[1] 应星：《作为特殊行政救济的信访救济》，《法学研究》2004年第3期。

[2] 王锴、杨福忠：《论信访救济的补充性》，《法商研究》2011年第4期。

[3] 范愉：《申诉机制的救济功能与信访制度改革》，《中国法学》2014年第4期。

[4] 章志远：《信访制度改革研究之述评》，《信访与社会矛盾问题研究》2015年第3辑。

中国成立之初公民行使民主权利的方法和手段，成长为一种独立的权利类型以及一套系统的权利救济机制。[1]这些学者认为，信访权可以依据宪法文本进行权利推定，是批评、建议、申诉、控告、检举等权利在特殊境遇下的延伸，而一些官方文件中所指称的"信访权利"是对这一新型权利的确认；信访权是一种复合权利，既是宪法赋予公民的具有实体内容的基本权利，也是信访人寻求救济的程序性权利；宪法规定的批评权、建议权、申诉权、检举权、控告权等五种诉愿权利，是其宪法渊源。也有学者认为，信访权处于"断裂"状态：它尽管更接近于宪法权利的性质，但没有明确的规范表述及引导。信访权的位阶和效力问题被边缘化，隐身于非法律层面，而信访制度又在实际中起到了权利救济的"弥合"作用。[2]

4.辅助政制说。有学者认为，在我国宪法框架下，信访属于辅助政制的范畴，其地位仅次于政治协商制度，是辅助政制的重要组成部分。"文革"之后，以人民代表大会制度为根本的核心政制效能严重不足，无法充分、有效地解决纠纷，不能满足社会需求，信访成为代偿性体制，作为一种非正式体制来补充核心政制的正义推进功能。它在党群关系架构下应运而生，处于法外体制，却一度在宪法框架中居于主导地位。[3]持这种观点的学者认为，过度强调信访体制的作用，让其承担明显属于核心政制的功能，损害了核心政制的地位和权威；消解困扰的根本出路在于，增强核心政制的正义推进效能，消除信访制度造成核心政制地位、权威和效能减损的倾向。

以上诸种认识，有其合理性，也都存在片面性。不同学者对信访制度的不同认识，与其知识背景密切相关，也与其信访制度改革的导向意见有关。作为一项具有高度中国特色的制度，信访与法治领域的诸多制度和权利确有类似、相通之处，但又有明显不同之处。试图用法治领域的具体制度去认识、比附、改革信访制度，有其契合之处，也有勉强之处。

---

[1] 任喜荣：《作为"新兴"权利的信访权》，《法商研究》2011年第4期；林喆：《信访制度的功能、属性及其发展趋势》，《中共中央党校学报》2009年第1期。

[2] 林来梵、余净植：《论信访权利与信访制度》，《浙江大学学报（人文社会科学版）》2008年第3期。

[3] 童之伟：《信访体制在中国宪法框架中的合理定位》，《现代法学》2011年第1期。

笔者尝试对上述几种认识和改革方案作出简单评述。

行政救济说将信访制度局限在较小的范围之内，这与实际情形并不相符。从制度上说，确实没有一部法律专门规范信访行为，[1]只有国务院颁布的行政法规《信访条例》。一般认为，信访行为的更高法律依据是《宪法》第四十一条规定，"中华人民共和国公民对于任何国家机关和国家工作人员，有提出批评和建议的权利；对于任何国家机关和国家工作人员的违法失职行为，有向有关国家机关提出申诉、控告或者检举的权利"。然而，并非所有的信访行为都可以被囊括进《宪法》四十一条，因为信访行为并非总是针对国家机关和国家工作人员的批评和建议，或针对其违法失职行为。信访的范围非常广泛，甚至包括要求国家解决个人生活困难，向国家干部倾诉遭遇等。而且，信访行为不仅存在于政府系统，也存在于人大、政协、法院、检察院等国家机关，更存在于各级党委部门，甚至存在于妇联、工商联等群众组织。将信访救济理解为特殊行政救济，明显局限了其范围。

申诉救济机制说注意到了它对信访制度定性和改革设想的范围局限问题，并在改革设想中通过两方面来解决此问题。一是将信访行为扩大至党政机关、立法机关、社会团体和司法机关的纪检、监察部门等，二是让信访制度在公众参与、改革建言、民情民意通达、批评监督等方面继续发挥功能。然而，即使这些设想能够实现，仍然存在三个问题。第一，信访制度被改造为行政性申诉救济机制，却又适用于如此大的范围，承担如此多的功能，势必导致名实不符。第二，申诉救济机制说将信访与司法程序严格区别，不牵涉涉诉信访，但涉诉信访却会进入信访渠道，如何回应这些诉求，在制度上悬而未决，且不好定位。第三，尽管与行政救济说相比，申诉救济机制说看待信访的视野更大，但与信访行为的广泛性相比，仍有很大局限性，很多法律和政策意义上的诉求难以在此制度设想中得到准确定位。

信访权利说与其说是对信访制度的性质描述和功能定位，不如说只是一些学者的期待。诚然，时至今日信访制度的权利救济功能在制度初衷外

---

[1] 尽管很多法律在具体范围内确认了信访行为，例如《劳动法》《监狱法》《警察法》《公务员法》等。

得到了很大扩展。即便如此，信访制度还有其他方面的功能，包括一些与权利救济没有交叉的功能（后文会有详解）。因此，仅从权利角度看待信访，这是不完整的。而且，在法律上信访主要被视为公民行使批评、建议、申诉、检举、控告等权利的方法和手段。可以说，从信访人的角度，信访是行使权利的行为方式；从国家机关角度，信访则是保障信访人行使权利的工作机制。将信访权确认为宪法基本权利，实在没有必要，且只会使基本权利淡化，因为维护基本权利的手段无需成为基本权利。即使将来制定"信访法"，也应该定位于通过信访更好保障公民权利，维护政治社会秩序，而不是保护所谓"信访权"。

辅助政制说从信访与宪法制度的关系切入，视野无疑更宏大，但至少存在两个问题。第一，辅助政制说与其说是一种准确描述，不如说是学者的理论建构，国家和执政党从来没有类似的正式表述。而且，将信访置于仅次于政治协商的重要辅助政制位置，缺乏足够说服力。第二，辅助政制说对信访工作机制缺乏足够的认知、理解和刻画，更多只是表达了一种重建核心政制的愿望和意图，回应现实问题时经验基础较为缺乏。

以上四种认识还有一些共同的问题。第一，都局限在法治视野中。诚然，信访制度与某些法治制度具有相似性，可以比拟；或者与具体法治制度承担了类似的功能，具有相互替代性。然而，如果不顾及信访制度在法治之外的作用，势必作出不全面的判断和改革设想。第二，对转型社会、信访行为、制度功能的复杂性，缺乏足够深刻的感知。目前，信访行为指向的领域非常广泛，对象也极为庞杂，信访制度承担的实际功能也相应地多元化。如果对此认识不够，相关改革设想就可能出现偏差。而到底应当如何定性信访制度，离不开对历史和现实的考察和分析。

二、信访制度的功能变迁

信访制度源远流长，几乎从尧舜时代到清代一直存在。史书对此记载颇多，从尧舜时代的"敢谏之鼓"、"诽谤之木"、"进善之旌"，到《周礼》中的"以肺石达穷民"，再到晋朝出现、唐宋兴盛的"登闻鼓"，发展到明清时期的"京控"、"鸣冤鼓"、"叩阍"等。受数千年皇权思想和制度的熏陶，民众的臣民意识和清官意识非常浓厚。因此，在苏维埃政权初创时期与抗日战争时期，就有民众向共产党政权信访，毛泽东等中央领导人曾亲自出面处理。新中国成立以后，信访制度逐渐成型。虽然民众的信访行为受到传统思想意识的巨大影响，但新政权建立信访制度的理论基础却有所不同。古代的上访者是自认为背负冤屈的范围狭小群体，而新政权下的上访者则是被动员起来的广大人民群众，上访事项也包罗万象。[1]

新中国成立后，人民积极性很高，信访量不断增多，信访机构不健全，信访干部少，中共中央办公厅秘书室给毛泽东写报告反映情况。1951年5月16日，毛泽东转发报告并做了批示："必须重视人民的通信，要给人民来信以恰当的处理，满足群众的正当要求，要把这件事看成是共产党和人民政府加强和人民联系的一种方法，不要采取掉以轻心置之不理的官僚主义的态度。如果人民来信很多，本人处理困难，应设立适当人数的专门机关或专门的人，处理这些信件。"[2]这一批示有着重要的意义。第一，将信访工作定位于"联系群众"、"反对官僚主义"，极大推进了信访制度的意识形态建设。第二，推动了信访组织建设。毛泽东批示后，政务院即发布了《关于处理人民来信和接见人民工作的决定》，此后各级信访机构逐渐完善。

有学者将新中国成立以来的信访分为三个阶段：大众动员型信访（1951年6月—1979年1月）、拨乱反正型信访（1979年1月—1982年2月）、安定团结型信访（1982年2月以后）。[3]大众动员型信访主要受政治运动制约，揭发与要求平反是信访活动中交替出现的主题，政治运动早期群众来信来访揭发他人问题，运动中后期则反映运动偏差、要求落实政策。拨乱反正型信访处于特殊的短暂历史时期，国家需要拨乱反正，平反冤假错案，信访通过政治动员来集中解决历史遗留问题。安定团结型信访是国家回到常规轨道后，信访主要服务于经济建设和安定团结的大局，其政治动员功能不断弱化，逐渐变成化解矛盾、实现救济的途径。

---

[1] 关于古代与新中国信访的不同，参见王炳毅：《信访制度的奠基：毛泽东与信访制度（1949—1976）》，《政治与法律评论》（2010年卷），北京大学出版社2010年版，第154-155页。

[2] 中共中央文献研究室编：《毛泽东年谱（1949—1976）》（第一卷），中央文献出版社2013年版，第342-343页。

[3] 应星：《作为特殊行政救济的信访救济》，《法学研究》2004年第3期。

上述阶段划分大体上勾勒出了历史基本线条，不过它有脸谱化的嫌疑。一个特别容易引起误解的是，改革开放之前的信访似乎主要是政治揭发和纠偏。这其实与历史细节不符。从现存的经验数据看，1951—1978年间，来信来访虽然有很多是对党和政府各项工作的批评、建议，对政府工作人员工作作风的批评，以及检举反革命的；但信访主要诉求其实也是个人利益，包括要求解决个人生活问题、反映个人生活困难、诉讼纠纷问题等；另外，检举控告类信访中也有不少属于个人利益诉求。[1]当然，信访与政治运动之间确实存在非常紧密的关系，主要体现在三个方面：一是国家根据政治运动的需要从群众来信来访中选取典型案例素材，用以推动政治运动的发展；二是国家运用信访渠道发动群众，号召群众通过信访检举、揭发或控诉运动所要打击的对象和目标；三是国家从信访渠道了解社会动态后，决定围绕某种社会现象发起政治运动。[2]如此，这一时期群众的信访诉求与信访制度功能发挥之间，其实存在一定的张力。

其实，信访制度始终存在政治动员与社会治理两种功能取向，也处于这两种取向的张力中。信访人有政治参与和利益诉求两种并存的维度，国家也有社会动员与纠纷解决（社会治理）两种并存的维度。[3]除去短暂的所谓拨乱反正型信访时期，新中国的信访历史可以划分为改革开放前后两个大的时期。在这两个时期，民众诉求的类型都是政治参与和利益诉求，而国家的态度却截然不同。改革开放之前，国家将信访制度主要定位于社会动员机制；改革开放之后，国家将信访制度主要定位于纠纷解决（社会治理）机制。

改革开放之前，信访工作的基本取向是，动员民众参与国家主导的政治斗争。这种取向有诸多积极方面。第一，巩固了新生政权。通过信访渠道，有效吸引和激发了群众投身于维护新政权的革命洪流中，揭露、

---

[1] 参见张宗林主编：《中国信访史研究》，中国民主法制出版社2012年版，第135-136页。

[2] 张宗林主编：《中国信访史研究》，中国民主法制出版社2012年版，第126-131页。

[3] 冯仕政：《国家政权建设与新中国信访制度的形成及演变》，《社会学研究》2012年第4期。

斗争、扫除了不利于新政权的各种外部敌对力量。第二，实现对党员干部的有效约束。共产党从建设政权开始，就极端警惕党员干部腐化变质，不断通过各种方式强化规矩和纪律，社会动员取向的信访也是其中一种有效渠道。1953年1月5日，毛泽东为中共中央起草了"反对官僚主义、命令主义和违法乱纪"的党内指示，认为"人民来信大都是有问题要求我们给他们解决的，其中许多是控告干部无法无天的罪行而应当迅速处理的"，要求全党结合整党建党及其他工作，从处理人民来信工作入手，整顿官僚主义作风。[1]第三，保持了新政权与群众之间的紧密联系。共产党极端重视群众工作，社会动员取向的信访制度把群众动员起来，参与到国家发动的各种政治运动和政治斗争中，保持了新政权与人民的有效互动。第四，借助政治运动的势能，信访制度得以建立。

社会动员取向也有其消极方面，主要体现为信访制度建设受政治运动干扰，导致国家的社会动员需要与群众的利益诉求之间存在矛盾。信访工作的重心是教育和引导群众把兴趣转移到国家所部署的整体利益和长远利益上来，个人利益被当作人民内部矛盾。解决人民内部矛盾，着眼于调动一切积极因素，"坚决地克服官僚主义，很好地加强思想政治教育，恰当地处理各种矛盾。"[2]不过，在实践中，那些与国家意图相近的诉求容易引起重视，被国家树为典型，从中挖掘宏大的政治典型意义；那些与国家利益相左的利益诉求很容易被忽视、排斥，甚至被斥之为落后。刘少奇当时曾指出这一偏差："现在的问题是如何加强政治思想教育。政治思想教育有些地方在加强，但有的加强得不好，群众有很大的反感。说是教育群众，实际是整群众，只批评群众，自己不作自我批评。"[3]

改革开放以后，信访工作的取向有所调整，社会动员功能不断弱化，纠纷解决（社会治理）功能不断强化。信访以利益诉求为主，有时也有政治参与维度，但国家更愿意在利益维度加以应对，以纠纷解决为基本导向。国家不再像改革开放之前那样一味赞扬和鼓励信访，而是开始强调维护信访秩序，将安定团结、社会稳定作为信访工作的重要目标，并对

---

[1]《毛泽东选集》（第五卷），人民出版社1977年版，第72-74页。

[2]《毛泽东选集》（第五卷），人民出版社1977年版，第396页。

[3]《刘少奇选集》（下卷），人民出版社1985年版，第305页。

群众的上访行为提出要求。1979年《人民日报》评论员文章就对无理取闹行为提出警告："有的人以为可以用闹事的办法'施加压力'迫使领导机关突破现行政策规定，这是十分错误的，也是根本做不到的。不仅无理不能取闹，有理也不能取闹。"[1]1980年国务院还颁布了《关于维护信访工作秩序的几项规定》。至今，信访制度的功能转向早已完成。2014年中共中央办公厅、国务院办公厅《关于创新群众工作方法解决信访突出问题的意见》、《关于依法处理涉法涉诉信访问题的意见》以及中央政法委《关于健全涉法涉诉信访依法终结制度的实施意见》，都鲜明体现了信访制度的社会功能。

在社会治理取向下，国家承认民众信访诉求中个人利益的合理性，尊重个人利益诉求表达，但信访在某种维度上被视作对社会稳定的潜在威胁。信访量被认为是社会稳定程度的反映，信访量越大，意味着社会矛盾越严重，党群关系和干群关系越紧张。信访工作是对民众主动诉求的被动回应，具有明显的调和性，是缓和社会矛盾、消除社会对立、维护社会稳定的途径。正是在这种模式下，信访制度法治化改革才可能并需要被提上日程。

然而，不能将信访制度法治化简单理解为信访制度作为一种类似于司法制度、行政救济制度的纠纷解决机制进入法治体系。因为，虽然目前信访制度以纠纷解决为主要功能导向，但其性质并不局限于此，在新中国传统中它更是群众工作的重要组成部分。1951年毛泽东在《必须重视人民的通信》的批示中，就将信访与群众路线紧密联系。此后，历任领导人都强调信访的群众工作性质。2014年2月，中共中央办公厅、国务院办公厅印发的《关于创新群众工作方法解决信访突出问题的意见》也提出，"推动信访工作制度改革，解决好人民群众最关心最直接最现实的利益问题，进一步密切党同人民群众的血肉联系，巩固和扩大党的群众路线教育实践活动成果，夯实党执政的群众基础，促进社会和谐稳定"。

群众工作与单纯的法治工作当然有所不同。单纯的法治工作，仅仅要求按照法律规则和法律程序依法办事，保障当事人合法权益，对不合法诉求可以直接驳回，对按照程序终结的事项可以拒绝再受理。而群众

---

[1]《正确对待上访问题》，《人民日报》1979年10月22日，第1版。

工作的要求更高，它意味着开展信访工作时必须对群众带有深厚的感情，而不仅仅是解决纠纷；对群众的一切问题和困难都应当回应，不能拒绝群众的要求。这必然导向无限责任。当事人信访的脚步不停，群众工作就不能停。作为群众工作，信访有着政治性，它涉及党与群众的血肉联系，承担了重要的政治功能。从法治的视野去看作为群众工作的信访，它虽然与纠纷解决有很大重叠，但远远超出其范围；信访制度除了承担纠纷解决机制的替代功能，还承担了法律和政策制定方面的协商功能，以及社会治理方面的剩余事务兜底功能。因此，信访制度的法治化，不是作为纠纷解决机制的信访进入法治体系，而是信访行为模式和信访工作机制的法治化。

三、纠纷解决机制替代功能

作为一项有高度中国特色的制度，信访在纠纷解决方面的功能毋庸置疑，是与诉讼、仲裁、调解、行政复议等并存的纠纷解决机制，对它们起到了替代和补充作用。在实践中，信访案件的解决往往依赖于调解手段的并用；从效果看，信访尤其对诉讼、行政复议具有功能替代意义。信访所涉及的纠纷各种各样，既有民事纠纷，也有行政纠纷，还有一些牵涉刑事的纠纷。在所有纠纷中，信访与诉讼都有一定的相互替代性；在行政纠纷中，信访与诉讼、行政复议具有相互替代性。

与诉讼、行政复议相比，信访经常被诟病的弊端是其非程序性、不确定性。[1]作为一种纠纷解决机制，信访并没有宪法之外的具体法律依据，《信访条例》中虽然存在明确的程序性规则，[2]但信访的工作程序往往体现在党政机关内部的条例、办法、机制中，其随意性较大，与法律程序不可相

---

[1] 班文战：《我国信访制度的权利救济功能及其有效性分析》，《政法论坛》2010年第2期；杨小军：《信访法治化改革与完善研究》，《中国法学》2013年第5期。

[2] 其实，如果单看《信访条例》的制度文本，会发现其程序预设与司法裁决类似：法定或权威的第三方是最终决定者；面向过去已发生的行为，在认定事实的基础上，根据既定规范作出决定；由第三方适用既定规范作出通常是"非黑即白"的两分式决定。参见刘国乾：《行政信访处理纠纷的预设模式检讨》，《法学研究》2014年第4期。

提并论。诉讼是正式的司法救济渠道，由经过长期专业学习和熏陶的法律人掌控，通过程序来使当事人权利得到明确保护，对程序正义的追求内化在法律规则和法律人思维中。程序正义要求排除恣意，相信从程序本身导引出裁判结果的正当性和权威性，而不论实体上裁判是否建立在正确、可靠的案件事实基础上。[1]行政复议是一种行政机关内部的途径，虽然比司法渠道的程序正义要求低，一定程度上避免了司法的程序繁复问题；但与信访相比，仍然存在相对严格的程序性，是一种兼具程序性和简便性的行政渠道。

与诉讼、复议渠道相比，信访存在的非程序性、不确定性体现在几个方面。第一，信访处理程序公开透明性不够。工作人员主要听取信访人的表述，阅读信访人提供的书面材料，只是偶尔会做调查，更少让双方当事人见面质证。处理结果一般也不公开，除非极少数引起媒体关注的个案。一般只有当事人和信访工作人员知晓结果，较为容易引起相关民众的猜疑。第二，信访处理程序很难做到中立。在涉及行政机关的纠纷中，行政机关自身往往既是当事人又是裁判者，或者上级行政机关成为下级的裁判者。第三，信访处理缺乏明确的实体标准。不同当事人提起的类似信访案件，处理结果往往并不相同，常常是多方当事人谈判、妥协的结果。第四，信访处理结果不具有权威性。它很容易被新的信访行为推翻，对当事人反悔缺乏约束。2014年中央政法委印发的《关于健全涉法涉诉信访依法终结制度的实施意见》，力图改变这种状况，但目前实践效果不尽人意，终而不结的现象仍然普遍。

从形式法治和程序正义的视角去看，纠纷解决当然存在很多弊端。然而，作为一种纠纷解决的替代机制，信访并非一无是处，而有着诸多优点：

1.信访制度运行成本低。媒体和不少法律人倾向于认为，通过信访渠道维护权益远比司法渠道成本高。[2]这种判断往往基于媒体报道的上访维权案例作出的，而媒体个案很容易聚焦于上访故事复杂、情节离奇的老上访户，在北京也比较容易找到这种老上访户。事实上，凡是去北京上访的案件，都是案情较为复杂，在地方难以解决的；能在北京找到的上

---

[1] 季卫东：《法律程序的意义》，《中国社会科学》1993年第1期。

[2] 赵凌：《国内首份信访报告获高层重视》，《南方周末》2004年11月4日。

访户，大多进京不止一次，进京一次就能解决问题的可能性非常小。因此，访民多次进京上访的现象就非常普遍，有的访民甚至长期滞留北京，时间长达数年甚至十数年的都有。[1]北京也因此形成了著名的"上访村"，历经多次清理而不消散。虽然滞留北京的老上访户对信访系统的冲击大，但以之作为信访制度运作成本的经验基础，有失偏颇。

信访制度运转构成了一个庞大的"金字塔"体系，北京的最高国家机关和滞留北京的访民，处于"金字塔"的尖顶上，不能完全代表信访制度的运转成本，因为绝大部分矛盾纠纷是在处于塔底的市县乡三级获得解决的。以最基层的乡镇信访办为例，一年上访案件有数百起，大多数问题都可以在几次上访后获得解决；最终成为难以解决的老上访问题，一年也就是数起，而最终去了北京上访的问题，最多一两起而已。很多上访案件，在信访工作人员解释后，当事人的疑惑消失了，问题也就自然化解了；有些信访案件，上访人在信访办发一顿牢骚，信访干部作出积极回应的姿态，甚至只是多劝慰几句，问题就得以自然消解；大多数案件，在乡镇主要领导的关注下，找纠纷双方当事人多谈几次，做好协商工作，就可以得到解决。这实际表明，基层信访系统，低成本地解决了大量纠纷。即使那些最后成为长期性老问题的上访，单次上访的成本也不高，因此给信访人以低成本的错觉。

2.信访制度容纳范围大。司法系统、行政复议系统对案件有着比较严格的形式要件要求，要求案件符合法律规定的格式化形态，不符合的案件就进不了相应系统，得不到法律救济。基层社会的大量矛盾和纠纷，有着与法治系统要求不同的特征，如纠纷案情的"延伸性"、当事人诉求的非适法性。纠纷案情的"延伸性"[2]，是指纠纷不是由一次矛盾冲突、一个明确的标的所导致，而是有着复杂的前因后果和社会背景。因此，纠纷的解决要与当事人的当前状况和未来生活相结合，与周围民众对纠纷

[1] 侯猛对最高人民法院访民的调研证实了这一点。参见侯猛：《最高法院访民的心态与表达》，《中外法学》2011年第3期。

[2] "延伸性"一词取自"延伸个案"司法，请参见M. Burawoy, *The Extended Case Method*, Sociological Theory, vol. 16, no. 1（March 1998），p4-33；朱晓阳：《"延伸个案"与一个农民社区的变迁》，《中国社会科学评论》第2卷，法律出版社2004年版。

的整体看法相结合。纠纷诉求的非适法性，是指纠纷所指向的对象不一定是法定标的，不一定是当事人法律上的权利和法定利益受到侵害。纠纷的"延伸性"常常会导致纠纷的非适法性，司法系统和行政复议系统难以容纳这种纠纷。

法律系统往往只截取社会生活在某个时间点上的截面，判定当事人在其中的行为，且只判定那些所谓有"法律意义"的行为，行为的间接原因、历史结构、社会背景通常不在考虑范围，被认为不具有法律意义，与案件无关。然而，民众看待问题的视角往往是"延伸性"的，与案件行为相关的所有因素都会被考虑在内。因此，相同性质的行为，发生在不同人身上，性质可能大不相同，当事人的反应也可能不同。举例来说，两个村民都在纠纷中挨打，并不构成法医鉴定中的伤害。如果不予处理，一个村民可能并不计较，而另一个尊严感较强的村民可能宣称自杀或杀人。相关诉求在法律系统中很难构成独立标的，但不回应就可能导致恶性事件发生。另外，很多习惯性的权利和利益在受到侵害时，相关诉求也可能不适法，如用作商业经营的居住用房拆迁时的高补偿诉求。在实践中，仅仅对所谓有法律意义的行为和诉求进行管辖，很难获得当事人的认可，纠纷就得不到解决，势必会影响社会稳定。这些进不了法律系统的纠纷，可以被信访制度容纳，在信访系统中可以得到较好解决。

3.信访制度亲和性高。信访制度在很多方面表现出比诉讼、行政复议更具有亲和性。诉讼的程序性要求常常会使底层民众望而生畏，既不经济，也不方便，从心理上就缺乏亲近感。试想，对一个贫穷的纠纷当事人而言，指望通过纠纷解决机制索取赔偿，而按照诉讼制度，尚未进入纠纷解决的实质性阶段，赔偿尚没有"影子"，就要事先预交一大笔诉讼费，心理冲击可想而知。两相比较，选择信访渠道来解决纠纷就是理性选择了。同时，诉讼程序的对抗性可能导致人际关系修复困难，甚至进一步导致未来的生活中遭遇打击报复，这些都没有信访后的反复调解让人感觉到更强的亲和性。有学者研究认为，在行政纠纷中，民众热衷于信访而冷落行政诉讼的主要原因在于，前者提供了一种对抗性较低的行政纠纷解决方式，而后者不允许调解。[1]无论是制度上还是实践中，司法

---

[1] 张泰苏:《中国人在行政纠纷中为何偏好信访？》,《社会学研究》2009年第3期。

制度（尤其是行政诉讼）倾向于公开分出是非成败；而与之相比，信访制度往往借助调解来解决纠纷，调节社会关系，保障社会和谐，显然具有更高的亲和性。

综上可知，信访制度在实践中承担纠纷解决机制替代功能，有其优势和原因。一方面，它挤占了诉讼、行政复议等纠纷解决机制的空间；另一方面，确实又弥补了其他纠纷解决机制的不足和空白之处，解决了其他机制所无能为力的纠纷，回应了纠纷解决的现实需求。因此，即使仅仅作为一种纠纷解决机制，信访制度的法治化也需要细致辨析，建立在准确的功能定位之上。

四、法律和政策协商功能

信访制度在法律和政策方面的协商功能，目前在法学界几乎未引起关注。进入信访渠道的案件，除了一些作为纠纷解决之外，很多诉求都比较抽象，缺乏明确的法律依据。一般来说，纠纷要能被依法解决，尤其是通过司法途径解决，需要满足两个条件。第一，纠纷发生在特定主体之间，形成了具体和独立的法律关系；第二，争议的客体是明确受法律保护的权利和利益，抽象的宪法权利不包括在内，在中国它不具有可诉性。按此标准，进入信访渠道的很多案件都无法进入司法体系，难以被正式的纠纷解决机制解决。然而，在社会转型时期，这些信访诉求又有着相当的合理性；而且，持续、普遍的信访行为，可能改变法律和政策，推动信访诉求在一定范围内得到普遍性解决。如此，信访渠道实际上成了政府和各方利益主体的协商平台，信访制度承担了法律和政策协商功能。

有学者仔细分析行政信访事项的具体类型后认为，很多信访案件中的争议，属于"利益分配、调整型决策"和"抽象法律、政策目标落实"引发的争议，通常不存在明确具体的指引规则和标准，难以提供有效的救济方案。因此，将信访预设为一种补充性的纠纷解决机制，承袭"规范—决定"模式，无助于信访回应社会问题效能的提升，容易被作为回绝信访诉求的制度庇护。[1]这是从实际出发的真知灼见。不过，它忽略了信访超

[1] 刘国乾：《行政信访处理纠纷的预设模式检讨》，《法学研究》2014年第4期。

越制度文本的实际功能。虽然信访制度在《信访条例》中主要被预设为纠纷解决机制，但在现实中承担了更为广泛的功能。

目前，信访事项主要有四大类。第一，民事纠纷，包括家庭矛盾、邻里纠纷、承包地纠纷、宅基地纠纷、环境污染致害纠纷、医疗事故纠纷、劳资争议、交通事故侵权赔偿、商业纠纷等；第二，行政争议，涉及土地征收补偿、拆迁安置、土地建设规划、宅基地审批、执法不严、滥用行政权力、政府监管监督不严、干部作风、企业改制、林权改革、退伍军人安置和补助、民办教师补助、社会保障要求、生活困难求助、子女入学等多方面的问题；第三，内部决策和利益纠纷，包括村庄内民主决策、外嫁女福利、外来户土地权益、国企改革安置方案、企业职工利益分配等；第四，涉法涉诉，包括违反司法程序、司法不公、司法腐败、司法不作为、证据认定等。这些事项中，有不少属于带有一定普遍性的特定类型问题，涉及法律和政策规则自身，信访行为实质是对法律和政策规则提出协商，要求改变旧规则、确立新规则。具体情形有二：

1. 法律和政策推进的协商。这种情形发生在一定范围或群体内，包括但不限于以下几种情形。第一，要求政府改变已经实施、普遍适用的分配方案，如要求提高农地征收、房屋拆迁、水利工程移民的补偿和安置标准。第二，特定群体要求政府调整既定政策，提供保障和帮助，如下岗工人要求解决生产生活困难，临时聘用职工要求解决社会保险、社会保障问题，外来人口要求解决子女入学问题等。第三，特定群体认为行政机关政策实施不充分，要求落实上级文件精神，加大政策实施力度，如灾区群众上访要求政府积极采取措施解决生活困难。上级政策对很多事项只有原则性规定，需要各地根据情况具体落实，如何落实就成了一个地方政策问题。失地农民、下岗工人、政府分流人员、退伍军人、民办教师、赤脚医生等，都是相关法律和政策推进的积极协商群体。[1]他们利益诉求的合法性模糊，但上访的人数、频次不断增多，就可能引起政府重视，获得制度化解决，推动政策的规则化发展。

以一起信访为例：北京某区退休的张老师，去信对区房补政策提出质疑。张老师1950年参加工作，曾获多种荣誉称号，1982年退休后虽

---

[1] 陈柏峰：《特定职业群体上访的发生机制》，《社会科学》2012年第4期。

然享受高级教师工资待遇，但因国家政策未启动职称评定而无高级职称，住房补贴仅按最低标准发放。信访行为引起了官员注意，他们认为个案问题涉及一个群体的利益和政策的公平性，后经区住房补贴领导小组研究，决定调整该群体的住房补贴标准。[1] 这起个案中，信访人的个体行为，推动了政策规则的变动；个体的信访行为，实际构成了一种协商，信访制度则充当了协商渠道，承担了法律和政策的协商功能。我国幅员辽阔、各地发展不平衡，受限于特定的时间和空间，统一的法律和政策在各地可能遭遇不同具体情形，相关利益主体通过信访渠道进行协商，可以修正、完善、推进法律和政策。

2.法律和政策执行的协商。即使存在明确的法律和政策规则，执行过程中各种利益主体也可能规避或抵制，这也可以理解为一种协商行为，而信访制度往往充当协商平台。作为后发现代化国家，中国的法律和政策肩负着改造社会、推动发展的历史重任，其进程往往是国家先行制定法律和政策，然后通过政权体系贯彻。法律和政策规则并非从社会自然生长，与社会现实之间很容易形成张力；而且，法律和政策制定过程中相关利益主体的话语权不同，利益诉求表达不均衡，对法律和政策认同程度也有所不同。如此，法律和政策在执行过程中就很容易遭遇社会压力，法律制定时没有充分协商的问题会在执行过程中凸显出来。法律和政策执行，需要经过多方互动和讨价还价，执行者需要综合权衡各方利益，对不同主体的利益进一步整合。

西方法治运行机制是三权分立制衡模式，社会群体通过利益集团影响立法，立法和公共政策制定因而成为利益整合过程；行政机关是立法指令的执行者，法律和政策执行是对既有利益整合秩序的实现，其中个体进行协商的空间不大。而在转型期中国，由于多种原因，立法和政策制定环节难以完成充分的社会群体利益整合，处于法治末端的执行不得不遭遇挑战和协商。在信访渠道中，大量个案涉及信访人对法律和政策的质疑。例如，尽管《农村土地承包法》早就规定土地承包关系"三十年不变"，国家政策甚至说"长久不变"，但各地农民不断上访，要求县乡政

---

[1] 案例参见王浦劬、龚宏龄：《行政信访影响公共政策的作用机制分析》，《中国行政管理》2012年第7期。

府按照人口变化进行土地调整，其根据就是以生存伦理和公平观念为基础的地方性规范。[1]这种上访行为实质是对国家法律提出协商。由于这种现象频发，甚至有从事农村调查的法学学者也支持修改法律，支持农民的观念。[2]国家法律将来是否会有所改变不得而知。可以类比的是，在不断发生的抵制行为之后，"禁鞭令"的法规和政策在一些城市就有所松动。可以肯定的是，作为协商的信访行为总有改变法律和政策的可能性。

协商功能的发挥，就是针对案件，以协商和对话的形式达成共识、协调分歧，推动同类事项的规则化解决。协商的内容首先是特定群体的具体利益，但往往又与国家利益、社会公共利益相关；目的在于通过协商实现利益表达、协调、统合，从而优化法律和政策规则；协商的形式非常广泛，包括说服教育、民主恳谈、沟通协调、公开听证、多边对话等。信访制度是政府与民众之间的协商平台，信访机构充当着协调者角色，参与协商者往往有信访机构、信访人、相关政府部门。信访问题常常牵涉不同层级不同政府部门，需要各方到场参与，表达意见，解释各自处境。比如，商户经营可能涉及环保、卫生、文化、工商、城管等多个部门，问题要得到规则化解决，需要这些部门广泛参与、协同合作，将问题列入政策议程，最终经过协商形成合理规则。信访机构召集的信访联席会议，是信访制度发挥协商功能的重要场合。它以制度化的方式敦促各政府部门和利益相关方坐到一起，以圆桌会议的形式展开讨论，从而取得共识、化解纠纷、平息事态，进一步使法律和政策得以贯彻落实、合理确立或能动调整。

法律和政策协商功能，体现了信访制度对转型期社会需求的有效回应。社会转型时期，新问题层出不穷，旧问题也可能以新形式表现出来，尤其是一些地方性、局部性的问题。这些问题以纠纷的形式表现出来，却因缺少相应成型的法律依据，法律系统难以及时回应。法律的稳定性较强，遵守既定规则的严格程度较高，尤其是司法系统，必须严格依赖

---

[1] 陈柏峰：《地方性共识与农地承包的法律实践》，《中外法学》2008年第2期。

[2] 陈小君、高飞、耿卓、伦海波：《后农业税时代农地权利体系与运行机理研究论纲》，《法律科学》2010年第1期；陆剑：《"二轮"承包背景下土地承包经营权制度的异化及其回归》，《法学》2014年第3期。

权威性规则，创制规则解决地方性、局部性问题和纠纷的空间较小。信访制度则不然，可以根据现实需要创制规则，在微观层面回应实践需求。这些规则仅适用于局部特定区域特定问题，不需要有全面的影响，可以避免因规则不妥当而导致的负面影响。在社会转型期，地方社会可能遇到各种需要回应的问题，宪法体制和法律制度决定了不可能由司法机关创制规则加以应对。经由信访制度，创制一定的政策性规则适用于这些问题，是信访制度回应性的体现，能切实呼应人民需求，解决人民困难。

从广义上理解，信访制度所启动的法律和政策协商，是一种民主治理，是社会主义民主的特色体现。中国正处于社会转型时期，政治、经济和社会改革处于摸索阶段，法律和政策也需要逐渐完善合理化。因此，信访制度的协商功能非常重要，不同阶层和群体在其中的不断沟通、交涉，是促进法律和政策完善的必由之路和有效手段。也因此，法律和政策协商功能，正体现了信访制度对社会现实的回应能力。

五、社会剩余事务兜底功能

信访机构在国家机器中的位置比较特殊，它是西方国家所没有的，所承担的事务在西方国家也找不到对应的部门。正因此，很多人将信访机构当作"人治"的象征，要求予以废除。然而，这个所谓的"人治"机构，却承担了大量的社会事务，不仅包括过去一直归属信访部门的事务，还纳入不少随着社会发展和转型而来的诸多新事务。信访机构似乎成了社会剩余事务的兜底部门，信访制度承担着剩余事务的兜底功能。

现代国家机器都采取科层制度，管理机构由受过专业训练的专职人员组成，行政人员按照法律和规章设定的功能行为，整个科层体系是实施组织管理的严密职能系统，好像一部非人格化的庞大机器。科层体系内部有严格的职能分工和职位分层，以规则为治理依据，权力职责规定得清晰而细致，每个机构、部门和个人需要照章办事而不越出职权范围，不允许表现出"能动性"。科层体系就像一部自我运转的机器，不同社会事务被纳入不同层级的不同部门，一切照章办事。然而，在中国这样的后发国家、转型社会，科层体系尚不发达，其对社会事务的格式化程度不高，很多事务在其中找不到合适的管辖部门，缺乏明确的管辖依据，或者不能按照法律和规章的要求被格式化，这些事务就是"社会剩余事务"。国家不可能不管这些剩余事务，于是一些机构被迫承担管辖职责，从而成为"剩余部门"。

当前中国典型的剩余部门有公安机关、城管部门、信访机构，以信访机构最为典型。信访机构和信访制度承担了剩余事务的兜底功能。从目前情形来看，除了本应进入诉讼、行政复议等渠道的纠纷，有法律和政策协商意义的事务之外，信访渠道还接纳了大量剩余事务，至少包括以下几种：

1.缺乏法定救济渠道的纠纷。由于中国法治不够完善，社会生活中大量存在没有法定救济渠道或法定救济渠道不完整的纠纷，信访渠道接纳了大量这种纠纷，承担了纠纷解决的兜底功能。仅缺乏救济渠道的行政纠纷就有多种：第一，由国家行政职权的机关、组织及其工作人员作出的国家行为，无法诉诸行政复议的抽象行政行为，可诉诸行政复议的抽象行政行为的合理性引发的争议，以及无法依法申诉的内部行政行为。第二，行政赔偿制度不予救济的，有行政职权的国家机关、组织及其工作人员违法行为造成的非人身和财产损害，非针对具体对象的事实行政行为造成的损害。第三，提供公共服务的企业、事业单位及其工作人员，社会团体或者其他企业、事业单位中由国家行政机关任命、派出的人员，村民委员会、居民委员会及其成员职务行为引发的争议，不能申请行政救济也无法诉诸民事救济的争议。[1]相关民事纠纷和其他纠纷就更多了，前述所谓不适法的基层纠纷都属于此类。

2.偏执型上访。偏执型上访是社会转型期特有的现象，它可从邻里纠纷、村庄政治派性、偏信"政府责任"、偏信"正义"的涉法涉诉案件等多种情形中诱发。信访人的诉求多元而复杂，但多数缺乏明确的合法性，尽管其中可能有合理成分，更多属于无理的范畴。他们并非法定权利受到了侵犯，但固执于自己的诉求，执着于想象的正义，或缘于灰色领域的利益分配不均问题。[2]这些上访人中，有的最初上访时，诉求得到了解决或部分解决，后来在重复上访中不断有新的不合理诉求；也有的上访

[1] 刘国乾：《行政信访处理纠纷的预设模式检讨》，《法学研究》2014年第4期。

[2] 陈柏峰：《偏执型上访及其治理的机制》，《思想战线》2015年第6期。

诉求从一开始就不合理。一些上访诉求涉及市场经济中的风险、诉讼过程中的风险甚至日常生活中的风险,这些风险本该当事人自己承担,信访机构没有能力或不应该满足其诉求。上访人的心态是偏执的,在信访事项上寄托了很多情感,且上访过程持续投入情感,这进一步强化了偏执心态。上访人期待从现实制度体系中寻找诉求满足的突破口,而这种期待与制度现实之间的张力很难弥合。偏执型上访很难在法治框架内解决,却又不能不接待。信访机构和工作人员往往只能对信访人进行心理疏导。

3.“精神病人”上访。目前,各类边缘人群进入信访渠道反映诉求,越来越常见,[1]“精神病人”也掺杂其中,包括精神病患者和神经症患者,一般人很少能准确区分这两种病患。精神病患者的心理和行为出现明显异常,难以被一般人理解,不能正常学习、工作、生活。他们到信访部门走访,很难表达明确完整的诉求。神经症患者不能控制应该加以控制的心理活动,如焦虑、持续的紧张心情、恐惧、缠人的烦恼、胡思乱想、强迫观念等,其行为改变通常保持在社会所能接受的限度之内。神经症患者的上访较为普遍,有的在上访前已患病,有的在上访过程中由于个性偏执逐渐患病,还有的在上访过程中受到挫折和打击而逐渐患病。“精神病人”上访已成为基层信访治理中的难题,对信访秩序有较大冲击,信访机构和工作人员无能为力,心理疏导效果也不明显。

其实,信访制度“兜底”的社会剩余事务,远远不止以上几种。在基层社会,信访机构几乎成了社会问题的容器,凡是难以定性、处理难度大、缺乏明确主管部门的社会问题,都会被纳入信访渠道,由信访机构处理。一些虽有明确主管部门,但难于处理的问题,也进入信访渠道,由信访机构进行“维稳”,信访机构因此成为基层政权的“剩余部门”。当然,从基层社会治理的角度去看,也有不得不如此的缘由。

现代国家治理体系的完善和治理能力的强大,既体现在科层体系的完善,也体现在科层体系与社会事务的高适配度,更体现在科层体系对社会事务的高治理效度。而目前中国,国家治理能力还不够高,这体现在

[1] 魏程琳:《边缘人上访与信访体制改革》,《南京农业大学学报(社会科学版)》2015年第2期。

几个方面。第一，科层体系的完善程度还不够高，科层组织结构完备程度不够，相关法律和规章也不尽完善。虽然我国已经建成社会主义法律体系，但在诸多微观领域，具体法律和规章制度都有待细化和加强。第二，科层体系与社会事务的适配也不够。科层体系与社会事务的适配，不完全是主观的，制度意图并不能充分保证适配，它还需要民众的认可和服膺。例如，国家希望纠纷解决事务导向司法机关，但民众不一定都按照国家意图去行为。在后发国家，科层体系与社会事务的适配，需要经历国家与民众长期磨合的过程。第三，在科层体系与社会事务适配不够的背景下，许多未能适配于科层体系的剩余事务由剩余部门兜底解决，它体现为一种综合治理，国家治理能力也相应表现为综合治理能力。

如果专业部门都只处理法律和规章赋予的具体任务，非本部门的业务概不受理，那些与科层体系不适配的诉求就会被排斥在科层体系之外。西方社会法治发展时间长，科层体系与社会适配程度高，一些不适配的诉求即使不积极回应，后果也不会太严重，[1]但在转型期中国，却可能导致严重的问题。因为中国民众的很多诉求都以非专业的方式表达，可能找不到合适的科层部门来管辖；社会转型出现的各种问题，往往没有部门愿意主动去管辖。中国缺乏市民社会传统，社会组织缺乏，这些问题累积多却找不到出口，最终会对社会造成更严重的伤害。试想，如果那些找不到救济途径的纠纷当事人、偏执己见的上访人、精神病患者，因为诉求不符合制度要求而被排斥在信访渠道之外，他们的情绪无处发泄，是否会变得更加极端，甚至制造暴力事件、恐怖事件来报复社会？

信访机构因其剩余部门的位置而发挥着剩余事务兜底的功能，接纳广泛的社会事务，综合性地面对各种问题，让社会上所有的问题和情绪最终在科层体系中有一个出口。信访工作人员在案件处理中安慰极端的上访人、疏导社会情绪、感知社会问题、搜集各种信息、协调各个部门、回应社会需求，这实在是非常重要的工作和职能。换一个角度思考，信访部门承接的社会剩余事务其实就是群众工作的内容。剩余事务的兜底

---

[1] 最近的一个例子是，有人在白宫前抗议几十年，也不成为一个严重的问题。参见《美国反战禁核抗议人士康妮去世 在白宫前示威35年》，http://www.guancha.cn/america/2016_01_26_349348.shtml。

功能虽然不属于法治，却是群众工作的范畴。群众工作，强调的是热情和感情，对待群众要热情，带着对群众的感情开展工作。即使群众的诉求不符合法律，也要耐心解释，实际困难还得真心帮助，不能将群众拒之门外。群众工作意味着无限责任，暗含了执政党的人民伦理，它不受法治原则和程序主义的约束，这与现代科层体系有所冲突，也构成了科层体系的有力补充。

六、信访制度的法治化改革

自21世纪以来，信访潮不断高涨，学者对信访制度的改革投以大量的关注，具体意见可以分为三类：废除信访论、强化信访论和改革信访论。《中共中央关于全面推进依法治国若干重大问题的决定》已经明确指出，把信访纳入法治化轨道。2014年中共中央、国务院《关于创新群众工作方法解决信访突出问题的意见》《关于依法处理涉法涉诉信访问题的意见》以及中央政法委《关于建立涉法涉诉信访事项导入法律程序工作机制的意见》《关于建立涉法涉诉信访执法错误纠正和瑕疵补正机制的指导意见》《关于健全涉法涉诉信访依法终结制度的实施意见》，都从制度层面表明信访制度的改革已经走上了法治化道路。

然而，信访制度法治化，并非一些学者所设想的那样：信访制度作为一种纠纷解决机制写入法律，甚至专门制定"信访法"来确认、规范这种纠纷解决机制，[1]或者用程序法治化改革它。[2]因为信访制度绝不只是一种纠纷解决机制。本文剖析了信访制度承担的实际功能，信访制度的法治化改革需要考虑这些功能的落实或替代。从法治视野去看信访制度，它确实承担了重要的纠纷解决功能，甚至超出了诉讼、行政复议等范围；在社会疑难事务方面，信访制度承担了法律和政策协商功能；在社会治理中，信访制度还承担了剩余事务兜底功能。这些功能决定了，信访不可能仅作为一种纠纷解决机制而法治化。

信访制度法治化，应该是信访行为模式和信访工作机制的法治化。现

---

[1] 章志远：《信访制度改革研究之述评》，《信访与社会矛盾问题研究》2015年第3辑。
[2] 朱涛：《信访治理法治化与依法治国》，《信访与社会矛盾问题研究》2015年第3辑。

代社会是法治社会，政府事务和社会事务都应该处在法律的规范和监管之下，公权力应当依法行使，民众也应当依法行为。因此，需要在信访工作领域加强法治建设，推进信访工作的制度化、规范化、法治化，促使信访工作者运用法治思维处理信访案件；同时，应当约束信访人依法行为，培养他们的法治意识，敦促他们依法信访，遵守信访程序，自觉维护信访秩序。

从承担的功能来看，信访工作有着双重性质，既是法治工作，也是群众工作。信访有纠纷解决功能，与法治体系中的纠纷解决机制有所重叠交叉，故而是一项类司法的工作；它有法律和政策协商功能，对立法和政策制定工作有重要的准备和反馈意义。就此两点而言，信访是法治工作的一部分。信访还有剩余事务兜底功能，呼应群众需求，回应群众诉求，解决群众实际困难，故信访也是群众工作。同时作为法治工作和群众工作，信访与单纯的法治工作当然会有所不同。单纯的法治工作，要求职业人员按照规则和程序依法办事，保障当事人合法权益，对不合法诉求可以依照程序驳回。而群众工作，面对群众的不合理诉求、甚至无理诉求，也不能简单驳回了事，而需要对群众进行说服教育，带着感情做好息访工作。群众不息访，信访工作就不能停下来。因为群众工作是政治性的，牵涉执政党与群众的血肉联系，体现着执政党的群众基础。

信访工作的双重性质，实际赋予了信访机构和工作人员双重职责和义务，既有来自法治体系的，也有来自群众工作体系的。信访人可以在两套工作体系、话语结构、权利架构中自由穿梭，选择对自己有利的体系、话语和权利。信访人的诸多诉求，可能是自己应当承担的生产生活义务，可能是市场经济中正常的风险责任，也可能是法律事务中应当承担的不利后果，信访人却要求党和政府负责。这些诉求在法治体系中很荒诞，群众工作体系却不能回避，从而出现"干部讲法治，群众讲政治"的怪异局面。信访人的权利义务不平衡，信访人与接访干部的权利义务不平衡，这正是当前信访实践的困境之一。基于这种现状，信访制度的法治化改革，应当对其中的法治工作和群众工作有适度的区隔，并适用不同的处理方法。同时，应当积极开展普法，教育群众，让群众逐渐接受这种区隔，适应并接受法治体系的权利义务界定和现代社会生产生活的正常风险。

至此，可以确立两点基本认识：第一，信访制度法治化，是民众行为和信访工作机制的法治化；第二，信访具有法治工作与群众工作双重属性，它们应当适度区隔。在此基础上，可以针对信访制度改革提出一些具体建议。目前党中央、国务院、中央政法委已经颁布了一些工作意见和改革方案，涉及方方面面，本文无力对之全部涉及，主要从功能涵盖和职能分化的角度，在中观层面提出以下几点：

1.建立诉访分流机制。建立科学的诉访分离机制，从入口上规范信访，将涉诉信访从普通信访中分离，并在涉诉信访中将"访"的事项与"诉"的事项分离出来。把涉及明确法律救济的信访事项从普通信访体制中分离出来，能以"诉"的方式解决的信访事项，由人民法院等司法机关依法解决；其他机关权力行使范围的事项，交由其他部门依法解决；涉及立法性和政策性等目前还难以解决的问题，交由地方党政研究解决。建立涉法涉诉信访司法导入机制，涉法涉诉信访事项，正在法律程序中的，继续依法办理；已经结案，符合复议、复核、再审条件的，转入相应法律程序办理；已经结案，不符合复议、复核、再审条件的，不再受理。建立信访分流平台，按照"属地管理、矛盾下行"的原则，统一分流信访案件，避免多头、重复交办，便于统计管理；案件分流应当按照管理权限和属地责任进行，分级流转案件，引导矛盾下行，将矛盾纠纷化解在当地。需要强调的是，诉访分流更需要负责诉的机关与负责访的机关有效配合，也需要不同层级的机构和部门之间协调共治。

2.健全信访解纷机制。建立规范的信访纠纷处理程序，统一出台较为完备的信访工作流程规范性制度，形成程序性规范，使各地信访案件处理有规则可循，提升纠纷解决的实效，便于信访工作流程的监控。建立信访部门与人民调解组织、行政机关的有效衔接机制，确保信访案件快速分流到归口机构，落实纠纷解决职权和责任，提高案件处理效率。建立信访案件终结制度，对纠纷问题解决到位、党纪法律责任追究到位、解释疏导教育到位、困难救助帮扶到位的案件进行终结认定。以合理诉求是否解决为最重要标准，按照实体要件厘清案件终结认定标准；围绕案件裁判是否正确、信访人的理由是否成立展开，不以程序完结为标准；对于复杂疑难、涉及面广、社会影响大、信访人不接受终结处理的案件，在程序上要求进行听证，必要时还要以社区、村为范围召开群众代表会议进行说明。建立信访纠纷导出机制，为了避免"终结不终"，应根据部门管案件、地方管稳控的原则，建立归口移交制度；建立协调联动制度，对信访人后续的缠访闹访行为进行及时有效的联动处理。

3.建立信访疑难研判机制。健全疑难问题解决平台，商讨解决特殊疑难信访问题，在个案方面，做到诉求合理的解决问题到位，诉求无理的思想教育到位，生活困难的帮扶救助到位，行为违法的依法处理。建立规则性问题反馈机制，将涉及一定规模人群的信访案件中有关法律和政策规则性问题，向归口部门和县级以上地方党委、人大反馈，提出研讨建议或规则性方案。建立疑难案件的政策规则研讨机制，以信访联席工作会议为制度平台，召集地方党委、归口部门、相关机构和利益主体展开对话讨论，就规则性问题达成合意方案，并向上级有关部门报告具体信访问题和法律、政策方案。让政府发现群众的要求和社会中存在的问题，让中央发现地方政府的问题，这是信访制度的原初功能，它在当前表现为法律和政策协商功能。法律和政策协商功能的发挥，牵涉权利配置问题，需要审慎的讨论。如果政府能够从信访中发现社会问题，建立信访疑难研判机制，制定更加合理的规则，信访制度就可以走上良性轨道。

4.强化信访社会工作职能。在社会剩余事务的兜底功能中，信访工作者充当了心理医生的角色，起到心理疏导和心理治疗的作用，更多属于社会工作的范围。因此，需要发展社会救助机制，对确有实际生活困难的信访人，依法进行社会救助，对有严重神经和精神类疾病的上访人，依法进行大病救助；加强信访与社会保障体系的衔接，将有社会保障和社会保险需求的信访人导向相应渠道和部门；发展心理干预机制，对有心理创伤、精神类疾病的信访人，运用心理科学，积极进行心理治疗和社会干预，疏导不良情绪，克服危险心理倾向；健全教育疏导机制，引导信访人正确认识发展中存在的问题，正确处理个人利益和集体利益、局部利益和全局利益、当前利益和长远利益的关系，帮助他们确立与当前经济社会发展阶段相适应的心理预期；建设社会工作参与机制，必要时聘请心理咨询师、社会志愿者、律师、相关专家等，为信访人提供心理咨询、法律解释和其他专业知识服务。信访的社会工作职能的强化，需要信访工作者把握当前信访的特点，有针对性的联系群众、体察民情、关注困难、回应需求，在实践中摸索创新。

5.健全信访考核评价体系。改进和完善考核方式，综合考虑各地经济社会发展情况、人口数量、地域特点、信访总量、诉求构成、解决问题的质量和效率等因素，合理设置考核项目和指标，推动各地把工作重点放在预防和解决问题上，提高考核的科学性、客观性和可信度。建立分类考评机制，采取定性与定量相结合的方式，针对信访制度的功能分化，对信访案件的处理进行考评。纠纷解决机制替代功能方面的考评主要围绕权利侵害和侵权救济展开；法律和政策协商功能方面的考评主要围绕协商措施和效果、法律和政策性规则推进等；社会剩余事务兜底功能方面的考评主要围绕依法行政和工作创新，包括依法作为和不作为等。

七、结语

《中共中央关于全面推进依法治国若干重大问题的决定》为信访制度指明了法治化改革的方向，进一步改革需要对信访制度承担的实际功能有清晰认知。目前几种典型认识，包括行政救济说、申诉救济机制说、信访权利说、辅助政制说，都未能全面认知信访制度的实际功能。从历史来看，信访制度始终存在政治动员与社会治理两种取向；从现实来看，政治动员功能已经弱化，社会治理取向凸显。在社会治理中，信访制度至少承担了三大功能：纠纷解决机制替代功能、法律和政策协商功能、社会剩余事务兜底功能。在纠纷解决方面，信访制度一方面挤占了其他机制的空间，另一方面也弥补了其不足，解决了不少不适法的纠纷。在法律和政策协商方面，信访制度容纳了不少带有一定普遍性的类型化诉求，在法律和政策模糊地带促进了规则的形成和优化。在社会剩余事务方面，信访制度的兜底容纳和综合处理，疏导了社会情绪，缓解了科层体系与社会的紧张关系。

信访制度的法治化改革背景下，不少学者呼吁制定"信访法"。[1]这种法治思维值得赞许，但需要警惕改革方案与既有制度功能脱节，使改

---

[1] 陈小君：《关于推进信访立法的必要性和可行性研究》，《信访与社会矛盾问题研究》2014年第4期；张红：《信访法立法的必要性》，《理论与改革》2016年第1期；李栋：《信访制度改革与统一〈信访法〉的制定》，《法学》2014年第12期；郑广淼：《论制订统一信访法的必要性》，《信访与社会矛盾问题研究》2013年第2期。

革后的制度无法呼应社会需求。目前，信访工作者中存在一种强烈的情绪，希望信访制度作为一种纠纷解决机制而法治化，将那些与法治体系契合的内容和功能通过法律进行规范，而将那些与法治体系不太契合的内容和功能从信访制度中剔除。因信访工作者来源于实践部门，其意见往往更容易被重视。然而，这却是一种严重脱离实践、不接地气的想法，它主要从信访机构和信访工作者的处境出发，潜在的有推卸责任的因素，可能导致"有组织的不负责任"[1]。信访制度的法治化改革，尤其需要注意，不能变成以法治的名义推卸责任，因此一定要关照到信访制度在实践中各种功能。正基于此，信访制度法治化，不仅是信访解纷机制进入法治体系，更主要是民众信访行为和信访工作机制的法治化，其改革应当兼顾信访的法治工作与群众工作双重属性，并对这两种属性进行适度区隔。

---

[1] 贝克曾在《解毒剂》一书中曾指出，公司、政策制定者和专家结成的联盟制造了当代社会中的危险，然后又建立一套话语来推卸责任，从而导致"有组织地不负责任"。参见杨雪冬：《"有组织地不负责任"与复合治理》，《学习时报》2004年12月20日。

第十二章　新时代信访工作法治化模式

　　21世纪以来，学者、政界和社会都在呼吁信访制度法治化改革，并提出了各种不同的制度建言。党的十八大以来，以习近平同志为核心的党中央高度重视信访工作，改革信访制度，把信访纳入法治化轨道，持续推进信访工作法治化。新时代的信访工作法治化，要求信访工作的每个环节、每一个事项，都严格按照法律规定和程序进行，它有着独特的内涵和鲜明的特征，形成了中国特色的信访工作法治化模式。与之前各界改革建言的图景相比，新时代信访工作法治化模式，在理论基础和制度设计上有何创新和优势？是否契合中国社会和民情？如何实现对信访工作实际的回应性？怎样体现中国特色社会主义制度的性质？理解这些问题，才能清晰认识新时代信访工作法治化模式。因此，需要深入全面依法治国的总体实践，理解"法治化"的理论意涵，直面信访工作的现实，体会信访工作的回应性要求，把握信访工作法治化的本质。

一、新时代信访工作的法治化改革

　　十八大以来，党中央在推进信访工作法治化方面作了一系列安排部署。十八届三中全会提出"实行网上受理信访制度"，"把涉法涉诉信访纳入法治轨道解决，建立涉法涉诉信访依法终结制度"。十八届四中全会提出"把信访纳入法治化轨道"。十九届四中全会提出"完善信访制度"。为了推进信访工作法治化改革，党中央、国务院、国家信访局发布了一系列文件，推出了一系列措施。主要有以下几个方面：
　　第一，推行阳光信访。阳光信访就是让信访诉求的表达、信访事项的处理，在过程和结果上，无论事前、事中还是事后，都依照规范的程序公开可见。十八届三中全会提出"实行网上受理信访制度"之后，全国迅速部署落实。各地在畅通传统写信、走访的信访渠道之外，开通、推行网上信访，推进信息化建设，建立网下办理、网上流转的信访事项办理流程。信访机构建立互联网信访业务系统平台（如湖北省阳光信访大厅），群众可以在平台上通过电子邮件、网页、手机APP、微信公众号等途径便捷反映诉求，依托互联网平台开展快速、公开、透明、便捷、规范的网上信访工作。在互联网信访平台上，工作人员根据工作流程和操作规范处理信访问题，包括受理、转办、交办、办理、回复、督查、答复，所有环节都在网络平台上公开，信访群众还可以对信访事项处置进行满意度评价，实现了信访流程可查询、可跟踪、可督办、可评价。阳光信访增强了信访工作的透明度和公正性，让信访群众明白放心，促进对信访的信任和信心，促使问题更好得到解决，同时把信访事项的办理工作置于群众监督之下，提高了信访工作的公信力。

第二，引导依法逐级信访。逐级信访，就是指不允许越级上访，只能逐级走访。2014年2月，中共中央办公厅、国务院办公厅印发《关于创新群众工作方法解决信访突出问题的意见》，提出"引导群众依法逐级反映诉求"，"积极引导群众以理性合法方式逐级表达诉求，不支持、不受理越级上访"。2014年4月，国家信访局印发《关于进一步规范信访事项受理办理程序引导来访人依法逐级走访的办法》，强调不许越级上访。对于跨级提出的、已经受理或者正在办理的、未提出复查（复核）请求而再次走访的信访事项，信访机构和其他行政机关都不予受理，只是引导来访人向依法有权处理的机关提出，或引导来访人走复查（复核）程序。这比之前的有关规定更加明确也更加严格。与此同时，对信访机构和其他行政机关更加压实责任，处理信访事项的要求更加严格。一是对信访事项、复查（复核）请求要逐一登记，在规定期限内决定是否受理。不属于本机关受理范围的，要指明受理机关。二是要在规定期限内办理信访事项，出具处理意见书，同时告知请求复查（复核）的期限和机关。如需延期办理，应当出具延期告知书。三是受理告知书、处理意见书、延期告知书、复查（复核）意见书应当按要求出具，严格履行签收手续。而且，受理、办理的各项文书要求录入全国信访信息系统。四是对信访事项的受理、办理情况实施督办，并追究相应的责任。

　　第三，实行诉访分离制度。诉访分离，就是将涉及诉讼权利救济的信访事项从普通信访事项和处理体制机制中分离出来，由政法机关处理。"诉"与"访"的信访案件用不同的程序分开处理，有利于分清诉讼程序和信访申诉的界限，更好维护信访秩序，更好引导当事人寻求司法救济。诉访分离制度力图改变过去集中交办、依靠行政推动、通过信访启动法律程序的工作模式。2013年，中共中央办公厅、国务院办公厅印发《关于依法处理涉法涉诉信访问题的意见》，提出实行诉讼与信访分离制度，建立涉法涉诉信访事项导入司法程序机制，把涉法涉诉信访纳入法治轨道解决。此后，中央政法委印发了一系列配套文件。其中，《关于建立涉法涉诉信访事项导入法律程序工作机制的意见》要求准确区分涉法涉诉信访事项的诉与访，做好审查分流工作，确保涉法涉诉信访事项在法律程序内得到及时处理；《关于建立涉法涉诉信访执法错误纠正和瑕疵补正机制的指导意见》明确了执法错误与瑕疵的认定标准，要求依法按程序纠正执法错误、补正执法瑕疵。

　　第四，依法分类处理信访诉求。国家信访局2014年印发的《关于进一步加强初信初访办理工作的办法》，2022年印发的《初次信访事项办理办法》，都在信访事项受理上贯彻了分类处理原则。申诉求决类事项，转送有权处理的机关、单位；涉法涉诉事项，由政法部门处理；检举控告类事项，由纪检监察机关处理；建议意见类事项，上报党委政府或转有权处理的机关、单位研究。狭义上的依法分类处理信访诉求，主要针对申诉求决类事项，在诉讼、仲裁、行政复议等与信访分离的基础上，对信访人提出的投诉请求，根据诉求的具体情况分别采用相应程序处理。2017年，国家信访局印发《依法分类处理信访诉求工作规则》，将信访诉求导向三类程序。一是依法履职程序。对属于申请行政机关履行法定职责的，由相应的行政机关处理。二是其他法定程序。就是有相关法律、法规、规章或者合法有效的规范性文件设定的程序可以适用的。依据规定，处理申诉求决类信访问题有仲裁、行政复议、行政裁决等14种法定途径；处理检举控告类问题有行政监察、立案侦查、纪律检查等5种法

定途径；还有处理意见建议类和信息公开类问题的2类法定途径。[1]三是
信访程序。如历史遗留问题、法律法规空白问题、政策变动问题、无法
定解决途径的问题等，只能通过信访程序，综合运用政策、法律、经济、
行政等手段来处理。目前，中央部委普遍制定了分类处理清单，并在国
家信访局门户网站向社会集中公开。依法分类处理信访诉求，改变了之
前信访部门统一进行信访受理答复的做法，受理甄别更加精细，引导法
治渠道更加有力，受理答复处理更具有法律权威性。依法分类处理工作
流程有6个环节：信访工作机构甄别处理、确定有权处理机关、受理、作
出处理意见、通过复查复核纠正分类错误、甄别再次提出的信访诉求。

第五，信访事项依法终结制度。信访事项依法终结，是指同一信访事
项，经有权处理机关依次作出处理意见、复查意见、复核意见，或未在
规定期限内申请复查或复核，当事人再次信访的，不再受理。其实，我
国信访制度早就规定了终结制度，但执行情况不好。党的十八大以后，
首先是涉法涉诉信访依法终结制度得以建立健全。十八届三中全会通过
的《中共中央关于全面深化改革若干重大问题的决定》，以及《关于创新
群众工作方法解决信访突出问题的意见》《关于依法处理涉法涉诉信访问
题的意见》等文件，都提出建立涉法涉诉信访依法终结制度。2014年，
中央政法委发布《关于健全涉法涉诉信访依法终结制度的实施意见》，详
细规定了涉法涉诉信访依法终结制度。当事人不服政法机关生效法律结
论，其救济权利已经充分行使、放弃行使或者已经丧失，反映问题已经
依法律按政策公正处理，仍反复申诉控告、缠访缠诉，政法机关可依法
作出终结结论，对该信访事项不再启动复查程序。依法终结有严格的标
准，要求法律问题解决到位、执法责任追究到位、解释疏导教育到位、
司法救助到位，且只能由中央政法单位和省级政法单位作出；还有严格
的工作程序要求，包括复查听证、终结申报、审查决定、终结备案等。
与此同时，不断健全解决特殊疑难信访问题工作机制，规范信访事项复
查复核工作，严格执行《信访工作条例》(及之前的《信访条例》)，对经

---

[1] 参见牟海松：《坚持法治思维和法治方式深入推进诉访分离和依法分类处理信访诉
求工作》，https://www.gjxfj.gov.cn/gjxfj/hdjl/xfywdjt/webinfo/2019/12/15775166579
81891.htm，2024年2月10日访问。

过省级人民政府复查复核机构审核认定办结或已经复查复核终结备案的信访事项，不再受理。信访事项终结制度有利于增强信访人的时效意识，督促其在法定期限内提出请求，保持信访行为合法理性，有效维护了信访秩序；有利于增强有权处理机关的程序意识、合法意识，更加注重工作程序和时限，注重受理、处理、复查、复核的合法性，促进了信访工作的规范化法治化；通过处理、复查、复核程序，实现事实清楚、依据充分、定性准确、处理恰当、程序规范的目标，形成权威的信访事项终结意见，从而彰显信访制度的权威性。

第六，信访工作监督和信访行为法治化。新时代，党中央、国务院、国家信访局颁布的各种文件都强调信访工作责任，并不断完善工作监督体系。2016年，中共中央办公厅、国务院办公厅印发《信访工作责任制实施办法》，提出构建"有权必有责、权责相一致，有责要担当、失责必追究"的信访工作责任体系，要求落实各级党政机关及其领导干部、工作人员的信访工作责任，明确规定了信访工作各主体的责任内容，并严格规定了失职行为的责任。国家信访局2016年颁布《关于进一步加强和规范信访事项实地督查工作的意见》，2019颁布《关于进一步加强和完善信访事项统筹实地督查工作的规定》，建立了以监督责任、监督机制、责任追究为内容的监督体系，强调信访工作督查，注重信访工作考核及其结果运用；规定了信访工作相关的引发问题责任、登记转送交办责任、受理责任、处理责任等，以及违规违法行为的依规依纪依法严肃处理制度。与此同时，明确提出信访行为的合法要求，要求不得扰乱社会公共秩序和信访秩序，滋事扰序、缠访闹访情节严重的违法行为会受到法律惩罚，构成犯罪的还要追究刑事责任。

2022年2月，中共中央、国务院发布《信访工作条例》。《信访工作条例》是新时代信访制度改革的标志性成果，是党制定的第一部全面规范信访工作的党内法规。它在中共中央政治局会议审议批准后，由中共中央和国务院联合发布，在党内有着较高的权威性和规范性。虽然是党内法规，但《信访工作条例》兼具行政法规的法律效力，在法律规范体系中效力相当于行政法规。[1]《信访工作条例》全面吸收融合2005年发布实施的国务院《信访条例》内容，但与《信访条例》不同，《信访工作条例》不仅适用于行政机关，还适用于党的机关、人大机关、政协机关、监察机关、审判机关、检察机关以及群团组织、国有企事业单位等，它全面规范信访工作，是新时代信访工作的依据。《信访工作条例》是新时代信访工作法治化的主要制度成果，总结吸收了党的十八大以来推进阳光信访、诉访分离、信访事项依法分类处理、依法终结等信访工作法治化改革的成果。

二、信访工作法治化的内涵

在新时代信访工作法治化改革之前，人们常常从法律视角去理解信访法治化，甚至比拟法律关系去讨论"信访法律关系"。[2]关于信访制度的性质，有行政救济说、申诉救济机制说、信访权利说、辅助政制说等不同认识，相应的，对信访法治化改革也有不同建议。[3]这些建议大多将信访理解成一种纠纷解决渠道或权利维护方式，并在此层面上提出法治化改革意见。这些认识和建议更多反映学者自身的某些法治理念，与信访工作的实际需求不一定对接，相当程度上已被新时代信访工作法治化实践所否定。

信访工作法治化的内涵，要从新时代全面依法治国的总体实践去理解。党的二十大报告提出，坚持全面依法治国，推进法治中国建设，在法治轨道上全面建设社会主义现代化国家，全面推进国家各方面工作法治化。[4]"在法治轨道上"，意味着把法治基因、法治理念、法治原理、法治要素、法治要求等嵌入治国理政、经济建设、社会发展等各种事务之中，推动其规范化、制度化、法治化；把治国理政、经济建设、社会发

---

[1] 参见宋协娜：《再制度化与格局建构：信访治理的创新路径——基于〈信访工作条例〉的考察》，《中共中央党校（国家行政学院）学报》2023年第1期。

[2] 参见薄钢：《信访学概论》，中国民主法制出版社2012年版，第102页。

[3] 具体可参见陈柏峰：《信访制度的功能及其法治化改革》，《中外法学》2016年第5期。

[4] 参见习近平：《高举中国特色社会主义伟大旗帜 为全面建设社会主义现代化国家而团结奋斗——在中国共产党第二十次全国代表大会上的报告》（2022年10月16日），人民出版社2022年版，第40页。

展等事项纳入法治轨道，在法治轨道上有力推进、有序展开。[1] "国家各方面工作法治化"，就是把治国理政、经济建设、社会发展等各方面工作纳入法治轨道，坚持以法治理念、法治思维、法治程序、法治方式、法治机制开展工作，实现各领域立法健全、各环节依法治理。信访工作是党的群众工作的重要组成部分，是党和政府贯彻群众路线的一项重要工作，当然属于"国家各方面工作"的范畴，"信访工作法治化"是"国家各方面工作法治化"的重要组成部分。因此，信访工作法治化，不是把信访作为一项法治工作，而是作为"国家各方面工作"之一而法治化。与国家其他方面工作的法治化一样，要把法治基因、法治理念、法治原理、法治要素、法治要求等嵌入信访工作之中，推动信访工作制度化规范化法治化。在法治轨道上开展信访工作，要求信访工作的党内法规和国家法律法规健全，在信访实践中贯彻法治理念、坚持法治思维、通过法治机制、履行法治程序、秉持法治方式，确保信访工作全流程各环节依法治理。

从国务院1995年颁布行政法规《信访条例》，2005年修订施行，到中共中央、国务院2022年发布党内法规《信访工作条例》，形成了以《信访工作条例》为统领，以《关于依法处理涉法涉诉信访问题的意见》《关于创新群众工作方法解决信访突出问题的意见》《信访工作责任制实施办法》等为支撑，与法律法规、相关制度保持衔接协调的信访工作法规制度体系。从信访工作法规制度的规定，还可以导向相关的法律法规制度来规范信访工作和信访行为。信访工作有法可依，有权处理机关依法处理信访事项越来越规范，信访行为越来越合法有序，信访秩序进入法治化轨道。这些都为信访工作法治化奠定了党内法规和国家法律的规范基础。

推进信访工作法治化，目标任务是群众的每一项诉求都有人办理、群众的每一项诉求都依法推进，实现权责明、底数清、依法办、秩序好、群众满意。[2]具体而言，在法治层面体现为三点。一是信访职权清晰。信访部门、有权处理机关的工作职责法定、权责一致，依法明确各个机关、

---

[1] 参见张文显：《论在法治轨道上全面建设社会主义现代化国家》，《中国法律评论》2023年第1期。

[2] 参见陈文清：《深入学习贯彻习近平法治思想　全面推进信访工作法治化》，《人民日报》2023年12月28日，第3版。

部门、单位的信访工作职责，明确职责边界，并且做到严格依法依规履职，做到法定职责必须为、法无授权不可为。二是信访工作依法进行。在法治的轨道上、法律的框架内开展信访工作，依法规范信访事项的受理和处理，信访工作依照明确的程序、方式方法、责任要求进行，保障合理合法的信访诉求按照法律法规和政策得以满足。三是信访行为合法有序。既要依法依规维护信访人的合法权益，也要依法规范信访行为，引导信访人理性表达诉求，避免过激行为和违法犯罪行为，保障良好的信访秩序。简而言之，信访工作法治化，就是人民群众依法信访、国家机关依法工作的良好信访生态。

信访工作法治化，要求预防、受理、办理、监督追责、维护秩序每一个环节，信访统计、通报、考核每一项工作，都严格按照法律规定和程序进行，做到预防法治化、受理法治化、办理法治化、监督追责法治化、维护秩序法治化。[1]第一，预防法治化，就是要求信访问题源头治理到位。坚持和发展新时代"枫桥经验"，抓前端、治未病，提高基层矛盾预防化解能力，提升基层信访工作水平，防范信访矛盾产生、累积、激化；坚持依法决策、依法办事，避免决策不当产生社会矛盾隐患，避免因不作为、乱作为等引发信访问题；坚持严格执法、公正司法，避免执法司法不公而产生社会矛盾引发上访。第二，受理法治化，就是要求信访事项转办督办要到位。信访部门依法甄别、明确办理责任主体、确定处理途径和程序；有权处理机关根据分类处理信访事项清单，确认处理途径、程序和时限，使信访事项依法精准进入处理环节。第三，办理法治化，就是要求信访事项依法按时处理。信访部门要加强督查督办，有权处理机关根据信访事项性质落实依法办理责任，遵照实体规定、程序和时限办理。第四，监督追责法治化，就是要求问责失职渎职问题。将信访工作有效纳入监督视野，树立权责一致、失责追究的导向，对不依法履职导致信访问题、不依法解决信访问题等必须严格追责，对滥用职权、玩忽职守的公职人员坚决问责到位。改进优化考核办法，加强工作绩效考核，使考核绩效建立在有效解决问题的基础之上，敦促有权处理机关和

---

[1] 参见陈文清：《坚持和发展新时代"枫桥经验" 提升矛盾纠纷预防化解法治化水平》，《求是》2023年第24期。

信访部门真正重视解决信访问题，而不是"变形走样"应付考核。第五，维护秩序法治化，就是要求对信访违法行为及时依法处理。信访工作法治化既规范信访工作开展，也规范信访行为，要求信访人依法逐级走访、理性表达信访诉求，禁止违法越级信访行为，惩治非法聚集、闹访滋事、信访谋利等极端行为，坚决打击信访过程中的犯罪行为，维护良好的信访秩序。

信访工作法治化是在法治轨道上建设社会主义现代化国家、全面推进国家各方面工作法治化的应有之义，体现了新时代信访工作突出法治的规范、保障和引领作用的特色，突出了运用法治思维和法治方式应对信访问题、解决信访事项的工作思路。信访工作法治化，就是要将法治基因、法治精神嵌入信访工作，提高依法决策、依法行政、依法办事的法治素养，用法治思维、法治方式解决信访问题、化解社会矛盾。遵循信访工作相关的党内法规、国家法律法规、各种政策，规范信访事项处理程序，全流程各环节依法按政策受理办理，依法维护群众合法权益、维护良好信访秩序。

三、信访工作法治化的特征和模式

十八大以来，党中央对改革信访工作制度、把信访纳入法治化轨道、推进信访工作法治化等作出安排部署，完善了中国特色信访制度的运行机制，信访工作法治化建设卓有成效，显现了鲜明的时代特征。

第一，信访渠道容纳丰富的事项和诉求。《信访工作条例》区分建议意见类、检举控告类、申诉求决类事项，分别规定相应的受理办理程序。建议意见类事项，要求有权处理的机关、单位认真研究论证。科学可行的意见建议应当采纳并对信访人予以回复，对改进工作、促进发展有贡献的还应给予奖励。检举控告类信访事项，要求纪检监察机关或者有权处理的机关、单位依规依纪依法接收、受理、办理和反馈，并按照干部管理权限向组织（人事）部门或负责同志报送。申诉求决类事项，转送后由有权处理的机关、单位区分情况，按照不同的程序和方式办理。《信访工作条例》根据实际情况，设定了多元丰富的信访事项和信访诉求，在申诉求决类信访事项之外也重视建议意见类、检举控告类信访事项。这呼应了党中央对信访工作的基本定位，信访工作是党和政府联系群众的桥梁纽带，是了解社情民意的重要窗口，是群众提出批评、建议、申诉、控告或者检举的通道，是群众监督政府和干部的重要渠道。

建议意见类信访事项，体现了信访在收集民意方面的重要作用，凸显了信访的政治参与功能。习近平总书记指出："各级党委、政府和领导干部要坚持把信访工作作为了解民情、集中民智、维护民利、凝聚民心的一项重要工作，千方百计为群众排忧解难。"[1]《信访工作条例》还专门规定，各级党委和政府应当健全人民建议征集制度，主动听取群众的建议意见。通过向国家机关提出建议意见，公民实现了民主参与，信访成为国家机关和公民之间的沟通桥梁。因此，从广义上讲，信访是我国民主协商制度的组成部分，是全过程人民民主特有的灵活性的制度安排。[2]检举控告类信访事项，体现了信访在权力监督方面的重要作用，凸显了信访的政治监督功能。在谈及加强对公权力的监督时，习近平总书记强调："要把日常监督和信访举报、巡视巡察结合起来，加强对问题整改落实情况的督促检查，对整改抓不好的要严肃问责。"[3]公民可以通过信访来检举控告国家机关和公职人员的违法失职行为，落实宪法第四十一条规定的申诉、控告、检举权利。从信访制度的定位看，在权利救济功能之外，党中央和习近平总书记十分重视信访的政治参与、政治监督功能。

第二，信访渠道与其他纠纷解决机制平行。根据《信访工作条例》的规定，申诉求决类事项的受理和办理，首先，考虑"诉访分离"原则，将涉法涉诉事项从信访事项中分离出来，对于涉及民事、行政、刑事等诉讼权利救济的信件和来访，转送或引导至审判机关、检察机关、公安机关。其次，对于应当适用仲裁程序处理的事项，导入仲裁部门；对于可以通过党员申诉等解决的事项，由党的机关根据党内程序处理。再次，有行政复议、行政裁决、行政确认、行政许可、行政处罚等法律法规设定的行政程序可以适用的，导入相应行政程序处理；属于申请行政机关

---

[1] 习近平：《千方百计为群众排忧解难 不断开创信访工作新局面》，《人民日报》2017年7月20日，第1版。

[2] 参见程同顺：《全过程人民民主的制度安排、民主实践和治理效能》，《党政研究》2022年第2期。

[3] 习近平：《在新的起点上深化国家监察体制改革》（2018年12月13日），《论坚持全面依法治国》，中央文献出版社2020年版，第241–242页。

履行法定职责，如申请查处违法行为、履行保护人身权或者财产权等合法权益职责的，由行政机关依法履行或者答复。最后，以上情形之外的事项，才由信访部门处理，听取信访人陈述、调查核实、出具信访处理意见书。从《信访工作条例》的设定来看，对于申诉求决类事项，信访与司法、仲裁、行政解决程序等以及党内程序一样，是纠纷解决、权利维护的一种渠道。

由于申诉求决类信访事项在所有信访事项中占比较高，耗费信访工作资源较多，因此在推进信访工作法治化改革过程中，信访作为纠纷解决、权利维护的渠道始终得到关注和重视。党的十八届三中全会、十八届四中全会、十九届四中全会，都是在预防化解社会矛盾纠纷机制相关部分对信访制度提出改革举措。《法治中国建设规划（2020—2025年）》《法治政府建设实施纲要（2021—2025年）》也都在此层面提出完善信访制度。事实上，作为一种维权和解纷渠道，信访渠道汇集了大量矛盾纠纷，也确实解决了大量矛盾纠纷，维护了人民群众的实际权益，尤其是在劳动权益、社会保障、征地拆迁、环境保护、教育权益、医疗纠纷、企事业单位改制等方面。而且，在信访和其他纠纷解决机制都可以适用时，对于一些情况紧急、矛盾激化风险较大的矛盾纠纷，信访渠道往往比司法程序更能及时化解。

第三，信访渠道解决复杂疑难问题。按照《信访工作条例》的设计安排，对于申诉求决类事项，信访是所有其他渠道分流之后的纠纷解决渠道。它定位于解决其他渠道无法解决的剩余事项，这些事项就是所谓的复杂疑难问题。这些事项之所以成为复杂疑难问题，有着各种各样"奇怪"的原因，其共同点就是根据现有的法律法规、现有的渠道和程序难以解决。其中一类是所谓的"历史遗留问题"。"历史遗留问题"并非法律术语，但在我国政府规范性文件中经常使用，通常用来界定时间较长、情况复杂，因过去的法律、政策或具体行政行为所导致，无法按照现行法律和政策处理的棘手问题。它在各个领域普遍存在，具有形成的历史性、成因的复杂性、性质的争议性等特征。[1] "历史遗留问题"发生于经济社

---

[1] 参见梁兴国：《城乡社会治理需要精细化的法治思维——以"历史遗留问题建筑物"的责任承担问题切入》，《探索与争鸣》2021年第5期。

会发展和体制变迁、政策变动的历史进程，有其特定的历史环境，与当下的管理体制格格不入，有违目前的制度，难以完全容纳进法律政策框架，其合法性较为模糊。虽然在管理实践甚至司法审判有时会对"历史遗留问题"宽容处理，[1]但总体而言，这类问题在现行制度体系中难以获得认可。各级政府和处理部门很难解决，很容易发展成为信访"积案"。

还有一类是所谓的"法律法规空白问题"。它来自法律法规缺乏调整的领域，是法律法规对社会关系调整的漏洞。社会发展日新月异，法律法规制定滞后，这是普遍现象。尤其是随着新技术、新产业、新业态、新模式不断出现，必然产生相关的纠纷，而这类纠纷又很容易跨地区、跨领域、跨部门、跨行业，成为信访事项就具有跨界性、关联性、复杂性，从而成为复杂疑难问题。此外，信访疑难问题有时是由于信访诉求具有复杂性。这些诉求在法律法规和政策上不一定明确，有时是合理合法诉求与不合理不合法诉求并存，有时可能是合理不合法的诉求；这些诉求所涉及的事务可能具有多元性、多层性，信访诉求和原因有着复杂的前因后果，不是由一个明确的政策过程、一次矛盾冲突所导致，信访事项具有"延伸性"[2]；这些诉求可能在构成上具有复杂性，既有维护合法权益的诉求，也有其他诸如困难求助、情感发泄等方面的诉求；这些诉求不一定具有稳定性，可能随着当事人的情绪不断变化。信访诉求这些方面的任何一个特征，都可能使一个信访事项变得复杂，处理起来异常棘手。信访事项中的复杂疑难问题很多，难以全数列举。

由于信访事项的复杂性、疑难性，信访工作特别强调体制性统合以应对问题。《信访工作条例》构建了党委统一领导、政府组织落实、信访工作联席会议协调、信访部门推动、各方齐抓共管的信访工作格局。在工作实践中，信访联席会议发挥着综合协调、组织推动、督导落实等方面的重要职能，通过整合资源形成解决复杂疑难问题的工作合力。很多复

---

[1] 参见董淳锷：《面对"历史遗留问题"的法律宽容——以"法人股个人持有"现象及其诉讼纠纷为分析样本》，《法学家》2011年第4期。

[2] "延伸性"一词取自"延伸个案"司法，See M. Burawoy, *The Extended Case Method*, Sociological Theory, vol.16：1, p.4–33（1998）；朱晓阳：《"延伸个案"与一个农民社区的变迁》，《中国社会科学评论》第2卷，法律出版社2004年版。

杂疑难信访事项，尤其是有权处理机关存在争议的，一般由信访工作联席会议协调处理。2019年，为加大力度化解涉及跨地区、跨部门、跨行业以及人事分离、人户分离、人事户分离的复杂疑难信访事项，国家信访局办公室印发了《国家信访局协调解决"三跨三分离"信访事项工作规则》，就协调范围、责任划分、协调程序、协调方法、跟踪落实等作出规范。各省也相继作出类似的规定。信访联席会议通过综合运用政策、法律、行政、经济等手段来解决复杂疑难信访事项。除了依法依规处理之外，还会综合使用教育、调解、疏导等办法。为了复杂疑难信访事项的解决，督查督办工作机制进一步加强，尤其是针对久拖不决、涉及面广、社会关注度高的重大疑难信访突出问题。

总结来说，信访渠道是一个汇集问题、分流问题、解决剩余问题的平台。与之前各界建言的法治化改革模式不同，新时代信访工作法治化改革，形成了制度化规范化的"信访渠道汇集问题、依法分流处理、兜底解决剩余问题"的信访工作法治化模式。

第一，汇集问题。根据《信访工作条例》的设置，任何事项都可以进入信访渠道，但能否受理、如何受理以及不受理时怎样分流，则有具体规定。各种事项和诉求到达信访渠道，固然有制度设置的因素，但根本原因在于这些问题总是需要在制度上有解决出口。制度对出口的设置只能顺势而为地"疏通"，而不能强行"堵截"。社会有各种诉求向党和政府表达，党组织和国家机关就必定需要设置渠道来承接。信访就是这样的渠道，是一个汇集各种问题的平台。

第二，分流问题。进入信访渠道的大多数问题，并不由信访部门直接处理，而是分流到其他国家机关、单位。建议意见类、检举控告类事项直接转达，涉诉涉法类事项则直接从信访事项中分离，其他申诉求决类事项则区分不同情况、依据不同的程序和方式由不同机关、单位分别处理。信访部门没有职权、也没有能力解决所有的问题，其中大部分事项都需要交给有权处理的机关。信访部门承担的一项重要工作，就是对信访事项进行分流，并指引信访人找到合适地解决问题部门和程序。

第三，解决剩余问题。没有其他机关、单位可以处理，没有可适用的处理程序的问题，才由信访部门处理。因此，信访是解决剩余问题的平台，主要是一些复杂疑难的信访事项，经常需要信访联席会议协调解决。

可以说，信访渠道汇集各种问题、依法向不同机关分流处理、兜底解决剩余问题，这是新时代信访制度改革、信访工作法治化建设形成的新模式，建构了中国特色信访制度运行的有效模式。

四、信访工作法治化模式的回应性

之前对信访法治化改革的讨论，很容易局限于信访制度与某些法律制度（尤其是司法、行政纠纷解决措施）相似性的比拟，或者着眼于信访制度与某些法律制度在一些方面（尤其是维权和纠纷解决）的功能替代性，并从法治功能出发思考改革方案。忽视信访制度在法律制度和法治功能之外的作用，势必难以作出全面的判断。新时代信访工作法治化改革，完善了中国特色信访制度的运行机制，形成了"信访渠道汇集问题、依法分流处理、兜底解决剩余问题"的信访工作法治化模式。它建立于"在法治轨道上全面建设社会主义现代化国家""全面推进国家各方面工作法治化"的理论基础之上，是直面信访工作现实的产物，具有高度的实践回应性。

第一，信访聚集问题的社会心理基础。不少学者认为，由于信访渠道中充斥着大量的救济诉求，可以在宪法中找到依据，可以将信访作为特殊的行政救济渠道。[1]与此同时，信访的政治参与、政治监督功能发生了弱化，可以结合其他渠道来加以强化。例如，设想将信访制度纳入人民代表大会制度之中，由人大代表担任信访"接待员"，从而既满足公民参政议政的愿望，又促进立法的民主化和科学化，还履行人民代表大会的监督功能。[2]走得更远的观点，则将信访与法治对立起来，认为信访解决矛盾纠纷的方式是非程序性的，有人治色彩，有违司法中立原则，有损司法权威，应当取消其救济功能并导入司法制度。[3]这些思路似乎追求

---

[1] 参见应星：《作为特殊行政救济的信访救济》，《法学研究》2004年第3期；王锴、杨福忠：《论信访救济的补充性》，《法商研究》2011年第4期。

[2] 参见孙大雄：《信访制度功能的扭曲与理性回归》，《法商研究》2011年第4期。

[3] 参见杨小军：《信访法治化改革与完善研究》，《中国法学》2013年第5期；李栋：《信访制度改革与统一〈信访法〉的制定》，《法学》2014年第12期。

法律规范上的美感，所设想的制度区隔的现实可行性存疑。信访群众很难主动根据制度区隔去选择不同渠道反映不同事项。信访制度生成与信访实践的演进是多种力量交互作用的结果。[1]更为重要的是，大多数信访群众的意见和建议并不是抽象的，不是针对问题的一般性、规则性的意见，而是关联与自身利益相关的事务。即使这些意见背后有普遍性的意涵，也是需要国家机关去发现和提炼的。毋庸讳言，在很长一段时间内，信访承担了较多的权利救济功能，并被寄予更多的期望，甚至成为挤压法律机制而承担追求公平正义的渠道，超出了信访制度的实际承受能力。如果不直面这种现象的社会基础，就直接改造制度，让信访制度弱化救济功能，很难相信这能达到目标。

信访渠道之所以聚集大量问题，有其深厚的社会心理基础。在中国，一方面，党的领导贯穿于国家各项工作、社会各个方面，而这些工作多数又是政府负责落实的；另一方面，群众有事习惯于向党的各级组织和政府及其部门提出诉求。这两个方面互为因果，成为中国体制和中国社会的特征。中国体制始终坚持党的集中统一领导，党拥有最高权威，是政治方向的引领者、政治体系的统领者、重大决策的决断者。"形象地说是'众星捧月'，这个'月'就是中国共产党。在国家治理体系的大棋局中，党中央是坐镇中军帐的'帅'，车马炮各展其长，一盘棋大局分明。"[2]在每个地方，都是党委发挥总揽全局、协调各方的领导核心作用，全面领导地方各项工作，并行使最终决断权力。在每项工作中，几乎都是"党委领导、政府负责"，因此当群众有事时，必然首先想到党委和政府。中国的体制安排与民众的社会心理形成了这种相对稳定的耦合，"有事找政府"成为体制与社会的广泛共识。信访部门就是党委和政府对社会和群众诉求的承接平台和通道。

也许正是看到了信访的社会心理基础，有学者主张保留所有信访的功

---

[1] 参见尹利民：《地方的信访与治理——中国地方信访问题调查与研究》，人民出版社2015年版，第211页。

[2] 习近平：《在省部级主要领导干部学习贯彻党的十八届四中全会精神全面推进依法治国专题研讨班上的讲话》（2015年2月2日），《习近平关于全面从严治党论述摘编（2021年版）》，中央文献出版社2021年版，第59页。

能，继续发挥公众参与、改革建言、民意通达、政治监督等功能；在此基础上，畅通信访途径，将信访作为行政性申诉救济机制加以重构，做实其替代诉讼机制的功能，增强救济能力。[1] 在大方向上，这种观点对中国体制和中国社会有着客观认识。新时代的信访工作法治化改革，比上述建议更加契合中国体制和中国社会的实际，对于信访问题采取了完全的负责任态度。根据《信访工作条例》规定，信访汇集问题的功能，覆盖所有的信访事项，适用于所有的党和国家机关。所有的社会问题都可以向信访渠道汇集，信访部门对任何问题都不拒绝，而是登记后根据具体职权向有权处理的机关、单位分流。借此，党和政府可以倾听群众呼声、了解民情、集中民智。至于如何维护人民权益、关心群众疾苦、凝聚民心，则是进一步要做的事情。

第二，分流信访问题的体制运行基础。"属地管理、分级负责，谁主管、谁负责"是信访的工作原则。属地管理、分级负责，是指在信访事项原则上由事发地政府解决，事发地政府解决不了的才由其上一级政府解决，下级不能将矛盾直接推给上级。属地管理是治理事务中的一种权责分配方式，是指在行政管辖范围内发生的治理事务，辖区政府有管理权限和管理责任。属地管理在中国有着悠久的传统，也是目前国家治理中的一种典型制度安排，适用于安全生产、社会治安、环境保护等诸多方面。分级负责指政府间上下级的职能职权配置，根据事项的影响范围、程序环节等因素，来确定不同层级的政府负责。分级负责既指每级政府或其部门承担相应的信访事项受理办理责任，也指不同层级的政府或其部门在不同环节或程序中的职能（如受理、处理、复查、复核）。从中央到地方各级党政机关按级分工，各负其责，不允许上推下卸。

属地管理、分级负责的制度安排，优势是政府在辖区内做事拥有较大的职权和裁量权，责任和权力同时赋予，有利于治理任务的完成。而在此过程中的目标激励与完成目标所需的资源具有一致性，即所谓的权责一致。虽然在运行中出现了不同层级的政府之间权责不平衡现象，上级政府通过优势地位为下级设定目标，强调结果导向、过程导向，并压缩下级政府的自由裁量权，下级政府尤其是基层政府逐渐权轻责重甚至

---

[1] 参见范愉：《申诉机制的救济功能与信访制度改革》，《中国法学》2014年第4期。

有责无权。[1]但总体而言，属地管理符合现实需求，且可以有效运行，其目标是将信访事项涉及的社会矛盾解决在基层。最终承接问题的最基层是乡镇（街道）和村（社区），《信访工作条例》第十五条第三款对此有明确规定，要求坚持和发展新时代"枫桥经验"，努力做到小事不出村、大事不出镇、矛盾不上交。

谁主管、谁负责，就是各级党和国家机关、单位根据自己的职能和业务范围，抓好相应的工作，承担相应的责任。谁主管、谁负责的工作原则，目的在于督促相关职能部门和单位依法按程序处理职责范围内的信访事项，推动落实依法办理责任。根据《信访工作条例》规定，各级国家机关、单位应当做好各自职责范围内的信访工作，及时受理办理信访事项，预防和化解政策性、群体性信访问题，加强对下级机关、单位信访工作的指导。主管信访事项的职能部门应当承担具体办理的责任，不能把矛盾推给党委政府。具体工作要求是，根据各自职责和有关规定，对诉求合理的、诉求无理的、生活困难的、行为违法的，分别解决问题到位、思想教育到位、帮扶救助到位、依法处理到位，依法按政策及时就地解决群众合法合理诉求，维护正常信访秩序。

"属地管理、分级负责，谁主管、谁负责"的工作原则，既能汇集问题，整体上研判解决问题，又能根据工作职责分清责任。在信访制度的很长一段时间，我国曾采用"归口分工"接待来访的方式。[2]1985年，中共中央办公厅、全国人大常委会办公厅、国务院办公厅曾印发《中央各部门归口分工接待群众来访办法》，规定以来访人反映问题的性质和所属系统为基本标准来负责接待来访。2005年国务院《信访条例》虽然规定"属地管理、分级负责，谁主管、谁负责"，但主要适用于政府而不是所有的国家机关的信访工作，"归口分工"的痕迹没有完全祛除。随着信访工作形势发展，"归口分工"越来越不适应信访事项的复杂性，因此被《信访

[1] 参见田先红：《属地管理与基层避责：一种理论解释——基于理性选择制度主义的分析》，《广西大学学报（哲学社会科学版）》2021年第2期；高飞：《流动的社会与固化的管理：属地管理限度及其呈现》，《中国农业大学学报（社会科学版）》2020年第5期；张紧跟、周勇振：《信访维稳属地管理中基层政府政策执行研究——以A市檀乡为例》，《中国行政管理》2019年第1期。

[2] 参见吴超：《当代中国信访制度史》，当代中国出版社2019年版，第114-115页。

工作条例》所改革。群众在信访表达诉求时，常常不懂如何"归口"，不懂准确定位信访事项和诉求，因此总体性的信访"入口"本身就是回应群众诉求、对群众负责的体现。既然信访是群众工作，就应当尊重并适应群众的"素养"。而党和国家机关是有层级分化和职能分工的，职权配置、职责承担都是根据这种分化分工而来，在机关、单位内部，权力和职责也有相应的分化配置。因此信访工作需要根据职能职权配置，将信访事项分配给有权机关、单位处理，落实"谁主管、谁负责"。

第三，信访解决问题的综合性、兜底性特质。分流之后的剩余事项，由信访部门处理。这些问题没有有权机关、单位可以处理，没有可适用的其他法定程序。在全面依法治国、推进国家各方面工作法治化的背景下，这些问题就有相当的特殊性，信访部门处理具有兜底的性质。其中相当一部分事项是复杂疑难问题，常常需要信访工作联席会议协调处理。信访工作联席会议负责协调处理辖区内的重要信访问题，建立了信访信息分析研判、重大信访问题协调处理、联合督查等工作机制。这种机制凸显了党委政府处理突出社会矛盾的优势。在党政主导的中国体制下，党政组织统揽全局、负责各个方面的工作，在组织体系中拥有较高的权威，人事调控能力、组织协调能力、资源调动能力都不是其他组织可比的。[1]信访工作联席会议及其办公室，已经拥有社会矛盾化解的常规职权职责，而且拥有督查督办、考核评价的职权，拥有综合解决、兜底解决信访问题的能力。

目前信访工作中，比较凸显的事项有涉众金融、涉房地产、新业态涉访等，这些问题都具有综合性，需要党委政府综合协调解决。涉众金融的信访事项往往与公司金融犯罪关联，涉及非法吸收公众存款、集资诈骗、抵押车辆贷款、非法销售原始股、非法私募等方式的犯罪活动，被害者人数多且不特定、涉案金额巨大、犯罪手段套路更新快、资金流向复杂、追赃挽损难度大。虽然群众损失是涉案公司刻意虚假宣传蒙蔽群众、实施犯罪行为导致的，但往往与政府管理不严有关，所以群众找政府信访。涉房地产信访最多是"保交楼"有关事项，涉及千家万户的房屋购买者。由于房地产发展不景气，开发商无法通过卖房回款、开发贷、

---

[1] 参见杨华：《县域治理中的党政体制：结构与功能》，《政治学研究》2018年第5期。

企业债等方式弥补开发资金缺口，房地产因此"烂尾"。这当然有开发商经营不善的原因，但与地方政府对开发资金监管不严有密切的关系，房屋预售资金可能被违规挪用甚至根本未进监管账户。开发商"跑路"，房屋购买者因此大量涌向政府信访。此外，还有商铺返租涉访。商铺返租是开发商与业主约定，在商铺出售后由开发商代理出租的方式进行包租，并向业主支付租金。受经济下行影响，房屋不能顺利出租，开发商就无法支付租金。因此，商铺返租群体"维权"活动日渐活跃，频繁进行大规模串联聚集，成为"保交楼"之外的又一重点涉访事项。新业态方面，快递员、外卖员等就业群体规模巨大，劳动关系不明晰、权益保障不到位的问题较为普遍，抱团施压、集体维权等问题逐步凸显，逐渐成为信访工作的一个"热点"。

上述当前信访工作中的突出问题，都不是单一的渠道、单一的机关所能解决的，需要多部门联动、多种方法并用，只有党政组织主导才可能协调解决。在信访社会矛盾处理方面，党政组织协调解决有着鲜明的特点。[1]一是能够协调本地区内涉及跨辖区、跨部门的信访事项的处理。党政组织在地方的领导、管理权力与职能，能够在具体事项处理中克服区域和部门的"孤岛现象"[2]，协调决断事项处理中区域、部门利益或职能的冲突。二是能够从社会发展和社会管理角度协调矛盾纠纷，在社会发展和社会管理的全局中考量解决矛盾纠纷，将其所掌握的经济、行政或社会资源投放到相关事项，甚至从政策上谋求增量，为社会矛盾化解提供更好的条件。三是能够协调、统筹政治、行政、法律、政策、经济等多种手段的使用，应对和处置某些重大复杂疑难事项。在当前背景下，涉及面宽、主体众多、性质复杂的社会矛盾，几乎只有党政协调才可能有效解决。信访工作联席会议及其办公室的法定职责及其行使，既意味着处理信访事项、解决社会矛盾是"全局一盘棋"的，需要综合运用各种不同手段，发挥各自的优势，也意味着党委和政府自身就是信访事项、社会矛盾的解决主体，尤其是复杂疑难事项的重要解决主体。这也凸显了

---

[1] 参见顾培东：《国家治理视野下多元化纠纷解决机制的调整与重塑》，《法学研究》2023年第3期。

[2] 参见马伊里：《合作困境的组织社会学分析》，上海人民出版社2008年版，第2页。

信访部门处理信访事项的综合性。

五、信访工作法治化模式的社会主义底色

信访制度是具有高度中国特色的社会主义制度，信访工作是党的群众工作的重要平台和组成部分。信访的群众工作属性已经被一些学者认识，并作为信访法治化改革必须认真对待的因素，认为信访制度法治化改革应当无损于其对政治合法性的续造功能。[1]有学者认识到信访存在法治主义与群众路线的冲突属性，提出将信访制度定位为法治框架下的群众工作制度，主张减少其权利救济机制比重，加强"参与窗口"机制、"协商辅助"机制、"监督反馈"机制与"纾解兜底"机制的比重。[2]显然，新时代的信访工作法治化模式与这些设想都有所不同，既规划推进了信访工作法治化，又保留了群众工作的社会主义底色。

在新中国的制度传统中，信访工作首先是群众工作的重要组成部分。共和国的缔造者，从一开始就十分重视政权的人民性，坚持走群众路线，高度重视群众工作。1951年5月16日，毛泽东转发中央办公厅关于处理群众来信的报告时写道："必须重视人民的通信，要给人民来信以恰当的处理，满足群众的正当要求，要把这件事看成是共产党和人民政府加强和人民联系的一种方法，不要采取掉以轻心置之不理的官僚主义的态度。"[3]可见，信访工作被当作一种群众工作，同时与反对官僚主义紧密关联。此后，党和国家对信访制度一直如此定位。习近平指出："信访是送上门来的群众工作，既可以消气，也可以通气，关键是要通过信访渠道摸清群众愿望和诉求，找到工作差距和不足，举一反三，加以改进，更

---

[1] 参见卢超：《行政信访法治化改革及其制度悖论》，《华东政法大学学报》2018年第2期；刘正强：《制度何以"柔性"：理解信访情感属性的性别修辞》，《思想战线》2023年第5期。

[2] 参见刘睿：《群众性与法治化：信访制度改革的张力及其反思》，《政治学研究》2020年第5期。

[3] 中共中央文献研究室编：《毛泽东年谱（1949—1976）》（第一卷），中央文献出版社2013年版，第342-343页。

好为群众服务。"[1]《信访工作条例》第三条规定："信访工作是党的群众工作的重要组成部分，是党和政府了解民情、集中民智、维护民利、凝聚民心的一项重要工作，是各级机关、单位及其领导干部、工作人员接受群众监督、改进工作作风的重要途径。"

信访工作法治化，是"国家各方面工作法治化"的一部分，是依法开展群众工作，而不是将信访工作从群众工作变成法治工作。信访的群众工作属性，体现了信访的社会主义性质，这一底色不会因为信访工作法治化而有所改变。群众工作与法治工作的设定模式不同，法治工作设定为"规范—决定"模式，而群众工作设定为"诉求—回应"模式。[2]"规范—决定"模式将抽象规范适用于个案的处理，其"媒介"是抽象的权利义务，通过法院的程序和仪式来实现。而群众工作在面对各种各样的问题时，信访人的要求被化约为各不相同却又必须都回应的"诉求"，并以之为"媒介"进行处理，处理方式因诉求多样性而具有多样性，包括听取批评、采纳建议、落实政策、完善政策、分配利益、困难帮扶、情感安抚等，从而形成"诉求—回应"模式。"规范—决定"模式始终围绕权利义务的适用展开，而"诉求—回应"模式则始终牵扯着多元任务、多元方案。正是其中的某些方案，更能体现信访工作的社会主义性质，信访工作法治化没有改变这种底色，而是依法（包括法律、政策、党内法规等）去实现这种性质和底色。

社会主义法治不是僵化的依法之治，而要在法治中坚持以人民为中心，体现人民利益、反映人民愿望，积极回应人民群众新要求新期待，系统研究谋划和解决人民群众反映强烈的问题，不断增强人民群众获得感、幸福感、安全感。[3]改革开放以来，我国经济高速发展，利益格局变化巨大，区域、城乡、阶层发展不平衡，导致相关信访事项量大类多，

---

[1] 习近平：《努力成长为对党和人民忠诚可靠、堪当时代重任的栋梁之才》，《求是》2023年第13期。

[2] 参见刘睿：《群众性与法治化：信访制度改革的张力及其反思》，《政治学研究》2020年第5期。

[3] 参见习近平：《以科学理论指导全面依法治国各项工作》（2020年11月16日），《论坚持全面依法治国》，中央文献出版社2020年版，第2页。

其中关涉政策调整不平衡、法律救济手段滞后。[1]很多信访事项涉及法律、政策存在不合理的地方，或者需要根据形势进行调整，这类诉求虽然缺乏合法依据，但可能成为推动法律、政策调整变动的因素。[2]或者，由于政策制定时对政策调控对象了解不够、经验缺乏，因而制定出来的政策模糊或有遗漏，需要进一步明确和细化。[3]习仲勋曾说："我们党和政府制定实施的各项政策和法令，是不是符合人民的利益，是不是得到了落实，在一个时期内人民最关心的是什么，迫切要求解决的是什么，通过人民群众来信来访会很快反映出来。我们从中可以了解到在决策上、工作上的得失，发现各种有益的意见和建议。"[4]长期以来，群众信访所反映的信息，都是制定法律、政策的重要依据，而如果法律、政策不合理不公平，则会成为诱发信访的突出因素。信访诉求有助于完善法律、政策，而针对群众反映的问题完善法律、政策，就是回应群众诉求、解决信访问题的途径。

对此，《信访工作条例》有完整的制度安排。在个别性的信访事项中，如果法律和政策不完善，《信访工作条例》第三十二条要求，信访处理意见书对"请求事由合理但缺乏法律依据的，应当作出解释说明"。而针对有一定普遍性的信访事项，《信访工作条例》第十条要求各级政府应"研究解决政策性、群体性信访突出问题和疑难复杂信访问题"。与此同时，《信访工作条例》还规定了党委、政府及信访工作部门在完善政策方面的职责。其中，第十四条规定，信访部门有"提出改进工作、完善政策和追究责任的建议"；第四十条规定，信访部门"对工作中发现的有关政策性问题，应当及时向本级党委和政府报告，并提出完善政策的建议"，"有关机关、单位应当书面反馈采纳情况"；第四十五条规定，对信访部门完善政策的建议重视不够、落实不力，导致问题长期得不到解决的，要依规依纪依法严肃处理；此外，第四十一条还规定，信访部门应当编制信

---

[1] 参见景汉朝：《信访治理的规律性认识与法治化路径》，《现代法学》2023年第5期。

[2] 参见陈柏峰：《农民上访的分类治理研究》，《政治学研究》2012年第1期。

[3] 参见于龙刚：《行政偏差的政治矫正：对信访体制的功能分析》，《荆楚法学》2023年第5期。

[4] 习仲勋：《信访是光荣的事业》（1985年10月8日），《习仲勋文集》（下卷），中共党史出版社2013年版，第1010页。

访情况年度报告，向本级党委和政府、上一级信访部门报告，其中应包括提出完善政策建议及被采纳情况。从制度安排来看，党和国家十分重视对群众信访的政策回应，并在此过程中完善法律、政策。

信访工作法治化模式的社会主义底色，更加体现在对非法律和政策诉求的回应，牵涉无法纳入法律和政策范畴的各种剩余事务。《信访工作条例》第二十七条规定了信访事项办理的要求：诉求合理的解决问题到位、诉求无理的思想教育到位、生活困难的帮扶救助到位、行为违法的依法处理。其中，应对无理诉求更能体现信访的社会主义性质。针对无理诉求，如果信访人生活有困难，必须帮扶救助。《信访工作条例》第三十七条规定，各级机关、单位在办理信访事项时，对生活确有困难的信访人，可以告知或者帮助其向有关机关或者机构依法申请社会救助；符合国家司法救助条件的，有关政法部门应当按照规定给予司法救助。无理诉求的信访人，如果是认识上存在偏差，有权处理机关、单位则需要做好"说服教育"。《信访工作条例》第三十七条还规定，信访事项依法终结的信访人，基层党委政府、单位仍然需要做好疏导教育、矛盾化解、困难帮扶工作。即使对于按照《信访工作条例》规定"不予受理"或"不再受理"的事项，对信访人也还需要继续做相应工作。

因为信访工作是群众工作，所以就要在回应群众诉求的角度开展，而不仅仅是履行法律程序。在形式主义法治传统中，坚持程序主义，按照程序办事，只要按照程序得出的结果就有合法性。这种法治社会，各种各样的法律规定和法律程序十分繁杂，而实质结果却并不合理、并非正义。[1]从法律程序可以得出法律正义，已经成为人们尤其是法律职业群体的"信仰"。对于合法的诉求，程序终结就是结果本身；对于不合法的诉求，可以直接通过法律程序予以拒绝或驳回。不符合法律规则的结果，不可能得到；不符合法律程序的诉求，不可能得到程序回应。而群众工作意味着无限责任。[2]信访部门不能拒绝来访群众，不能将上访人推向

---

[1] 参见[美]亚历山德拉·纳塔波夫：《无罪之罚：美国司法的不公正》，郭航译，上海人民出版社2020年版，第6页；[美]菲利普·霍华德：《无法生活：将美国人民从法律丛林中解放出来》，林彦、杨珍译，法律出版社2011年版，第97–99页。

[2] 参见陈柏峰：《偏执型上访及其治理的机制》，《思想战线》2015年第6期。

社会，诉求合理的要解决问题到位，诉求无理但生活困难的必须帮扶救助到位，诉求无理的也要疏导教育到位。只要有来访，就说明工作还没有到位，还需要继续接待。某省委政法委书记在全省政法工作会议上讲："不受理不等于不予登记、不接待，不等于思想不疏导、矛盾不化解、困难不帮扶。所有事项，都要录入信访系统，即使问题不属于受理范围的，也要热情接待、做好登记、讲清道理、积极引导、推动和解，绝不能让群众误以为'信访不受理、矛盾无人管'，从而激化矛盾、引发事端。"

事实上，在无理诉求中，仍然存在少数人借信访谋取不正当利益的现象，[1]更多人则是情感性的诉求。相应的心理与精神状态是支撑相应信访的主要动因，这使信访行为变得更加复杂。情感性诉求缺乏法律和政策依据，却有深厚的社会土壤。社会转型变迁剧烈，现代性对人心的挤压，社会失范、社会不公对心理的折磨、扭曲，怨恨、抑郁、暴戾等情绪不断生产。这些情绪无疑会投射到信访行为之中，从而使一些信访行为实质上成为个别性格偏执、心理偏差的访民的精神宣泄通道。[2]然而，信访制度却无法设置心理筛查机制，因为不能预设信访群众因为心理问题来上访，这不符合群众工作的属性。不过，信访工作的一些具体措施，隐含了从心理角度解决问题。《信访工作条例》第十五条提出，发挥群团组织、社会组织和"两代表一委员"、社会工作者等作用，引导群众依法理性反映诉求、维护权益。这暗含了情感情绪疏导的工作方法。

总之，信访的群众工作属性决定它内嵌了社会主义底色，是为了践行群众路线，保持党和政府同人民群众的密切联系；内嵌了执政党无限责任的政治伦理，有为民解难、为党分忧的政治责任。在此基础上，信访工作要求干部"带着对人民群众的深厚感情做工作"。这既承接了传统伦理、深嵌弱者关怀，又是实践人民当家作主的制度创新。[3]

---

[1] 参见郑永君：《属地责任制下的谋利型上访：生成机制与治理逻辑》，《公共管理学报》2019年第2期。

[2] 参见刘正强：《中国访民的理想型——立基于韦伯社会行动理论的本土解释》，《学术月刊》2018年第2期。

[3] 参见刘正强：《制度何以"柔性"：理解信访情感属性的性别修辞》，《思想战线》2023年第5期。

六、结语

党的十八大以来，以习近平同志为核心的党中央高度重视信访工作，信访工作法治化改革持续推进，《信访工作条例》是其制度大成。新时代的信访工作法治化，着眼新时代全面依法治国的总体实践，直面信访工作的现实，有着独特的内涵和鲜明的特征，它要求每个环节依法进行，做到预防法治化、受理法治化、办理法治化、监督追责法治化、维护秩序法治化，形成了"信访渠道汇集问题、依法分流处理、兜底解决剩余问题"的信访工作法治化模式。它以"在法治轨道上全面建设社会主义现代化国家""全面推进国家各方面工作法治化"为理论基础，内嵌于全面依法治国实践，具有高度的实践回应性，体现了信访的群众工作属性，坚持了信访工作的社会主义底色，具有高度的中国特色。

长期以来，学者、政界和社会都存在一种情绪，希望信访作为纠纷解决和权利维护机制而法治化甚至"司法化"。这是带有强烈形式法治理念、误解信访制度性质、脱离信访工作实践的观点，严重脱离中国实践、不接中国地气。如果沿着这种思路进行信访法治化改革，就会走向群众工作的反面，为了所谓"法治"而脱离群众，从而导致"有组织的不负责任" [1]。而在新时代信访工作法治化模式下，信访渠道聚集问题，所有问题依法分流处理，信访部门兜底综合施策解决问题，信访渠道不仅回应合法诉求，还能有效回应政策性、情感性等各种诉求。新时代信访工作法治化模式，回应了人民对法治建设的新期待新要求，是推进群众工作和法治中国建设的产物，是坚定"法治自信" [2]的制度成果。

---

[1] 贝克曾在《解毒剂》一书中曾指出，公司、政策制定者和专家结成的联盟制造了当代社会中的危险，然后又建立一套话语来推卸责任，从而导致"有组织地不负责任"。参见杨雪冬：《"有组织地不负责任"与复合治理》，《学习时报》2004年12月20日。

[2] 参见张文显：《习近平法治思想研究的方法论》，《法制与社会发展》2024年第1期；张文显：《深刻把握法治自信的精髓要义》，《光明日报》2023年12月15日，第11版。

后　记

信访问题是我持续关注超过二十年的研究领域。最早关注信访问题，与本科同学田加刚有关。他毕业后在新华社湖北分社做记者，工作中遇到很多上访的诉讼当事人。他们不服法院的判决，找政府、找媒体，利用一切可能的机会上访。现实生活与大学教材里描述的"法治"似乎格格不入，田同学和我当时对此感到很困惑。2003年暑假，我集中琢磨田同学带来的一大摞上访材料，最终写出了《缠讼、信访与新中国法律传统》这篇学术论文。那时不知轻重，直接投给了《中外法学》《开放时代》两个权威杂志，还都被录用了，最终发表在《中外法学》2004年第2期。这篇论文某种程度上塑造了我的人生轨迹，硕士毕业后留校任教、攻读社会学博士，多少都与这篇论文有关。

2005年后，我开始从事基层社会治理研究，到各地的农村和城市基层调研，都会关注信访问题。那时，信访研究的主流范式是"维权范式"。我们在田野调研中获取了大量的上访案例和素材，其中很多并不符合"维权范式"。2009年，师弟申端锋在博士论文《治权与维权：和平乡农民上访与乡村治理（1978—2008）》中提出"治权范式"，认为乡村治权的弱化导致了农民上访的增多。受此启发，我在学术界较早对"无理上访"进行深入研究。在大量的信访中，确实有不少属于"维权"性质的，也有"无理"性质的，还有其他性质的。因此，我提出"分类治理"，主张对不同信访行为的性质进行分类研究，并探寻分类治理方法。在此思路下，我展开了不同类型信访的具体研究。

2016年，在总结之前研究的基础上，我撰写了《信访制度的功能及其法治化改革》一文，提出信访制度承担了纠纷解决机制替代、法律和政策协商、社会剩余事务兜底等多种功能，信访制度的法治化改革，应当是信访行为和信访工作机制的法治化。这算是参与当时信访制度改革的讨论，明确反对将信访制度改造成某种"类司法"渠道。如今，党中央把信访纳入法治化轨道，持续推进信访工作法治化，形成了中国特色的信访工作法治化模式。这种模式不仅回应合法诉求，还能有效回应政策性、情感性等各种诉求。现在看来，我当时的学术观点，与新时代信访工作法治化模式有很强的契合性。

上述论文的问题意识和学术观点，不少是2013年以前与"华中乡土派"师友共同在田野调查、学术研讨中形成的。这些研究受到霍英东教育基金会青年教师基金基础性研究资助奖励项目及中国博士后科学基金面上资助项目、特别资助项目的资助。论文先后发表在《中外法学》（3篇）《政治学研究》《思想战线》《法制与社会发展》《华中科技大学学报（社会科学版）》《社会科学》《贵州社会科学》《中国乡村研究》《政治与法律》等杂志。感谢强世功、章永乐、张云鹏、甘霆浩、侯学宾、苗炎、刘红臻、吴兰丽、胡章成、薛立勇、赖力、黄宗智、姚建龙等编辑师友的提携和帮助。本书的最早版本，曾作为西南政法大学博士后出站报告，感谢博士后合作导师付子堂教授的提携和栽培。本书能够顺利出版，得益于出版界的多位朋友，一并致以衷心的感谢！